협동조합 설립과 운영 실무

새로운 대안경제 협동조합 시대

김용한, 하재은

새로운 대안경제 협동조합 시대

협동조합 설립과 운영실무

| 김용한·하재은

협동을 통한 약자들의 역량을 강화하기 위한 협동조합의 기본정신과 정부와 지방자치단체의 본격적인 협동조합 설립지원시책에 힘입어 벌써 수백건의 협동조합 설립신고가 이어지고 있으며, 중소기업청 산하 소상공인진흥원에서는 소상공인협업화 시범사업을 통하여 2013년 300개의 협동조합 설립을 지원하고 각 협동조합당 1억원의 사업비를 지원함과 아울러 설립지원을 위한 컨설팅을 수행하는 계획을 공고하고 있다.
그동안 짧은 시간임에도 불구하고 사회적기업 영역은 물론 다양한 경제영역에서 사회적협동조합, 대리운전자협동조합, 청소용역협동조합, 편의점협동조합, 컨설팅협동조합, 강사협동조합, 햇빛발전협동조합, 전통시장상인협동조합, 공동육아협동조합, 통신소비자협동조합, 가사노동자협동조합 등이 설립신고를 접수하였거나 준비 중인 상황이다.

도서출판 지식공감

개정판 서문

2012년 12월 협동조합기본법이 본격 시행되면서 수많은 영역에서 협동조합 설립이 봇물을 이루고 있습니다.

협동을 통한 약자들의 역량을 강화하기 위한 협동조합의 기본정신과 정부와 지방자치단체의 본격적인 협동조합 설립지원시책에 힘입어 벌써 수백 건의 협동조합 설립신고가 이어지고 있으며, 중소기업청 산하 소상공인진흥원에서는 소상공인협업화 시범사업을 통하여 2013년 300개의 협동조합 설립을 지원하고 각 협동조합당 1억 원의 사업비를 지원함과 아울러 설립지원을 위한 컨설팅을 수행하는 계획을 공고하고 있습니다.

그동안 짧은 시간임에도 불구하고 사회적기업 영역은 물론 다양한 경제영역에서 사회적협동조합, 대리운전자협동조합, 청소용역협동조합, 편의점협동조합, 컨설팅협동조합, 강사협동조합, 햇빛발전협동조합, 전통시장상인협동조합, 공동육아협동조합, 통신소비자협동조합, 가사노동자협동조합 등이 설립신고를 접수하였거나 준비 중인 상황에 있습니다.

2012년 9월 저자들은 협동조합시대를 앞두고 협동조합 설립과 운영에 대한 실무적인 지침서가 없는 점을 감안하여 협동조합기본법 시행령과 시행규칙 등이 공표되지 않은 시점이라 설립신고서 등 세부적인 시행과 관련한 불확실한 부분이 존재함에도 불구하고 본 도서를 과감하게 출간하였습니다.

이와 같은 모험은 일부 내용이 변경되어 얼마 지나지 않아 개정판을 출간하는 애로점이 있더라도 조금이라도 빨리 독자들의 궁금증과 협동조합 설립 준비에 도움이 될 것이라는 마음에서 진행한 것임을 초판 서문에 밝힌 바 있습니다. 다행히 예상이 크게 빗나가지 않아 본 도서가 부족하지만 지침서가 없는 상황에서 나름의 역할을 수행한 것으로 자평하며, 초판이 매진됨에 따라 현재 시행되고 있는 기본법, 시행령, 시행규칙, 설립신고 서식, 표준 정관례 등을 반영하여 개정판을 준비하게 되었습니다.

개정판은 협동조합기본법 시행 이후 현재까지 진행되고 있는 최신 내용을 반영하고, 새롭게 협동조합 설립과 운영에서 가장 중요하게 대두될 협동조합 비즈니스모델에 대한 내용을 보강하였습니다.

기본적으로 협동조합도 경제주체로 수익모델을 창출하지 못하면 생존이 불가능할 것입니다. 따라서 초기 정부나 지자체 등의 지원을 기대하거나 사회적 분위기에 편승하여 무분별하게 협동조합을 설립만 하면 성과가 창출될 것이라는 막연한 기대로 협동조합을 설립하는 사례가 나오지 않을까 우려가 되기도 합니다.

이러한 관점에서 사회적·경제적 약자들이 협동조합 설립을 통하여 경쟁역량을 강화하기 위하여는 협동조합의 기본가치에 근거하여 사업을 추진하더라도 전략적인 비즈니스모델에 대한 체계적인 검토와 접근이 중요할 것입니다.

  모쪼록 본 개정판이 본격적인 협동조합 시대를 열어감에 있어 든든한 길잡이로서의 역할과 경쟁역량을 갖춘 협동조합 비즈니스모델을 구축을 하는 데 도움이 되길 희망합니다.

2013년 2월

김용한, 하재은

저자 서문

2012년 12월 협동조합기본법 시행을 앞두고 협동조합에 대한 신문기사와 서적들이 쏟아져 나오고 있습니다. 바야흐로 5인 이상이면 손쉽게 협동조합을 설립할 수 있게 되는 협동조합의 시대를 앞두고 있는 것입니다.

협동조합은 농업, 소비자, 전통시장, 사회적기업, 청소용역, 어린이 돌봄서비스, 소상공인 영역 등 기존 대기업이 주도하는 시장경제에서 새로운 활로를 모색하고자 하는 사회적 약자들이 구성원으로 모여 공동의 사업을 영위하기 위해 탄생한 것입니다.

저자들은 그동안 영세 자영업자, 사회적 기업, 창업자, 전통시장, 농업분야에서 경영 컨설팅과 강의·자문업무를 수행하면서 이들이 경쟁력을 회복하고 자생력을 회복하기 위해서는 무엇보다도 이들의 역량과 조직력을 강화하는 것이 중요한 일임을 절감해왔습니다.

최근 법 시행을 앞두고 협동조합의 기본정신과 역사를 다룬 많은 책들이 발간되어 협동조합에 관심을 두고 있는 영역에 많은 도움을 주고 있음에도 불구하고, 협동조합기본법 시행규칙이나 관련 후속조치들이 시행될 시점이 아니라 구체적인 협동조합 설립 실무 등을 다루지 못하고 있는 것이 지금의 상황입니다.

그럼에도 불구하고 협동조합기본법 시행과 동시에 협동조합 설립을 통하여 새로운 비즈니스모델과 경쟁역량 강화를 위한 전략적 선택을 하고자 준비 중인 영역과 같은 곳에서는 실질적인 협동조합 설립 실무와 활용방안에 대한 높은 관심을 갖고 있는 상황입니다.

이와 같은 현실에서 저자들은 그동안 중소기업협동조합 관련 영역에 오랫동안 재직한 경험과 기존 전통시장 영역에 협동조합을 어떻게 도입할 것인가 등에 대한 연구를 수행한 경험을 바탕으로 현실적인 한계가 일부 존재하지만, 협동조합 설립과 운영에 대한 실무적인 도서를 기획하고 출간하기에 이르렀습니다.

본 도서는 기본적으로 협동조합기본법 발효에 따른 협동조합 설립과 운영에 대한 실무적인 내용을 담고자 하였습니다. 협동조합 설립과 운영과 관련된 구체적인 내용을 담아 협동조합 설립을 준비 중인 분들에게 조금이나마 도움이 되도록 하였으나, 세부적인 시행규칙이 공고되지 않은 상황임을 감안하여 불가피하게 기존 특별법에 의한 협동조합 관련 내용들을 차용하여 수정 제시하였습니다. 따라서 본서에서 제시한 일부 내용이나 서식 등이 확정된 내용이 아닌 기존 협동조합에서 사용되고 있는 부분을 근거로 한 참고 서식임을 염두에 두어야 할 것입니다.

그럼에도 불구하고 참고 서식을 미리 제시한 이유는 협동조합 설립과 운영에 대한 구체적인 실무서가 없어 애로사항을 겪고 있는 영역에서는 도움이 될 수 있을 것이란 생각과 협동조합기본법에 의한 설립절차가 기존 특별법에 의한 협동조합 설립절차와 크게 다르지 않아 크게 차이가 나지 않을 것으로 사료되었기 때문입니다. 다소 미흡한 부분이나 향후 변경되는 부분은 앞으로 법 시행과 시행규칙 등 추가적인 내용이 확정되는 시점에 본 도서를 개정하여 대응토록 하고자 합니다.

모쪼록 금번 협동조합기본법 시행으로 경제적인 양극화의 심화로 어려움을 겪고 있는 사회적 약자들이 공동의 비즈니스모델과 전략적인 대응의 무기로 협동조합을 활용하여 사회공동체의 발전과 경쟁역량을 강화하는 계기가 되길 바랍니다. 아울러 본 도서가 부족하지만 협동조합을 설립·운영하고자 하는 공동체에 미력하나마 도움이 되었으면 합니다.

2012년 9월

김용한, 하재은

CONTENTS

개정판 서문	5
저자 서문	9

제1부 협동조합의 이해   17

제1장 왜 협동조합인가?   18

왜 협동조합인가?	19
협동조합의 탄생과 발전	22
우리나라 협동조합	27
협동조합과 사회적 경제	30
협동조합과 전통시장	32

제2장 협동조합, 도대체 무엇인가?   35

협동조합의 정의	36
협동조합의 가치와 원칙	40
협동조합의 기본특징	46
협동조합의 형태	49
협동조합과 주식회사의 차이	52

협동조합의 조직과 운영	**56**
협동조합의 자본조달	**60**
협동조합의 배당	**63**

제3장 협동조합기본법 알아보기   **65**

협동조합기본법 제정의 의의	**66**
총칙 : 협동조합의 개념	**71**
협동조합의 설립과 조합원	**74**
협동조합의 기관 및 임원	**77**
협동조합의 사업	**82**
협동조합의 재무·회계	**84**
협동조합의 합병·분할·해산 및 청산	**86**
협동조합의 등기	**88**
협동조합연합회	**90**
사회적협동조합	**93**
벌칙 및 부칙	**102**

CONTENTS

제2부 협동조합의 설립·운영 실무   105

제4장 협동조합의 설립 실무   106
- 설립 전 유의사항   107
- 설립실무 개요   111
- 조합설립의 단계적 절차   114
- 기타 설립에 필요한 행위   127
- 협동조합별 설립 실무   173

제5장 협동조합의 운영 실무   191
- 협동조합의 비즈니스모델 수립   192
- 협동조합의 사업계획서 작성   204
- 협동조합의 경영전략 수립   241
- 협동조합의 마케팅   246
- 협동조합의 경영관리   253

제6장 협동조합의 성공적 도입 및 활성화   **261**

　협동조합 주요 도입분야   **262**
　전통시장 및 소상공인 분야 도입방안   **266**
　사회적기업분야 도입방안   **271**
　소비자분야 도입방안   **274**
　협동조합 성공도입 및 활성화 포인트   **277**

부록   **282**

　일반협동조합 표준정관례   **283**
　사회적협동조합 표준정관계   **296**
　협동조합기본법   **312**
　협동조합기본법 시행령   **332**
　협동조합기본법 시행규칙   **340**

협동조합
설립과 운영실무

제1부

협동조합의 이해

제1장 왜 협동조합인가?
제2장 협동조합 도대체 무엇인가?
제3장 협동조합기본법 알아보기

제 **1** 장

왜 협동조합인가?

01 왜 협동조합인가?

1) 협동조합기본법의 탄생

　협동조합은 기존의 영리 중심 기업모델의 한계와 상생경영 등이 화두로 떠오르고 있는 최근 포용적인 새로운 경제사회의 대안 모델로 주목받고 있다.
　특히 2008년 글로벌 금융위기 등으로 수많은 국가와 글로벌 기업들이 금융위기의 충격으로 타격을 받는 와중에도 협동조합 형태의 기업들은 구조조정의 최소화와 신속한 위기극복 등으로 큰 문제없이 위기를 극복하였다. 이러한 현상에 주목하고 전세계적으로 협동조합에 대한 관심이 증대되고 있다.
　협동조합의 운영기준이 스스로의 가치와 정책을 통해 글로벌 경제위기를 효과적으로 극복할 수 있는 대안으로 주목되었고, UN은 2012년을 '세계협동조합의 해'로 정하고 각국에 협동조합 활성화를 위한 법령정비를 권고[01]하였다.
　국내에서도 이와 같은 협동조합의 긍정적인 측면에 주목하고 양극화와 고용 없는 성장, 청년실업과 베이버부머(baby boomer)의 조기 퇴직으로 인한 충격 등을 완충할 새로운 대안 경제의 하나로 협동조합

01　2009년 UN 136호 결의문("Resolution 64/136, Cooperatives in social development")에서 2012년 '세계협동조합의 해' 선포와 함께 관련 법 제도의 정비를 권고하였다.

을 주목하고 새로운 협동조합기본법을 제정하였다.

국내 협동조합은 협동조합기본법 제정 이전에도 존재하였으나, 이는 독립된 개별 협동조합 법률에 기반한 8개 협동조합으로 농업협동조합법(1957), 수산업협동조합법(1962), 엽연초생산협동조합법(1989), 산림조합법(1980), 중소기업협동조합법(1961), 신용협동조합법(1972), 새마을금고법(1982), 소비자협동조합법(2010)이 여기에 해당한다.

우리나라는 UN의 권고와 협동조합기본법 제정 연대회의 등의 노력으로 2011년 12월 29일 협동조합기본법이 국회에서 최종 의결되어 2012년 12월 1일부터 시행되어 다양한 영역에서 다수의 협동조합이 탄생하고 있는 상황이다.

2) 협동조합에 주목하는 이유

협동조합은 기본적으로 자본 중심의 주식회사와는 달리, 조합원인 사람을 중심으로 경제적 활동을 영위하는 조직으로 레이들로(A.F. Laidlaw)의 '보다 큰 힘을 얻기 위한 약자의 연대'라는 주장이 이를 잘 표현하고 있다.

기존 자본 중심의 주식회사와 같은 조직에서는 자본을 독점한 자본가들의 이익을 중심으로 의사결정이 이루어졌다면, 협동조합에서는 상대적으로 취약한 지위를 갖고 있는 조합원들이 협동하여 큰 힘을 발휘할 수 있게 된다는 것이다.

이와 같은 협동조합이 주목받는 이유는 기존 자본주의의 문제로 인한 양극화 문제, 다양한 사회경제적인 기업운영 형태의 다양성 변화에 대한 새로운 수요의 창출, 취약계층이나 소외계층이 서로 협동하여 창의적이고 효율적으로 사업을 영위하는 새로운 조직형태의 필요성, 조합원이 주축이 되어 서로 상생 협력하는 경제체제의 필요성, 취약계층의 일자리와 사회서비스를 제공하는 사회적 경제체제 도입과 활성화 등이 협동조합에 의해 가능할 것이란 기대에 기인한다.

> **참고**
>
> 협동조합기본법 시행 이후 정부의 정책 방향
>
> | | |
> |---|---|
> | **3대 기본방향** | 새로운 제도의 조기 정착 유도 및 부작용 최소화 |
> | | 협동조합의 기본원칙(자주·자립·자치 등) |
> | | 다른 제도와의 유기적인 조화 통한 정책효과 제고 |
> | **4대 지원방향** | 정책 수행 시스템 구축 |
> | | 일자리 창출 및 복지 시스템 보완 등 협동조합을 활용한 기존 정책 개선 |
> | | 교육·홍보 강화 |
> | | 국제 협력을 통한 제도 발전 추진 |
>
> (자료: 기획재정부)

02 협동조합의 탄생과 발전

1) 영국의 협동조합

영국은 자본주의가 가장 먼저 발달한 나라로 자본주의 초기 산업화의 과정에서 노동자의 열악한 환경을 개선하기 위한 노력의 일환으로 협동조합이 탄생되었다. 영국의 초기 협동조합은 초기 사상가인 로버트 오웬(Robert Owen)에 의해 전개되었고 윌리엄 킹과 윌리엄 톰슨에 의해 계승되었다.

영국 협동조합은 1844년 모직물로 유명한 로치데일(Rochdale)에서 시작되었다. 로치데일 협동조합은 식료품과 의료품 판매영역이 성공을 거두어 오늘날 소비자협동조합의 효시가 되었다. 이후 로치데일의 영향으로 다양한 협동조합이 설립되었고, 2010년 기준 4,990개의 협동조합, 조합원 12.9백만 명, 매출액 335억 파운드에 이르게 되었다(Co-operatives UK).

2) 미국의 협동조합

미국의 협동조합은 북미대륙 남서부의 개척시대 정착민지역을 배경으로 탄생한 것으로 보고 있으며, 현재 미국에서 협동조합은 경제

규모면에서 상당한 역할을 수행하고 있는 것으로 알려져 있다. 미국 내에는 45,000여 개 이상의 협동조합이 있으며, 우리에게 잘 알려진 AP(연합통신사), Sunkist(감귤음료회사), Blue Diamond(아몬드 제과기업) 등 세계적인 기업들도 협동조합이다.

미국의 대표적인 통신사인 AP통신사는 1848년 뉴욕의 6개 신문사가 입항하는 선박으로부터 유럽의 뉴스를 공동취재하기 위해 결성된 '하버 뉴스 어소시에이션'이 그 기원으로 1967년 뉴욕AP로 개편되었고, 1992년 웨스턴AP·서던AP·뉴잉글랜드AP 등과 합쳐서 현재의 AP로 재출발하였다.

AP에 가맹하고 있는 미국의 신문사 수는 약 1,400개, 방송사는 6,000개 업체로서 이들 가맹사가 협동조합체제로 각기 발행 부수의 비율에 따라 경비를 분담하는 체제이며, 전 세계에서 AP로부터 정보를 받고 있는 해외 신문사·통신사·방송국은 모두 8,800개에 이른다.

3) 스페인의 협동조합

스페인의 협동조합은 20세기 초에 시작하여 본격적인 발전의 전기는 1980년대 심각한 경기침체로 인한 실업문제의 대안으로 조합이 증가하여 집중화와 통합화의 과정을 통하여 발전하는 기반을 구축하였다.

스페인의 대표적인 협동조합 사례로는 몬드라곤협동조합으로 스페인 바스크지역의 종업원 공동소유와 직접 민주주의 원칙에 따른 자율경영 및 능력에 따른 균등분배를 운영원칙으로 하는 협동조합이다.

몬드라곤협동조합은 종업원들이 공동소유하고 직접민주주의 원칙에 따라 자율경영 및 능력에 따라 균등 분배하는 원칙을 만들고 이를 발전시켜 성공사례를 만들었다.

몬드라곤은 1956년 5명으로 시작하여 2010년 기준 금융, 제조, 유통, 지식 등의 4개 부문의 260개 회사에서 83,859명을 고용하고 매출액 2천1백4십억 유로, 총자산 3천3백억 유로 규모로 스페인의 7대 기업으로 성장하였다.[02]

2008년 말 금융위기 이후 스페인의 많은 기업은 생존을 위해 정리해고를 강행한 반면 몬드라곤은 오히려 2008~2009년간 1만 5,000여 명의 일자리를 만들어냈다.

몬드라곤은 기업의 이윤 추구보다 함께 잘사는 사회를 목표로 하는 창립자 호세 신부의 의지를 이어, 경제적 어려움을 극복하기 위한 방안으로 정리해고를 우선하지 않는다. 즉 협동조합 내 특정 가맹기업이 경영 애로로 인원 감축이 필요한 경우, 조합 법규에 따라 상대적으로 재정상태가 양호한 타 가맹기업으로 인력을 재배치하는 방식으로 고용을 유지한다.

또한 기존 근로자가 단기적으로 실직상태에 놓이더라도 자체 보험이나 금고를 통해 월급의 약 80%에 해당하는 실직수당을 받아 생계유지를 지원한다. 안정적인 근로환경을 제공하며 조합원의 출자금으로만 운영되는 몬드라곤의 이런 독특한 경영방침으로 근로자들은 자신이 몸담고 있는 기업에 대해 강한 주인의식을 갖게 되며 이는 생산력 향상으로 이어지고 있다.

몬드라곤의 주요 운영원칙은 소유참여에서의 노동자 주권과 1인 1표주의, 정보공유와 공개, 이익의 균등배분 및 누적, 임금고용자의 고용제한, 자금과 기술의 자립, 내·외부 상호협력(연대), 경제·사회 개

---

02 충남발전연구원, 「충남 사회적경제 정책과 협동조합」, 2012. 4.

혁의 원칙 등이다.

　스페인의 유명한 축구클럽인 FC바르셀로나도 협동조합이다. FC바르셀로나의 주인은 특정기업이 아닌 조합원들이 주인으로 연간 27만 원 정도의 조합비를 납부하면 누구나 조합원으로 가입이 가능하다. 2010년 기준 조합원은 약 17만 5천 명이며, 이 중 3만 명은 스페인 국외 거주자이다.

　FC바르셀로나는 조합원이 6년마다 투표를 통해 구단주격인 회장을 직접 선출하고, 협동조합 자율과 독립의 원칙에 따라 필요한 재원을 조합비 증액과 상업적 수익을 통해서만 조달하고 있다.

4) 스위스의 협동조합

　스위스의 협동조합은 생활협동조합으로 대표적인 조합은 '미그로'와 '코프 스위스'가 있으며, 이들은 스위스 국내 1위와 2위의 기업으로 자리매김하고 있다. 이들은 스위스 소매시장 점유율 29.9%, 식품시장 점유율 42.7%라는 막강한 점유율을 보유하고 있으며, 상호 간 경쟁을 통한 혁신으로 성장·발전하고 있다.

　1위 기업인 미그로협동조합은 1825년 도드 와일러가 스위스 산간지역에 일상생활용품을 트럭으로 판매하는 기업을 설립하면서 시작하여, 1940년 협동조합으로 전환한 기업이다. 스위스 인구 800만 명 중 미그로 조합원이 200만 명이 넘으며, 국내 식품시장 점유율이 37%를 상회하고 있는 실정이다.

　2008년 기준 미그로는 10개의 협동조합, 매출 25,750백만 프랑, 이익 70백만 프랑, 50개 이상의 기업에서 84,000명 이상의 직원을 보유하고 있다.

5) 일본의 협동조합

일본의 경우는 1949년 중소기업협동조합법 제정과 더불어 2,705개의 협동조합이 설립된 이후 매년 지속적으로 증가하다가 1981년 58,721개를 정점으로 감소하기 시작하여 2007년 12월 말 기준 총 47,207개로 감소추세를 보이고 있는 실정이다.

협동조합의 종류별로는 사업협동조합이 38,520개로 전체의 80%를 차지하고, 상점가진흥협동조합이 2,617개로 5.5%, 기업조합이 2,368개로 5.2%를 차지하고 있다.

참고

로치데일 협동조합의 원칙

1. 조합원은 1인 1표의 의결권을 갖는다.
2. 자금은 기부가 아니라 조합원 출자에 의해 조달한다.
3. 출자에 대한 이자는 일정 이율 이하로 제한한다.
4. 이익이 발생했을 때에는 이용액에 따라 분배한다.
5. 상품은 시가로 조합원에게 공급한다.
6. 외상 판매 등을 하지 않고 현금으로 공급한다.
7. 좋은 품질의 물건을 정확한 무게로 공급한다.
8. 정치와 종교에 대한 중립은 지킨다.
9. 조합원 교육에 힘쓴다.

03 우리나라 협동조합

1) 국내 협동조합 현황

국내의 협동조합은 그동안 특별법에 의한 협동조합만 존재하여 농업협동조합, 수산업협동조합, 신용협동조합, 소비자생활협동조합, 엽연초협동조합, 중소기업협동조합, 산림조합, 새마을금고가 있다.

1차 산업 생산자협동조합 현황

항목		농협	수협	산림조합	합계
조합수		1,181	91	142	1,414
조합원수		2,451,045	157,618	477,071	3,085,734
연합조직	전국	1	1	1	3
	시도	16	11	9	36
	시군	160			160
직원	조합	73,059	5,506	2,162	80,727
	연합	17,894	3,203	557	21,654
	합계	90,953	8,709	2,719	102,381
경제사업액(억원)		380,150	39,664	6,954	426,765
자본금(억원)		311,060	11,405	858	323,323
평균조합원수		2,075	1,732	3,360	2,182
평균경제사업액(억원)		322	436	49	302

(자료: 협동조합의 날 기념식 자료집, 2010)

또한 특별법에 의한 부문별 산하 협동조합이 다수 존재하여 중소기업협동조합의 경우 생산자협동조합으로 한국전기공업협동조합, 한국전자공업협동조합, 한국완구공업협동조합, 한국김치절임식품공업협동조합 등이 있으며, 크게 유형별로 구분하면 생산자협동조합, 금융협동조합, 생활협동조합, 노동자협동조합 등으로 구분할 수 있다.

생산자협동조합에는 1차 산업 협동조합과 2차 산업 협동조합으로 구분할 수 있고 1차 산업 협동조합은 주로 농협, 수협, 산림조합 등으로 구성되며 조합 수만 1,400개사, 조합원 수 3백만 명 이상이 된다.

국내 생활협동조합은 1980년대 말 이후 유기농 운동과 연계된 도농교류 및 환경보호 등 사회적 이슈를 지향하는 생활협동조합이 싹을 틔우기 시작하여 2000년대 이후 국민소득 증대와 고학력 인구의 소비주도층 등장으로 본격적인 성장을 시작하였다.

국내 생활협동조합의 조합원 수는 2008년 328,390명에서 2010년 512,436명으로 56%가 증가하였고, 공급액도 339,318백만 원에서 595,277백만 원으로 증가하여 75.4%가 증가하였다.

2) 국내 협동조합 사례

국내의 대표적인 협동조합의 사례는 농업협동조합의 하나로 서울우유협동조합이 있다. 지난 70년간 우유업계 부동의 1위를 고수했던 서울우유 브랜드를 생산하는 기업이 서울우유협동조합이다. 서울우유협동조합은 수도권과 충남·강원 일부 지역에서 젖소 5마리 이상을 키우는 축산농가를 조합원으로 하고 있으며, 2010년 기준 251명의 조합원을 보유하고 있으며, 매출액 1조 4천억 원 이상을 올리는 기업으로 성장했다.

서울우유협동조합 현황

구분	조합원수 (명)	젖소사육두수 (천두)	집유량 (톤/일)	우유판매량 (천개/일)	직원수 (명)
2010	2,051	136	1,858	8,156	1,965
2009	2,138	143	1,925	8,034	1,954
2008	2,253	144	1,932	7,930	1,964
2007	2,337	142	1,935	8,030	1,987
2006	2,491	143	1,912	8,112	2,029
2005	2,621	145	1,896	8,008	2,031

(자료: 서울우유협동조합 홈페이지)

서울우유협동조합 매출현황

구분	2010	2009	2008	2007
매출액	1,488,962	1,483,902	1,264,215	1,100,301
매출원가	1,205,800	1,215,306	1,075,065	926,712
매출총이익	283,163	268,596	189,150	173,589
판매비와 관리비	189,332	176,391	146,686	138,423
영업이익	93,830	92,205	42,464	35,166
교육지원사업 손익	−52,827	−61,520	−39,976	−35,640
영업외 손익	−120	2,566	−10,846	875
법인세차감전순손익	40,884	33,252	−8,358	401
법인세 비용	4,175	3,503	257	204
당기순손익	36,709	29,748	−8,615	197

(자료: 서울우유협동조합 홈페이지)

04 협동조합과 사회적 경제

1) 사회적 경제는?

사회적 경제(Social Economy)의 개념은 다양한 의미로 사용되어 왔으나 일반적으로 시장 또는 국가의 보완적 개념의 시민사회가 참여하는 경제로 경제와 사회의 통합을 통한 경제발전을 의미한다.

사회적 경제는 전통적으로 시장실패와 정부실패에 보완하는 역할을 수행하여 기존 불일치하는 수요의 대응, 새로운 사회 서비스의 제공, 새로운 시장과 사업영역의 창출 등의 측면에서 그 필요성이 대두되고 있는 상황이다.

협동조합은 사회적 경제를 구현하는 조직형태로 지역사회의 공공이익에 기초하여 국가와 시장으로부터 충족되지 못한 지역사회의 필요를 충족시키기 위한 경제활동을 수행할 수 있는 조직의 하나로 이해할 수 있다. 즉 협동조합의 탄생배경이 된 자본주의 확산에 따른 부작용 감소와 소외되고 존립기반을 위협받는 경제적 약자의 존립기반을 확보하기 위한 노력이 사회적 경제의 중요한 요소가 된 것이다.

사회적 경제는 산업자본주의 초기 협동조합, 결사체 등 시민영역에서 자발적으로 나타난 조직을 배경으로 탄생되었고, 협동조합은 경제적 지위가 유사한 이해관계자들이 협동하여 시장에서의 교섭력을 강화하기 위한 조직체로 발전되어 온 것이다.

이와 같이 협동조합은 사회적 경제의 주요한 주체로 발전하여 왔는데, 그 예로 이탈리아의 사회적협동조합, 프랑스의 공익협동조합, 캐나다 퀘백(Quebec)의 연대협동조합 등의 경우에서 보는 바와 같이 지역사회의 공동이익과 사회적 통합 활동을 활발히 진행하고 있는 것을 들 수 있다.

2) 협동조합의 사회적 역할

협동조합은 사회적경제의 주요 조직체의 하나로 다음과 같은 다양한 사회적 역할 수행이 가능할 것이다.

- 대규모 자본력에 의한 독점적 시장지배에 대항한 시장개척(공동구매 및 공동판매)
- 지역사회에 필요한 제품과 서비스의 제공
- 지역사회의 소통과 통합을 지원
- 조합원과 지역주민을 위한 소득증대 및 일자리창출 지원
- 지역사회에 일자리와 고용창출로 새로운 인구유입을 지원
- 지역사회 교육과 훈련기회 제공으로 인적역량 제고지원
- 지속 가능한 환경 및 환경문제 관심으로 환경문제 유발 축소
- 지역사회에 대한 취약계층 지원

05 협동조합과 전통시장

1) 전통시장의 현실

1996년 유통시장 개방 이후 새로운 유통 신업태의 급속한 확산, 소비자 소비성향의 변화 등으로 2000년 이후 전통시장은 극심한 어려움을 겪고 있는 것이 현실이다.

정부는 2005년부터 전통시장 지원을 위한 특별법의 제정과 시장경영지원센터 설립으로 전통시장 시설현대화 및 경영현대화 사업을 추진하여 시장 환경 개선 및 판매기법 향상 등의 성과를 거두었으나, 실질적인 전통시장 활성화를 위한 핵심사항인 상인조직의 역량강화와 상인조직의 실질적인 수익모델 창출 등의 사업은 상인 조직화의 문제 등으로 많은 한계가 존재하였다.

전통시장은 단순한 상품 판매 공간을 넘어서 지역사회에 기반한 다양한 역할과 기능을 수행하여 왔으며, 조선시대에는 소식 알림, 정보교환, 사교, 오락, 정치적 기능을 가졌으며, 일제 강점기엔 농산물의 교환기능, 도농 간 생필품 거래와 문물 전파, 오락기회 제공, 정치적 공론의 장을 수행하는 기능을 가졌으며, 해방 이후에는 경제적 기능을 중심으로 오락적 기능과 지역민들의 생활중심지로 중요 역할을 수행하였다(이상옥, 1994).

시장경영진흥원 연구(2010) 연구에 의하면 전통시장은 고용창출 및 직거래의 장, 지역커뮤니티 형성의 근간, 지역문화 형성의 주축, 지역경제 활성화의 장 등의 역할을 수행하여 상업적 기능 외 다양한 공익적 기능도 수행하고 있음을 반영하였다.

2) 전통시장영역에서의 협동조합 도입 필요성

협동조합기본법에 의한 협동조합의 정의는 '재화 또는 용역의 구매·생산·판매·제공 등을 협동으로 영위함으로써 조합원의 권익을 향상하고 지역사회에 공헌하고자 하는 사업조직'으로 정의하고 있어 전통시장이 수행하고 있던 역할과 기능을 수행하는 조직으로의 가능성을 내포하고 있다.

전통시장의 기능

시장의 기능	내용
고용창출 및 직거래의 장	- 생업적 영세상인, 농민들이 살아갈 수 있는 생활의 터전을 제공 - 사회복지정책에서 소외된 사람들의 고용기회를 창출 - 도·농간 농축산물 거래 - 대형 쇼핑점에서 구매할 수 없는 상품을 구매
지역커뮤니티 형성의 근간	- 지역주민들에게 사교, 오락기회 제공 - 주민 결속과 공동생활권 형성의 공동 매개체 기능
지역문화 형성의 주축	- 전통시장을 통해 각 지역의 특징적인 문화를 부각시킬 수 있으며, 발전·계승시켜 나갈 수 있음 - 관광자원으로서 지역문화 전파 및 여가공간 제공
지역경제 활성화의 장	- 소비자에게 다양한 상품선택과 대면구매의 편의성을 제공 - 동종 다점포 하에서의 경쟁가격 형성으로 인한 저가판매 기능 및 중·저소득층에 대한 상품구매 기회 확대 - 관광과 연계한 글로벌 시장으로서의 역할

(자료: 시장경영진흥원, 2010)

또한 기존 전통시장 상인회 또는 연합상인회 등이 공동으로 공동물류센터 등 공동사업을 영위하기 위한 특별법에 의한 협동조합을 설립하기 위해서는 설립요건이 까다로웠으나, 협동조합기본법의 시행으로 조합원 5인 이상으로 쉽게 설립할 수 있게 되어 기존 전통시장 상인회 또는 공동 사업목적을 보유한 상인들이 쉽게 협동조합을 설립할 수 있게 되었다.

전통시장의 활성화를 위해서는 무엇보다도 상인들의 자발적인 협동화를 통한 공동사업 발굴 및 추진, 공동매입 및 공동판매 등을 통한 마케팅력의 강화, 공동물류 및 공동배송 등의 고객서비스 수준의 제고 등이 필요할 것이다. 이와 같은 전통시장의 경쟁력 강화를 위한 사업추진을 위해서는 강력한 조직역량을 갖추는 것이 필요하고, 이를 위한 대안으로 협동조합이 하나의 대안이 될 수 있을 것이다.

제 **2** 장

협동조합, 도대체 무엇인가?

01 협동조합의 정의

1) 협동조합의 개념

협동조합은 '재화 또는 용역의 구매·생산·판매·제공 등을 협동으로 영위함으로써 조합원의 권익을 향상하고 지역사회에 공헌하고자 하는 사업조직'이라고 우리 협동조합기본법은 정의하고 있다.

협동조합은 '이용자 소유회사'로 투자자 소유회사인 일반 영리기업과 구별되는 것으로 국제협동조합연맹(ICA: International Cooperative Alliance)은 '공동으로 소유하고 민주적으로 운영되는 사업체를 통해 공동의 경제적·사회적·문화적 필요와 욕구를 충족시키기 위해 자발적으로 모인 사람들의 자율적 단체'로 정의하였다.

또한 협동조합은 자조, 자기 책임, 민주, 평등, 공정, 연대의 가치를 토대로 삼고 있으며, 조합원들은 협동조합 선구자들의 전통에 따라 정직, 투명성, 사회적 책임, 타인에 대한 배려의 윤리적 가치를 신조로 삼고 있다.

ICA의 협동조합 정의를 기반으로 협동조합의 개념을 정의하면 다음과 같은 몇 가지로 특징지을 수 있을 것이다.

첫째, 협동조합은 자율적인 조직으로 정부와 사기업체 등으로부터 독립된 조직이어야 한다.

둘째, 협동조합은 법률적인 의미에서 인격의 결합체로 조합원이 중심이 된 조직체를 의미하며, 이들의 결합은 자발적인 결합으로 가입 또는 탈퇴가 자유로워야 한다.

셋째, 협동조합의 조합원은 공동의 경제적, 사회적, 문화적 필요를 만족시키고자 하는 것으로, 개인적 이익과 더불어 공동의 이익을 동시에 추구하고자 하는 조합원들의 조직체임을 의미한다.

넷째, 협동조합은 공동으로 소유되고 민주적으로 운영되는 조직체로 민주적인 방식에 의해 의사결정이 이루어지는 구조여야 하는 것이다.

협동조합의 역사는 19세기 초 유럽에서 시작된 것으로 알려지고 있으며, 세계 각지에 다양한 형태의 협동조합이 존재하고 있다. 협동조합은 2008년 금융위기를 거치면서 세계적으로 시장 자본주의의 한계를 극복할 유력한 경제주체로 주목을 받고 있으며, 실제 스위스, 캐나다, 이탈리아 등에서는 협동조합기업이 물가인상을 막으며 안정되고 좋은 일자리를 만들어 튼튼한 지역경제를 유지하는 버팀목 역할을 수행하고 있는 것으로 평가받고 있다.

유럽에서 시작된 소비자협동조합은 '경제적 약자인 소비자들이 단결하여 생활의 향상을 도모하기 위한 조직'으로 조합원의 생활필수품 매입·가공·배급, 생활을 위한 공동시설의 이용, 생활개선 교육, 문화향상사업 등을 운영하는 형태이다.

근대적 협동조합의 결실은 1844년 영국 랭커셔주(州)의 로치데일(Rochdale)에서 동맹파업에 실패한 28명의 방직공장 직공들이 세운 로치데일 공정개척자조합으로 알려지고 있다.

2) 협동조합의 주체와 목적

협동조합의 주체는 조합원으로 다수의 학자들은 이들 조합원을 경제적 약자로 규정한다. 대표적으로 레이들로(A. F Laidlaw)는 협동조합을 '보다 큰 힘을 얻기 위한 약자들의 연대'로 규정한 경우가 여기에 해당한다. 협동조합은 근본적으로 자본주의 발전과정에서 생긴 경제적 약자들이 보다 큰 협상력을 갖기 위하여 조직체를 결성한 데서 기인한 것이다.

협동조합의 목적은 조합원의 경제적, 사회적, 문화적 지위향상에 두는 경우가 대부분이다. 일반적으로 주식회사가 자본력을 보유한 사람들이 자본을 투자하여 경제적 이익을 극대화하는 구조라면, 협동조합은 조합원의 삶의 질 향상, 고용창출, 경제적 이익 창출 등 조합원의 편익에 충실한 것이 차이점인 것이다.

협동조합의 대표적인 경우인 로치데일 협동조합의 규약은 조합의 목적은 '조합원의 금전적 이익과 사회적, 경제적, 가정적 상태의 개선'이라고 규정하고 있다.

이와같이 협동조합은 경제적으로 약자인 노동자와 소상공인, 자유직업인, 소비자 등이 협동을 통하여 자본력을 무기로 시장을 잠식하거나 불리한 노동조건을 강요받는 어려움을 극복하기 위한 목적을 가진다.

국내에서도 협동조합기본법 시행 이후 이러한 사회적 약자들인 대리운전자, 청소용역 노동자, 퀵서비스 노동자, 운수서비스 노동자, 소상공인, 전통시장 상인, 편의점주, 사회적 서비스를 제공하는 용역서비스 제공자는 물론 다양한 서비스를 이용하는 이용자들이 협동조합을 통하여 현실의 문제를 개선하기 위해 나서고 있는 상황이다.

참고

국내 설립 가능한 협동조합 유형사례

- (소비자) 생활협동조합(농산물, 유기농, 공산품 등), 통신소비자, 소규모 발전 등
- (근로자) 대리운전, 퀵서비스, 청소, 세차, 경비, 택배, 요양보호사 등
- (취약계층) 비정규직, 노숙자, 희물연대, 레미콘기사 등
- (특수고용) 캐디, 학습지교사
- (교육종사자) 시간강사, 임시교사, 대학병원 전공의 등
- (소상공인) 전통시장, 마을기업, 업종별 소상공인, 편의점 등
- (창업) 소자본창업, 기술창업, 학생창업, 업종별 창업 등
- (문화) 문화, 예술, 체육, 봉사 등
- (복지) 자활단체, 돌봄서비스, 보훈단체, 장애인단체 등
- (육아) 공동육아, 어린이집 등
- (교육) 대안학교, 홈스쿨링 등
- (의료) 의료생협
- (농업) 유기농생산, 각종 농산품 생산자 등
- (기타) 탈북자, 소비자단체, 시골버스, 실버타운 등

02 협동조합의 가치와 원칙

1) 협동조합의 가치

　ICA는 협동조합의 가치(Value)에 대하여 명문화하고 있는바, "협동조합은 자조, 자기 책임, 민주주의, 평등, 공정, 그리고 연대의 가치에 근거한다. 협동조합의 조합원들은 설립자들의 전통을 계승하여 정직, 개방성, 사회적 책임, 타인에 대한 배려의 윤리적 가치를 신조로 한다(Co-operatives are based on the values of self-help, self-responsibility, democracy, equality, equity and solidarity. In the tradition of their founders, co-operative members believe in the ethical values of honesty, openness, social responsibility and caring for others)."

　협동조합은 스스로의 노력, 스스로 책임을 다하는 자세, 조합원들에 의한 민주적인 운영방식, 조합원 간 차별 없는 운영, 공정한 운영방식과 지역사회 등과 연대하는 조직이어야 한다는 의미로 해석할 수 있다. 또한 협동조합 구성원인 조합원들은 협동조합 설립자들의 설립정신을 계승하여 정직한 마음과 자세로, 열린 태도와 개방성으로, 사회적 책임을 다하여야 하며, 타인에 대한 배려하는 마음과 자세를 지녀야 함을 명시한 것이다.

　ICA가 규정한 협동조합의 기본적 가치의 근간을 이루는 각각의 용어에 대한 의미는 다음과 같다.

먼저 사업체인 협동조합이 가져야 하는 가치이다.

(1) 자조(self-help)

자조는 자신의 운명을 스스로 통제할 수 있고, 통제하고자 한다는 신념에 기초한 것으로 누구에게도 의존하지 않고 스스로 노력해야 한다는 것을 의미한다.

(2) 자기 책임(self-responsibility)

자기 책임은 자기의 행위나 그 결과에 대해서 수용적, 긍정적, 자발적으로 대처하는 태도. 그런 태도를 유지하기 위해서는 자기 내부의 기분, 욕망, 행위와의 사이, 또는 사회와의 사이에 생기는 갈등을 해결해 나가는 능력을 가져야 한다는 것이다.

(3) 민주주의(democracy)

민주주의 근간은 조합원이 주인이 되고 조합원을 위한 운영을 전제로 하는 것이다.

(4) 평등(equality)

협동조합은 평등을 기본가치로 하여, 하나의 인격체인 조합원으로 구성된 협동조합은 자본의 논리에 따라 의사결정을 하는 주식회사와 달리 조합원 개개인이 평등한 의사결정권을 갖는다.

(5) 공정(equity)

공정은 조합원이 이용액과 출자배당, 조합의 사업에 참여한 대가 등 협동조합 운영에서 공정한 대우를 받아야 한다는 것이다.

(6) 연대(solidarity)

연대의 가치는 협동조합이 단순히 개인들의 결합체가 아니라, 개인의 이익은 물론 조합원 공동의 이익을 추구해야 하며, 협동조합 간 적극적인 연대를 추구해야 한다는 의미이다.

다음으로 조합의 구성원으로서 조합원이 가져야 하는 가치이다.

(1) 정직(honesty)

정직은 조합원이 스스로 곧은 마음과 바른 태도를 가져야 한다는 것이다. 이와 같은 조합원의 자세가 기반이 되어 협동조합이 제공하는 상품과 서비스를 신뢰할 수 있는 기반이 조성되는 것이다.

(2) 개방성(openness)

협동조합의 조합원은 타인에 대하여 열린 태도와 솔직함으로 협동조합이 정직하고 신뢰를 쌓을 수 있는 거래를 하도록 하여야 한다는 것이다.

(3) 사회적 책임(social responsibility)

협동조합이 성장, 발전하는 것은 혼자만의 힘에 의한 것이 아니므로, 성장 과정에서는 조합원·경영자·종업원·소비자·지역 사회 등 많은 사람이나 사회 조직과 관계를 맺게 된다. 따라서 협동조합은 경제적인 이익추구 외 사회에 대한 책임을 다하여야 한다는 것이다.

(4) 타인에 대한 배려(caring for others)

타인에 대한 배려는 조합원이 조합원 외 타인과 접촉 시 지녀야 할 윤리적 신조로 타인의 입장에서 관심과 보살핌 등을 가져야 한다는 것이다.

2) ICA의 협동조합 7대 원칙

국제협동조합연맹(ICA)에 의해 1937년 제정된 협동조합의 원칙은 지속적으로 수정되어 현재에 이르고 있으며, ICA의 협동조합 7대 원칙은 다음과 같다.

(1) 자발적이고 개방적인 조합원 제도
협동조합은 자발적 조직이며, 조합의 사업을 이용하고 조합원으로서 책임을 다할 의지가 있는 사람이라면 누구든지 사회적·인종적·정치적·종교적 차별을 받지 않고 자유롭게 조합원이 될 수 있다는 것이다.

(2) 조합원에 의한 민주적 운영원칙
협동조합은 조합원이 자주적으로 조직하고 민주적으로 운영하는 조직체이다. 따라서 조합원은 조합의 방침과 의사결정에 적극적으로 참여할 수 있으며 조합원은 출자금액의 다소와 관계없이 1인 1표의 평등한 투표권을 갖는다.

(3) 조합원에 의한 재산의 형성과 관리원칙
조합원은 협동조합에 대하여 공평하게 출자함과 동시에 조합의 재산을 민주적으로 관리해야 한다. 조합 자산은 조합원 모두의 공유자산이 되며, 조합원은 협동조합의 사업과 서비스를 이용해야 한다.

(4) 조합의 자치와 자립의 원칙

협동조합은 조합원들에 의해 관리되는 조직이므로, 정부 등 다른 조직과 약정을 맺거나 외부에서 자본을 조달하고자 할 때에도 조합원에 의한 민주적 관리 등 협동조합의 자율성이 확보되어야 한다.

(5) 교육 연수와 홍보활동 촉진의 원칙

협동조합은 선출된 임원, 경영자, 직원은 물론이고 조합원들에게 조합의 발전에 효과적으로 기여하도록 교육과 연수를 실시해야 하며 일반인, 특히 젊은 세대와 여론 지도층에게 협동조합의 본질과 의의를 확산시키기 위해 노력해야 한다.

(6) 협동조합 간 협동의 원칙

협동조합은 협동조합 간의 연계와 협동을 통해 서로의 단점을 보완하고 장점을 극대화하는 방향으로 나가야 한다. 이를 위하여 다양한 방법으로 상호 협력하여야 한다.

(7) 지역사회에 대한 기여의 원칙

협동조합은 특정지역의 공간에서 그 지역의 조합원과 강한 결속력을 갖추고 지역 사회와 밀접한 관계를 맺고 있으므로, 지역사회에 대한 기여와 조합의 발전을 동시에 추구하여야 한다.

> **참 고**

국제협동조합연맹(ICA) 소개

- 개요
  국제협동조합연맹(International Co-operative Alliance, ICA)은 세계 각국의 농협, 신협, 소비조합 등을 망라한 협동조합의 발전을 도모하기 위해 1895년에 설립된 세계 최대의 비정부기구

- 회원
  93개국의 236개 협동조합에 소속하고 있는 8억여 명의 조합원을 대표하고 있으며, 본부는 스위스 제네바에 위치

- 조직
  총회, 지역총회, 위원회, 감사규제위원회 등

- 총회
  총회는 2년마다 개최하고, 지역총회도 2년마다 열리나 총회와 겹치지 않도록 하며 아프리카, 아메리카, 아시아태평양, 유럽 지역으로 나누어 개최

- 국제협동조합연맹(ICA)의 목적
  ▷ 환경과 분배 문제 등 자본주의의 폐해를 극복하고 보다 나은 공동체 사회를 지향
  ▷ 지속 가능한 사회건설을 담당하는 경제주체로서 협동조합 구현
  ▷ 조합원의 권익 증진을 위한 전 세계 협동조합 간 협조체제 구축

03 협동조합의 기본특징

협동조합의 기본 특징은 ICA의 7대 원칙, 협동조합기본법 등의 취지를 검토하여 살펴보면 다음과 같은 특징을 지닌다.

1) 협동조합은 이용자 소유회사

협동조합은 영리기업의 투자자 소유회사와 대비되는 '이용자 소유회사'로, 협동조합의 조합원은 이용자인 동시에 소유자이며, 자본의 투자이익이 아니라 사업이용에 따른 편익을 추구하기 위해 협동조합에 참여하고 투자한 사람들이다.

즉, 협동조합의 주체는 조합원이며, 이는 협동조합의 출발이 경제적 약자들이 보다 큰 힘을 얻기 위해 연대한 것이 본질의 하나(A. F. Laidlaw)이기 때문이다.

2) 협동조합은 조합원에게 영리기업보다 유리한 서비스를 제공

협동조합은 조합원이 이용자가 되며, 조합원이 필요로 하는 사업 서비스를 영리회사보다 유리한 가격으로 제공하는 데 그 목적을 둔다. 따라서 영리회사의 독과점으로 피해가 큰 분야 등 수익성보다는 조합원 이용과 관련성이 큰 분야를 우선적으로 진출하는 것이 기본 정신이다.

로치데일협동조합(Rochdale Society of Equitable Pioneers)의 규약에 의하면 협동조합의 목적은 '조합원의 금전적 이익(pecuniary benefit)과 사회적·가정적 상태(social and domestic condition)의 개선'이라고 하였다.

3) 조합원의 협동이 경쟁력의 원천

협동조합은 조합원에게 최선의 서비스를 제공하기 위하여 낮은 원가와 비용을 낮추기 위해 노력하고, 이익실현 수준도 영리회사보다 낮은 수준에서 결정되므로 시장에서 상당수준의 경쟁력을 확보할 수 있는 것이다. 협동은 단기적으로는 자신에게 손해가 생길지라도 장기적으로는 서로가 이익을 얻게 되는 관계라는 것에 대한 신뢰를 갖고 지속적으로 서로 협동하는 관계를 유지하는 것이다.

4) 공동행동과 민주적 경영의사결정 구조

협동조합의 경영활동은 영리회사가 출자규모와 연동하여 다수 출자자가 주요 의사결정을 주도하는 데 반하여, 협동조합은 출자규모와 무관하게 조합원 1인1표제를 채택하여 이용자 관점에서 경영의사결정구조를 갖는다.

참고

세계 각국의 협동조합 사례

기업명	주요활동
이탈리아 COOP RENO (코프레노)	• 소비자에게 안전한 제품과 지역의 웰빙과 사회적 연대를 증진시키는 목적으로 설립 • 지역 학교와의 협력사업, 빈곤대응, 환경보호, 지역홍보 등의 사업 • 2011년 총 26개 매장을 운영중, 조합원은 7만 2,600여 명으로 연매출 156백만 유로임
이탈리아 ANSOLINI (안솔리니)	• 주택 건설을 통한 조합원 주택 분양사업과 영구임대주택사업 • 조합원은 11,500명, 상근직원 20명, 조합의 자산규모는 6천만 유로 • 건축의 상당 부분은 외주방식으로 이루어지고 블로냐 지역 주택공급량의 50% 담당
이탈리아 COMETA (코메타)	• 양파 1만 5천 톤, 감자 1만톤을 처리할 수 있는 시설을 마련했으며, 직접 포장까지 해서 공급 • 공동으로 저장고 사용으로 매출 급증 • 조합원 82명, 연매출 1,100만(액 168억 원) 유로
이탈리아 KITCHEN COOP (키친코프)	• 다양한 인쇄홍보물을 만들고 그 외 광고와 프로모션, 이벤트 사업 등 다양 • 3명이 3,000유로씩 출자
독일 BAYWA (바이바)	• 뮌헨에 위치한 농업·에너지 부문 유럽 최고의 종합유통자재회사 • 사업부문은 농업부문, 에너지 부문, 건자재 부문이며 독일매출 상위 • 매출액 14조 4천억 원, 직원수 1만 6천 8백만 명
스위스 MIGROS (미그로)	• 저렴한 가격과 성인교육 아동복 공정무역 등에 잉여금을 사용 • 식품에서 시작해 은행, 보험, 호텔, 체력단련센터, 꽃재배 지원센터 등으로 사업 확대 • 세계적 규모를 갖춘 미그로는 스위스 시장에 집중
핀란드 LOPPUKIRI (로푸키리)	• 평균 나이 70세가량의 58가구 69명의 주민이 모여 삶 • 식사, 청소, 빨래 등 생활에 모든 일을 조합원끼리 협동해서 해결 • 입주금을 시가보다 저렴하게 제공
스페인 FC BARCELONA (바르셀로나)	• 가입경력 1년 이상, 18세 이상이면 누구나 회장선거에 참여 가능 • 카탈로니아인이란 지역적 정체성에 중심을 두고 시민전쟁 및 사회적 중요성을 띠게 되었고, 클럽 이상의 의미를 지닌 것으로 알려져 있음
스페인 MONDRAGON (몬드라곤)	• 2010년 260개 회사가 금융, 제조업, 유통, 지식 등 4개 부문을 하나로 포괄한 기업집단 조직화 • 전체 자산은 54조 원으로 8만 4천 명의 직원 고용 • 몬드라곤 소속 '에로스키 소비자협동조합'은 스페인과 프랑스에 2,100개의 매장 운영
호주 HAIR COOP (헤어 코프)	• 조합원들에게 최신 헤어디자인을 알리는 교육프로그램 지원 및 기술자문 제공
르완다 ASSETAMORWA	• 오토바이 택시는 각 소유자들에 의해 개별운영되지만, 서로를 지원하며 교통 정책과 당국과의 협상이 필요할 때 공동 행동 • 오토바이 택시 운영 비즈니스와 정비내용을 배울 수 있는 훈련학교 설립 • 조합원들을 위한 창고와 예비부품창고를 함께 운영중

04 협동조합의 형태

 협동조합의 형태는 국가별로 다양한 형태가 존재하나, 이를 정리하면 다음과 같은 몇가지 형태들로 구분할 수 있다.

1) 소비자 협동조합

 소비자협동조합은 신뢰할 수 있는 품질의 좋은 상품을 최선의 가격으로 공급하여 소비자 조합원들에게 편익과 실질적인 소득증대 효과를 제공하며, 소비자가 필요로 하는 다양한 상품과 서비스를 취급하는 것이 일반적이다. 소비자협동조합은 1844년 영국 로치데일(Rochdale) 지역노동자가 공장주와 상인들의 독과점 폭리에 맞서 설탕, 버터, 오트밀 등을 파는 협동조합을 결성한 것이 시초이다.

2) 생산자 협동조합

 생산자 협동조합은 영세 자영업자 또는 가족 생산자들이 공동으로 영리기업에 대항하기 위하여 결성한 것으로 농민들을 중심으로 만든 농업협동조합이 대표적이다. 공동체 결성을 통하여 공동구매를 통한 원가인하, 공동마케팅을 통한 마케팅 비용 절감, 공동판로 개척을 통한 가격 협상력 증대전략을 도입한다.

3) 신용협동조합

조합원이 출자하고, 조합원을 중심으로 신용대출을 하는 형태로 신용정보를 잘 아는 조합원을 중심으로 대출을 실행하여 건전한 경영을 할 수 있다는 장점을 갖는다. 19세기 독일 농촌지역에서 농민의 고리사채 문제를 해결하기 위하여 시작한 라이파이젠(Raiffeisen)협동조합이 시초이다.

4) 노동자 협동조합

노동자 협동조합은 동일업종에 종사하는 노동자들이 모여 양질의 일자리를 만들기 위하여 결성하기 시작한 것으로 투자이익 증대보다는 노동자의 근로조건 개선과 급여 등 복리후생 증진에 그 목적을 두고 있다.

5) 사회적 협동조합

사회적 협동조합은 취약계층이나 소외된 계층에게 사회 서비스 제공과 고용창출을 목적으로 설립된 것으로 1980년대 이후 정부지원을 통한 사회복지 수행에 한계를 절감한 비영리단체들이 시장에서 경제활동과 사회적 가치를 병행하는 협동조합으로 전환한 것이 여기에 해당된다.

6) 신세대 협동조합

1970년대 이후 미국에서 새롭게 일어난 협동조합으로 기존 원칙과는 상이한 사업이용 규모에 비례한 의결권 부여, 출자증권의 부분적 거래 허용 등 새로운 시도를 한 형태로 협동조합의 원칙을 벗어났다는 지적도 받고 있다.

05 협동조합과 주식회사의 차이

1) 운영 목적상 차이

 협동조합은 기본적으로 경제적·사회적·문화적 이익을 목적으로 설립되고 운영되나, 가장 중요한 요소는 조합에 참여하는 조합원들의 경제적 이익 창출이 될 것이다. 왜냐하면 아무리 좋은 목적을 갖고 있다 하더라도 경제적 이익을 창출하지 못한다면 협동조합 존립 자체가 불가능하기 때문이다.

 기본적으로 조합원들이 협동조합을 설립하는 이유는 시장에서 공정한 가격 보장(시장 실패의 보완), 규모의 경제에 의한 원가절감, 새로운 판매·구매·서비스 등의 제공, 운영 위험의 분산, 새로운 부가가치 창출, 시장지배력의 강화 등 참여하는 조합원들의 공동이익을 위해 운영하게 되는 것이다.

 그러나 주식회사의 경우는 참여하는 주주들이 해당 사업을 이용하기 위하여 참여하는 것이 아니라, 투자한 사업에 대한 이익 극대화로 투자이익을 얻기 위해서 참여하는 것이다. 따라서 주식회사는 주주들의 투자수익률 극대화가 조직의 운영목적이 되는 것이다.

2) 구성원의 차이

조합원은 이사를 선출하고 주요 정책사항에 대하여 투표 등으로 협동조합 운영에 참여한다. 이와 같은 조합원 참여는 조합이 정한 일정 자격요건을 구비하여야 하는 데, 일례로 생산자 조합은 생산자여야 하며, 판매자 조합은 판매자여야 하는 것과 같은 것이다.

또한 조합원은 해당 사업에 판매자나 생산자로 참여하거나, 관련 원자재 등의 공동구매를 이용하는 이용자가 된다.

반면 주식회사는 회사의 물건을 구매하는 고객은 매우 중요하지만 기업의 운영이나 의사결정에 참여할 수 없으며, 단지 상품을 구매하거나 서비스를 이용하는 시장을 통하여 영향력을 행사할 수 있을 뿐이다.

또한 주식회사의 투자자가 되는 데는 아무런 제약이 없으며, 투자 금액에 따른 배당이익이나, 주식의 거래차익을 통하여 이익을 얻게 된다.

3) 소유권과 통제권의 차이

일반적으로 소유권은 지분투자에 의해 결정되며, 통제는 투표를 통하여 이루어지고, 투표는 소유권을 보유해야 가능하다.

협동조합은 조합원의 출자, 수익의 내부유보, 목적 출자 등의 방법으로 자본을 확보할 수 있으나, 주식의 발행이나 배당, 이전 등에는 일정한 제약이 따른다.

반면 주식회사는 지분의 개인 소유제한이나 소유 이전 등의 제한이 없으며, 지분거래 등이 자유롭게 이루어진다.

조합원이 협동조합을 통제하는 기본적인 방법은 선거를 통해 이사를 선출하고, 기본적인 사업정책 등은 투표로 결정한다. 다수의 협동조합은 소수의 지배를 방지하기 위하여 출자금액에 관계없이 1인 1표제를 원칙으로 하고 있다.

반면 주식회사는 소유 지분에 따라 투표권이 달라지므로 다수지분을 가진 자본가에 의한 지배가 가능하다.

4) 수익 및 배당에서의 차이

협동조합의 수익은 기본적으로 실비주의의 원칙에 따라 이익을 최소화하는 것이 바람직할 것이다. 일반적으로 협동조합은 조합원 이용자에게는 실비주의에 따라 이용과 배당을 실시하고, 비조합원에게서 얻어지는 이익은 재투자를 위해 적립하고 있으며, 배당의 경우도 최소배당을 실시하고 있다.

반면 주식회사는 투자자의 이익을 극대화하는 것이 사업목적이므로, 수익을 극대화하여 투자자에게 높은 배당을 하는 것이 일반적이다.

협동조합과 영리기업의 비교

	협동조합	영리기업
소 유 자	조합원	주주
목 적	조합원의 경제적, 사회적, 문화적 지위 향상: 조합원의 편익	주주의 이익
이 념	가치(Values)	사회적 책임, 윤리 경영
이 익 목 표	적정 이익	이익 극대화
전 략	원칙+경영전략	경영전략
사 업 관 건	조합원의 참여	고객 확보
가 격 책 정	원가, 원가+적정이익, or 시가	원가+이익
의 사 결 정	1인 1표	주식 비례
배 당	출자배당 제한, 이용 고배당	제한 없음
경 쟁 력	기본	기본

(자료: 전성군, 「최신 협동조합론」, 2008)

06 협동조합의 조직과 운영

1) 조합원

협동조합의 조합원은 자본의 결합체인 주식회사와는 달리 경제적 약자들로 구성된 인적결합체이다. 따라서 조합원이 없는 협동조합은 존재할 수 없으며, 조합원은 협동조합을 구성하는 가장 중요한 요소이다.

주식회사의 주주는 자본의 일부를 출자하는 데 그칠 뿐 운영에 참여하거나 해당 기업의 제품을 이용할 의무는 없다. 반면 협동조합의 조합원은 협동조합의 주체로서 협동조합의 소유자인 동시에 이용자이며, 운영자가 된다.

조합원은 조합의 구성원으로서 권리와 의무를 갖게 되는 데, 일반적으로 총회 의결권, 임원 선거권과 피선거권, 총회소집 요구권, 임원해임 요구권, 서류열람 청구권, 검사청구권, 조합사업 및 시설이용권, 잉여금 배당청구권, 지분상환청구권 등의 권리를 가지며, 반면 출자금 납입의무, 경비부담의무, 과태료 납부의무, 손실액 부담의무, 사업 및 시설이용의무 등의 의무를 진다.

조합원의 협동조합 활동 참여는 매우 중요한 의미를 갖는데, 이는 조합원이 협동조합 가입과 동시에 운영에 적극적으로 참여하고, 각종 시설과 서비스를 적극 이용해야만 협동조합이 자생력을 갖고 협동조합 본연의 역할을 다할 수 있기 때문이다.

2) 총회

총회는 조합원의 전체 협의체로 총회를 통해 자신의 이해를 조합경영에 반영하고 조합장과 이사회 등의 경영활동에 대하여 책임을 물을 수 있다.

총회는 상설기관이 아니라 일시적·반복적 기관으로 최고의결기관이며 필수기관이다. 따라서 반드시 존재하여야 하며 임의로 폐지할 수 없다.

총회의 의결사항은 정관변경, 조합의 해산·합병 또는 분할, 임원의 선출·해임, 사업계획의 수립, 수지 예산의 편성, 결산승인 등이 있다.

조합원의 규모가 다수이거나 지역이 광범위한 경우에는 효율적인 의사결정을 위하여 총회를 대신하는 대의원회를 두기도 한다.

3) 이사회

협동조합의 대표적인 집행기관으로 법인인 조합의 업무집행에 관한 의사를 결정하는 기관으로 조합장이나 상임이사와 같은 경영자의 업무집행과 관련한 사항을 토의·집행 및 의결, 경영진 업무집행의 견제와 감시기능 등을 수행한다.

이사는 통상 조합원 중에서 선임되며 협동조합과 이사와의 관계는 위임에 따른 규정을 따르고, 이에 따라 이사는 선량한 관리자로서의 주의 의무와 법령, 정관, 규정, 규약 등을 준수하며 조합운영과 관련된 직무를 충실하게 수행하여야 한다.

이사회는 서로 다른 조합원 집단이나 이해관계자 집단을 대표하는 것이 아니므로, 전체 조합원의 공동이익을 위하여 직무를 수행해야 할 책무를 지닌다. 이와 같은 원칙하에 이사회는 협동조합의 기관으로 중요한 의사결정을 할 수 있는 권한과 책임이 주어진다.

4) 경영자

협동조합의 경영자는 총회나 이사회에서 결정된 사항을 실현하기 위하여 노력하여야 하고, 이를 위한 중요 의사결정의 권한을 갖는다. 일반적으로 조직의 성과는 경영자의 역량과 마인드, 그리고 헌신적인 노력에 따라 달라진다.

따라서 협동조합의 경우도 조합의 경영자인 조합장이나 상임이사 등의 역량이 매우 중요할 것이므로, 전문성과 역량을 보유한 경영자의 선임이 매우 중요하다.

경영자는 조합운영과 관련된 중요한 경영의사결정과 집행의 권한을 보유하며 반대로 고의 또는 중대한 과실로 인하여 협동조합에 손실을 끼치는 경우 손해배상의 책임도 따르게 된다.

5) 감사

감사는 협동조합의 이사회, 경영진 등의 업무집행, 조합의 재무상황, 결산 등에 대하여 전문가의 통제나 감시역할을 수행하는 기관으로 총회에서 선출된 감사가 그 역할을 수행하며 필수적인 기관이다.

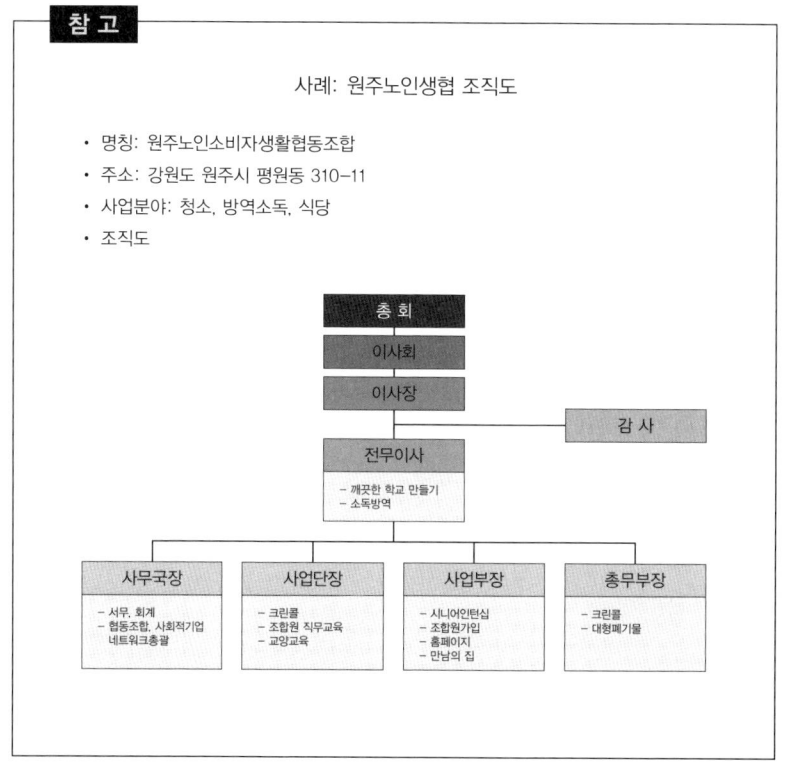

> **참고**
>
> 사례: 원주노인생협 조직도
>
> - 명칭: 원주노인소비자생활협동조합
> - 주소: 강원도 원주시 평원동 310-11
> - 사업분야: 청소, 방역소독, 식당
> - 조직도

(자료: 원주노인생협홈페이지)

07 협동조합의 자본조달

1) 협동조합 자본조달의 특성

 협동조합의 자본은 조합원이 소유자이고 이용자이며, 이익을 배분하는 특성을 고려하여 소수에 집중된 자본조달이 아닌 다수의 조합원으로부터 균형 있게 자본을 조달하고 이익의 배분도 공평하게 이루어져야 하는 특성을 갖고 있다.
 협동조합의 자본조달은 기본적으로 조합원의 출자나 사업이익의 유보금에 의해서 조달된다.

2) 협동조합 자본조달: 출자금

 협동조합의 출자금은 협동조합의 사업 활동을 위한 가장 기본적인 자금조달 방법이며, 조합원의 입장에서는 자격을 획득하기 위한 조건이 된다.
 협동조합의 출자금이 주식회사의 자본금과 성격이 다른 이유는 투기 및 고배당을 목적에 둔 것이 아니라, 조합원의 조합설립 목적 달성을 위해 조합원 각자가 출자한 것이 다르다.
 협동조합의 출자금은 조합원의 직접 출자, 목적 출자, 외부 출자

등으로 구분하여 살펴볼 수 있는데, 먼저 직접 출자는 경제적 약자들이 십시일반 갹출의 성격을 가지므로, 1좌당 금액은 최소한의 금액으로 하며, 개별 조합원의 출자 최고한도를 제한하고, 출자금의 이자배당을 제한하는 것이 일반적이다.

  목적 출자는 여러 사업을 영위하는 조합의 경우 새로운 사업에 참여하는 조합원들이 새로운 사업에 필요한 시설투자 등의 자본을 확보하기 위해 별도의 출자금을 출자하는 경우를 말한다. 미국 농산물 판매조합 등에서 조합원이 농산물을 판매할 때마다 물량기준으로 일정액의 출자금을 공제하는 경우가 여기에 해당한다.

  외부출자는 협동조합이 시장지향적인 대규모 투자로 부가가치를 높이기 위하여 외부로부터 대규모자본을 유치하는 경우 등이 여기에 해당한다. 미국의 신세대협동조합 등은 기관투자가에게 무의결 우선주를 발행하고 자본을 유치하기도 한다.

3) 협동조합 자본조달: 내부유보

  협동조합의 잉여금이 발생하는 경우 조합원에게 배당하지 않고 조합 내부에 유보하는 것으로 우리나라에서는 적립금이라는 용어를 사용하고 있다. 적립금은 협동조합의 경영이 악화되거나 불가항력적인 사유로 인하여 조합에 손실이 발생할 경우를 대비하여 그 손실보전의 준비금 확보, 조합의 성장·발전을 위한 재정적 기초를 튼튼히 하기 위한 목적, 대외적인 신용도 제고 등을 위하여 잉여금의 일부를 적립하는 것이다.

  적립금에는 법정적립금, 법정이월금 및 잉여적립금이 있으며, 협동조합기본법에서는 법 제50조에서 법정적립금으로 잉여금 발생 시 자기자본의 3배가 될 때까지 잉여금의 100분의 10이상을 적립하도록 하였다.

또한 정관에 정하는 바에 따라 임의적립금을 적립할 수 있도록 하고 있으며, 법정적립금은 손실보전과 조합해산의 경우 외에는 사용할 수 없도록 명문화하고 있다.

08 협동조합의 배당

1) 이용실적에 따른 배당

협동조합 배당은 이용실적에 따른 이용고 배당과 출자금에 따른 출자 배당으로 이루어지는 데, 먼저 이용실적에 따른 배당은 조합원의 사업용으로부터 얻어진 사업의 순이익을 사업의 이용량이나 이용금액의 비율로 조합원에게 배분하는 것을 말한다.

배당을 위한 배당 범위와 기준은 이사회에서 정할 수 있으며, 우리 협동조합기본법에서는 법51조 3항에서 '이용실적에 따른 배당은 전체 배당액의 100분의 50이상이어야 하고, 납입출자액에 대한 배당은 납입출자금의 100분의 10을 초과해서는 안된다'고 규정하고 있어 협동조합의 기본 취지인 출자자보다는 이용자 중심의 수익배분이 되도록 요구하고 있다.

2) 출자 배당

다수의 협동조합은 사업순이익을 이용실적에 따른 배당 이외에 출자금액에 비례하여 출자자에게 배당하고 있는 데, 이를 출자 배당이라고 한다. 협동조합의 출자 배당은 기본적으로 주식회사의 주주 배당과 다르지 않으나, 법에 의한 상한선(국내는 100분의 10)이 정해져 있는 것이 차이점이다.

3) 배당금 지급방식

협동조합의 배당금 지급방식은 현금으로 직접 지급하거나, 출자증서 형태로 지급할 수 있다. 현금지급방식은 조합원에게 현금으로 지급하여 현금흐름에 도움이 될 수 있는 장점을 보유하고 있으며, 출자증서의 경우는 조합원의 배당금을 조합에 내부 유보하여 자본이 증가하여 조합의 재정구조가 튼튼해지는 장점이 있다.

제 **3** 장

협동조합기본법 알아보기

01 협동조합기본법 제정의 의의

1) 협동조합기본법 제정의 의의

우리나라에 협동조합기본법이 제정됨으로써 기존 특별법에 의한 설립요건 하에서만 협동조합 설립이 가능했던 것이 다양한 경제주체가 쉽게 협동조합을 설립할 수 있는 인프라가 구축되었다. 경제주체별로 보면 생산자는 소규모 생산농가의 경우에도 협동조합을 결성하여 소비자협동조합 등과 연계한 직거래 및 사전계약 재배 등으로 보다 안정적인 생산이 가능할 수 있게 되었으며, 소비자는 산지농민이나 생산자협동조합과의 연계를 통하여 안전하고 신선한 생산품을 직거래로 저렴하고 안정적으로 구입할 수 있는 기반이 조성된 것이다.

기존 주식회사 등과는 다른 새로운 법인격(法人格) 도입을 통해 다양한 경제주체가 공동의 목적으로 사업을 영위할 수 있어 취약계층이 공동으로 사업을 영위하거나, 소비생활을 영위하여 경제적 활력과 사회문화적 다양성과 부가가치를 제고할 수 있을 것이다.

또한 지역 일자리창출, 물가안정, 사회적 약자들의 자생력 강화, 지역공동체의 활력 제공, 자본중심 경제체제의 문제점 보완 등의 다양한 기대효과를 가져올 수 있을 것으로 기대된다.

2) 협동조합기본법의 주요내용

협동조합기본법의 주요내용은 다음과 같다.

첫째, '협동조합'이라는 새로운 법인격을 도입하였다. 기존 상법상 회사(주식회사, 유한회사, 합명회사, 합자회사 등), 민법상 법인(사단법인, 재단법인) 이외에 새로운 사업형태인 '협동조합'에 법인격을 부여하여 사업의 주체로 활동할 수 있는 기반을 마련하였다.

상법상 회사, 민법상 사단법인, 협동조합 비교

구분	상법					협동조합기본법		민법
	주식회사	유한회사	유한책임 회사	합명회사	합자회사	협동조합 일반	협동조합 사회적	사단법인
사업 목적	이윤 극대화					조합원 실익증진		공익
운영 방식	1주 1표	1좌 1표	1인 1표			1인 1표		1인 1표
설립 방식	신고제					신고 (영리)	인가 (비영리)	인가제
책임 범위	유한 책임			무한책임	무한책임 + 유한책임	유한책임		해당 없음
규모	대규모	주로 중·소규모				소규모 + 대규모		주로 소규모
성격	물적결합	물적·인적 결합	물적·인적 결합	인적결합	물적·인적 결합	인적결합		인적결합
사업 예	대기업 집단	중소기업, 세무법인 등	(美) 벤처, 컨설팅, 전문서비스업 등	법무법인 등	사모투자 회사 등	일반 경제 활동 분야	의료 협동 조합 등	학교, 병원, 자선 단체, 종교 단체 등
	삼성전자(주) 등	세무법인 하나 등	(美) Dream-Works Ani-mation L.L.C	법무법인 율촌 등	미래에셋 PEF 등			

(자료: 기획재정부, 2012)

기존의 주식회사가 자본이라는 물적 결합의 형태로 주주들의 이윤극대화가 목적이라면, 협동조합은 조합원들의 인적결합에 의한 법인으로 조합원의 실질적인 실익증진을 목적으로 하고 있는 것이다.

둘째, 사회적협동조합을 설립할 수 있게 되었다. 사회적협동조합은 조합원의 편익보다 사회적 목적 실현을 우선시하고 생산자·노동자·소비자·후원자 등 다양한 이해관계자로 구성될 수 있는 형태로, 취약계층에 대한 사회서비스 또는 일자리 제공, 지역사회 공헌활동 등을 수행하도록 하고 있다.

협동조합과 사회적협동조합의 비교

	협 동 조 합	사회적협동조합
법 인 격	법인	비영리법인
설 립	시도지사 신고	기획재정부(관계부처) 인가
업	업종 및 분야 제한 없음	공익사업 40% 이상 수행 - 지역사회 재생, 주민 권익 증진 등 - 취약계층 사회서비스, 일자리 제공 - 국가·지자체 위탁사업 - 기타 공익증진 사업
법정적립금	잉여금의 10/100 이상	잉여금의 30/100 이상
배 당	배당 가능	배당 금지
청 산	정관에 따라 잔여재산 처리	비영리법인·국고 등 귀속

(자료: 기획재정부, 2012)

협동조합기본법에서는 사회적협동조합에 대한 별도의 조항을 두어 기획재정부가 설립인가를 하도록 하고 있으며, 공익사업을 40% 이상 수행하도록 정하고 있다. 또 잉여금의 100분의 30 이상을 법정적립금으로 적립하고 배당을 금지하며 청산 시 비영리법인·국고에 귀속하도록 정하고 있다.

셋째, 협동조합 정책의 추진체계를 규정하여 주무관청으로 기획재정부가 협동조합 정책의 총괄·조정 역할을 수행하고 각 부처는 소관 분야 '사회적협동조합'의 설립인가·감독, 시·도는 일반 협동조합의 신고 수리 등을 담당하도록 규정하였다. 또한 3년 마다 협동조합 관련 실태조사의 실시, 기본계획 등 정책 수립, 인가·감독 등을 협의하기 위해 관계기관과 정책협의 실시 등의 업무를 수행하도록 하였다.

넷째, 다른 법률과의 관계를 명시하여 협력을 위한 근거가 마련되었다. 기존 8개의 개별법에 의해 설립되었거나 설립될 협동조합에 대해서는 '협동조합기본법'이 적용되지 않음을 명시하였고, 일정한 요건의 협동조합 행위에 대하여 대통령령이 정하는 바에 따라 공정거래법 적용의 예외를 규정하였다.

다섯째, 협동조합의 설립요건이 대폭 완화되어 기존 특별법에 의한 협동조합 설립요건(지역농협: 1,000인, 소비자 생협: 300인, 신협·새마을금고: 100인 등)에 비하여 대폭 완화된 5인 이상의 조합원이 모여 시·도지사에게 신고하고 설립등기를 거쳐 설립할 수 있도록 하였다.
금융 및 보험업을 제외한 경제·사회 모든 영역에서 협동조합을 설립할 수 있도록 하였으며, 조합원 교육·지역사회 기여 등의 의무도 삽입하였다.

여섯째, 사회적협동조합에 대한 설립절차와 사업에 대한 감독권 및 시정조치권, 설립인가 취소, 청문 등의 근거조항을 마련하였고,

협동조합 임직원 또는 청산인의 법위반에 대한 징역형과 벌금형, 과태료 부과의 상한선을 규정하였다.

일곱째, 매년 7월 첫째 토요일을 협동조합의 날로 하며, 협동조합의 날 1주간을 협동조합주간으로 규정하였다.

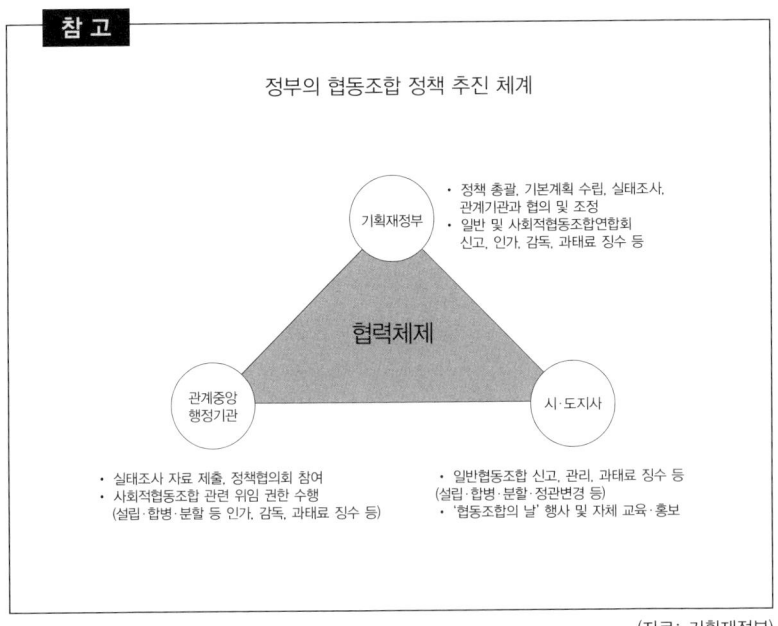

(자료: 기획재정부)

02 총칙 : 협동조합의 개념

1) 협동조합기본법의 목적

　기본법 제1조에서 법 제정의 목적을 천명하고 있는 바, 법의 목적은 '협동조합 설립·운영 등에 관한 기본적인 사항을 규정함으로써 자주적·자립적·자치적인 협동조합 활동을 촉진하고, 사회통합과 국민경제의 균형 있는 발전에 기여함을 목적'으로 한다.
　이는 협동조합이 자주적·자립적·자치적 활동을 하여야 하며, 경제적 이익 추구 외 사회문화적 활동을 통하여 사회통합과 국민경제의 균형있는 발전을 추구하여야 함을 표현한 것이다.

2) 협동조합기본법상 정의

　기본법에서는 '협동조합'은 재화 또는 용역의 구매·생산·판매·제공 등을 협동으로 영위함으로써 조합원의 권익을 향상하고 지역 사회에 공헌하고자 하는 사업조직으로, '협동조합연합회'는 협동조합의 공동이익을 도모하기 위하여 법에 의하여 설립된 협동조합의 연합회를 의미한다고 하고 있다.
　'사회적협동조합'은 협동조합 중 지역주민들의 권익·복리 증진과 관련된 사업을 수행하거나 취약계층에게 사회서비스 또는 일자리를 제공하는 등 영리를 목적으로 하지 아니하는 협동조합을 말하고, '사회적협동조합연합회'는 사회적협동조합의 공동이익을 도모하기 위하여 설립된 사회적협동조합의 연합회를 의미한다고 규정하고 있다.

또한 협동조합의 명칭에 대하여는 협동조합은 협동조합이라는 문자를, 협동조합연합회는 협동조합연합회라는 문자를, 사회적협동조합은 사회적협동조합이라는 문자를, 사회적협동조합연합회는 사회적협동조합연합회라는 문자를 각각 명칭으로 사용하도록 하고 있어 중복되거나 혼동되는 명칭의 사용을 금지하고 있다.

3) 법인격과 설립원칙

협동조합의 법인격은 법인으로 하며, 사회적협동조합은 비영리법인으로 하도록 규정하고 있으며, 설립목적은 조합원의 복리증진과 상부상조를 목적으로 하며, 조합원 등의 경제적·사회적·문화적 수요에 부응하도록 하고 있다.

협동조합과 사회적협동조합의 기본원칙으로는 업무수행시 조합원 등을 위하여 최대한 봉사하여야 하며, 자발적으로 결성하여 공동으로 소유하고 민주적으로 운영되어야 하고, 투기를 목적으로 하는 행위와 일부 조합원 등의 이익만을 목적으로 하는 업무와 사업을 금지하고 있다.

또한 협동조합은 조합원 등의 권익증진을 위한 교육·훈련 및 정보제공 등의 활동을 적극적으로 수행하도록 하고 있으며, 다른 협동조합과 타 법률에 의한 협동조합, 외국협동조합과 국제 관련기구와의 상호협력, 이해증진 및 공동사업 개발 등을 위한 노력을 주문하고 있다. 이와 같은 기본원칙은 ICA의 기본원칙에 입각한 것으로 이 외에도 조합이 공직선거에 개입을 금지하도록 규정하고, 국가와 공공단체가 협동조합의 자율성을 침해하지 않도록 하고 나아가 협동조합의 사업에 적극적으로 협조하도록 규정하고 있다.

4) 협동조합에 관한 정책 수립

기획재정부장관은 협동조합에 관한 정책을 총괄하고 협동조합의 자율적인 활동을 촉진하기 위한 기본계획을 수립토록 규정하여 정부차원의 협동조합 육성을 위한 근거를 마련하였다.

즉, 기획재정부장관은 협동조합의 활동현황·자금·인력 및 경영 등에 관한 실태파악을 위하여 3년마다 실태조사를 실시한 후 그 결과를 공표하고, 국회 소관 상임위원회에 보고하도록 하고 있으며, 국가는 협동조합에 대한 이해를 증진시키고 협동조합의 활동을 장려하기 위하여 매년 7월 첫째 토요일을 협동조합의 날로 지정하며, 협동조합의 날 이전 1주간을 협동조합 주간으로 지정한다고 규정하고 있다.

협동조합의 특수성을 인정하여 법에서는 대통령령으로 정하는 요건에 해당하는 협동조합 및 사회적협동조합 등의 행위에 대하여는 「독점규제 및 공정거래에 관한 법률」을 적용받지 않도록 하고, 다만, 불공정거래행위 등 일정한 거래분야에서 부당하게 경쟁을 제한하는 경우에는 예외조항을 배제하도록 하고 있다.

03 협동조합의 설립과 조합원

1) 협동조합의 설립

우리 협동조합기본법에서는 협동조합 설립요건을 조합원 5인 이상의 발기인에 의해 정관 작성과 창립총회 의결을 거친 후 주된 사무소의 소재지 관할 시·도지사에게 신고하는 것으로 하고 있다.

창립총회의 의사는 발기인에게 설립동의서를 제출한 자 과반수의 출석과 출석자 3분의 2이상의 찬성으로 의결토록 하고 있다.

협동조합 정관에 포함되어야 할 사항은 다음과 같다.

① 목적
② 명칭 및 주된 사무소의 소재지
③ 조합원 및 대리인의 자격
④ 조합원의 가입, 탈퇴 및 제명에 관한 사항
⑤ 출자 1좌의 금액과 납입 방법 및 시기, 조합원의 출자좌수 한도
⑥ 조합원의 권리와 의무에 관한 사항
⑦ 잉여금과 손실금의 처리에 관한 사항
⑧ 적립금의 적립방법 및 사용에 관한 사항
⑨ 사업의 범위 및 회계에 관한 사항
⑩ 기관 및 임원에 관한 사항

⑪ 공고의 방법에 관한 사항

⑫ 해산에 관한 사항

⑬ 출자금의 양도에 관한 사항

⑭ 그 밖에 총회·이사회의 운영 등에 필요한 사항

또한 협동조합의 정관 변경은 설립신고를 한 시·도지사에게 신고를 하여야 그 효력이 발생토록 하고 있으며, 협동조합의 운영 및 사업실시에 필요한 사항으로서 정관으로 정하는 것을 제외하고는 규약 또는 규정으로 정할 수 있도록 하고 있다.

협동조합은 주된 사무소의 소재지에서 제61조에 따른 설립등기를 함으로써 성립하도록 하고 있으며, 협동조합의 설립 무효에 관하여는 「상법」 제328조를 준용하도록 규정하고 있다.

2) 협동조합의 조합원

협동조합의 조합원은 협동조합의 설립 목적에 동의하고 조합원으로서의 의무를 다하고자 하는 자로 정하며, 협동조합은 정당한 사유 없이 조합원의 자격을 갖추고 있는 자에 대하여 가입을 거절하거나 가입에 있어 다른 조합원보다 불리한 조건을 붙일 수 없도록 하여 자격을 갖추고 있는 경우 누구나 가입이 가능하도록 하고 있다.

조합원은 정관으로 정하는 바에 따라 1좌 이상을 출자하여야 하며, 필요한 경우 정관으로 정하는 바에 따라 현물을 출자할 수 있도록 하고 있으며, 조합원 1인의 출자좌수는 총 출자좌수의 100분의 30을 넘지 않도록 정하고 있다.

협동조합 조합원의 의결권은 출자좌수에 관계없이 각각 1개의 의결권과 선거권을 가지며, 대리인으로 하여금 의결권 또는 선거권을 행사하게 할 수 있도록 규정하고 있다.

　조합원은 정관으로 정하는 바에 따라 협동조합에 탈퇴의사를 알리고 탈퇴할 수 있도록 하고 있으며, 다음 각 호의 어느 하나에 해당하면 당연히 탈퇴되도록 하고 있다.

① 조합원의 자격이 없는 경우
② 사망한 경우
③ 파산한 경우
④ 금치산 선고를 받은 경우
⑤ 조합원인 법인이 해산한 경우
⑥ 그 밖에 정관으로 정하는 사유에 해당하는 경우

　협동조합 조합원 지위의 양도 또는 조합원 지분의 양도는 총회의 의결을 받도록 하고 있으며, 조합원을 제명하고자 할 때에는 총회 개최 10일 전까지 해당 조합원에게 제명사유를 알리고, 총회에서 의견을 진술할 기회를 주도록 하고 있다.

04 협동조합의 기관 및 임원

1) 협동조합의 총회

협동조합은 총회를 두며, 총회는 이사장과 조합원으로 구성된다. 이사장은 총회를 소집하며, 총회의 의장이 된다. 총회의 의결사항은 다음과 같다.

① 정관의 변경
② 규약의 제정·변경 또는 폐지
③ 임원의 선출과 해임
④ 사업계획 및 예산의 승인
⑤ 결산보고서의 승인
⑥ 감사보고서의 승인
⑦ 협동조합의 합병·분할·해산 또는 휴업
⑧ 조합원의 제명
⑨ 총회의 의결을 받도록 정관으로 정하는 사항
⑩ 그 밖에 이사장 또는 이사회가 필요하다고 인정하는 사항

총회는 총회의 의사에 관하여 의사록을 작성하여야 하며, 의사록에는 의사의 진행 상황과 그 결과를 적고 의장과 총회에서 선출한

조합원 3인 이상이 기명날인하거나 서명하도록 하고 있다.

  협동조합에는 대의원총회를 둘 수 있도록 하고 있는 데, 조합원 수가 대통령령으로 정하는 수를 초과하는 경우 총회를 갈음하는 대의원총회를 둘 수 있으며 조합원 중에서 선출된 대의원으로 구성한다고 정하고 있다.

2) 협동조합의 이사회

  협동조합의 기관에는 이사회가 있으며, 이사회는 이사장 및 이사로 구성한다. 이사장은 이사회를 소집하고 그 의장이 되고, 이사회는 구성원 과반수의 출석과 출석원 과반수의 찬성으로 의결하며, 그 밖에 이사회의 개의 및 의결방법 등 이사회 운영에 관한 필요한 사항은 정관으로 정하도록 하고 있다.

  이사회의 의결사항은 다음 각 호의 사항에 정하는 바와 같다.

  ① 협동조합의 재산 및 업무집행에 관한 사항
  ② 총회의 소집과 총회에 상정할 의안
  ③ 규정의 제정·변경 및 폐지
  ④ 사업계획 및 예산안 작성
  ⑤ 법령 또는 정관으로 이사회의 의결을 받도록 정하는 사항
  ⑥ 그 밖에 협동조합의 운영에 중요한 사항 또는 이사장이 부의하는 사항

3) 협동조합의 임원

협동조합에는 임원으로서 이사장 1명을 포함한 3명 이상의 이사와 1명 이상의 감사를 둘 수 있으며, 세부적인 이사의 정수 및 이사·감사의 선출방법 등은 정관으로 정하도록 하고 있다.

이사장은 이사 중에서 정관으로 정하는 바에 따라 총회에서 선출하며, 임원의 임기는 4년의 범위에서 정관으로 정하고 연임할 수 있도록 하고 있다. 다만, 이사장은 2차에 한하여 연임할 수 있는 제한을 두고 있다.

이사회 임원의 결격사유를 두어 다음 각 호의 어느 하나에 해당하는 사람은 협동조합의 임원이 될 수 없도록 하였다.

① 금치산자
② 한정치산자
③ 파산선고를 받고 복권되지 아니한 사람
④ 금고 이상의 실형을 선고받고 그 집행이 끝나거나(집행이 끝난 것으로 보는 경우를 포함한다) 집행이 면제된 날부터 3년이 지나지 아니한 사람
⑤ 금고 이상의 형의 집행유예를 선고받고 그 유예기간 중에 있거나 유예기간이 끝난 날부터 2년이 지나지 아니한 사람
⑥ 금고 이상의 형의 선고유예를 받고 그 선고유예기간 중에 있는 사람
⑦ 법원의 판결 또는 다른 법률에 따라 자격이 상실 또는 정지된 사람

4) 협동조합의 임원의 의무와 책무

　협동조합의 임원은 협동조합기본법, 기본법에 따른 명령, 정관·규약·규정 및 총회와 이사회의 의결을 준수하고 협동조합을 위하여 성실히 그 직무를 수행하여야 하며, 임원이 법령 또는 정관을 위반하거나 그 임무를 게을리 하여 협동조합에 손해를 가한 때에는 연대하여 그 손해를 배상하도록 하고 있으며, 고의 또는 중대한 과실로 그 임무를 게을리 하여 제3자에게 손해를 끼친 때에는 제3자에게 연대하여 그 손해를 배상하도록 하고 있다.

　협동조합의 조합원은 조합원 5분의 1이상의 동의로 총회에 임원의 해임을 요구할 수 있으며, 임원의 해임을 의결하려면 해당 임원에게 해임의 이유를 알리고, 총회에서 의견을 진술할 기회를 주도록 하고 있다. 또한 각 임원의 직무를 법으로 정하고 있는바, 각 임원의 직무는 다음과 같다.

- 이사장의 직무: 이사장은 협동조합을 대표하고 정관으로 정하는 바에 따라 협동조합의 업무를 집행한다.
- 이사의 직무: 이사는 정관으로 정하는 바에 따라 협동조합의 업무를 집행하고, 이사장에게 사고가 있을 때에는 정관으로 정하는 순서에 따라 그 직무를 대행한다.
- 감사의 직무: 감사는 협동조합의 업무집행상황, 재산상태, 장부 및 서류 등을 감사하여 총회에 보고하여야 하며, 이를 위하여 감사는 예고 없이 협동조합의 장부나 서류를 대조·확인할 수 있다.

　또한 감사는 이사장 및 이사가 협동조합기본법, 기본법에 따른 명령, 정관·규약·규정 또는 총회의 의결에 반하여 업무를 집행한 때에는 이사회에 그 시정을 요구하여야 한다.

협동조합 임직원에 대하여 겸직금지 규정을 두어 이사장을 포함한 이사와 직원은 감사를 겸직할 수 없도록 하였다. 또한 임원은 해당 협동조합의 직원을 겸직할 수 없도록 하였으나, 예외적으로 사업의 성격, 조합원 구성 등을 감안하여 대통령령으로 정하는 바에 따라 임원과 직원을 겸직할 수 있는 근거조항을 두고 있다.

05 협동조합의 사업

1) 협동조합의 사업

협동조합의 사업은 조합의 설립 목적을 달성하기 위하여 필요한 사업을 자율적으로 정관으로 정하되, 다음 각 호의 사업은 포함하여야 한다고 정하고 있다.

① 조합원과 직원에 대한 상담, 교육·훈련 및 정보 제공 사업
② 협동조합 간 협력을 위한 사업
③ 협동조합의 홍보 및 지역사회를 위한 사업

또한 협동조합의 사업은 관계 법령에서 정하는 목적·요건·절차·방법 등에 따라 적법하고 타당하게 시행되어야 하며, 「통계법」 제22조 제1항에 따라 통계청장이 고시하는 한국표준산업분류에 의한 금융 및 보험업을 영위할 수 없도록 정하고 있다.

2) 협동조합 사업의 이용

협동조합은 조합원이 아닌 자에게 협동조합의 사업을 이용할 수

없도록 정하고, 단서조항으로 조합원이 이용하는 데에 지장이 없는 범위에서 대통령령으로 정하는 바에 따라 조합원이 아닌 자에게 그 사업을 이용하게 할 수 있도록 하고 있다.

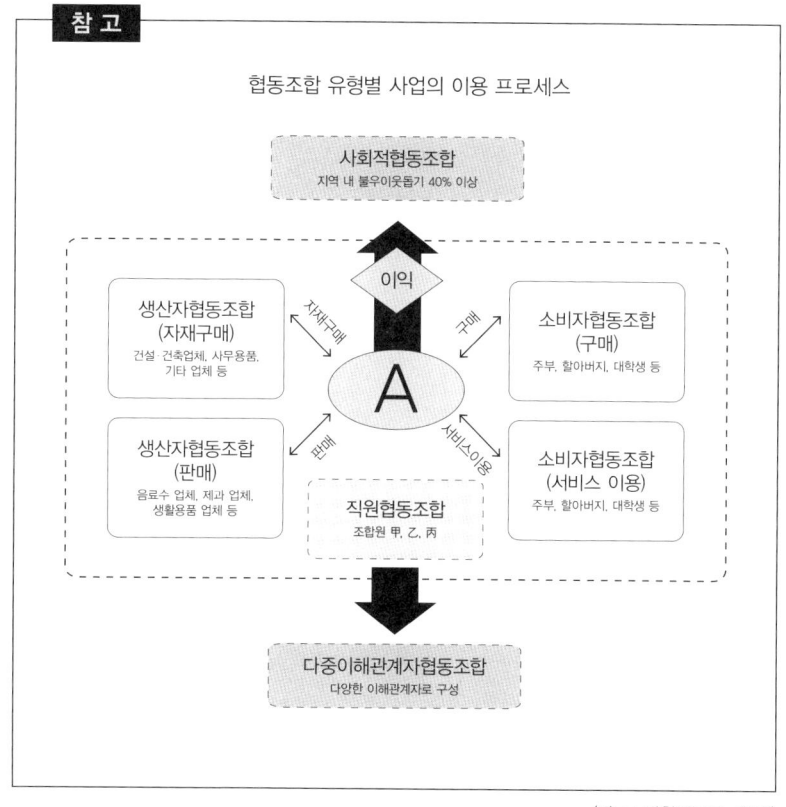

(자료: 기획재정부, 2012)

06 협동조합의 재무·회계

　협동조합의 회계연도는 정관으로 정하고, 매 회계연도의 사업계획서와 수지예산서를 작성하여 총회의 의결을 거치도록 하고 있다. 또한 협동조합은 회계장부 등을 주된 사무소에 비치하여 결산결과 등을 적극 공개하도록 하고 있다.

　일정규모 이상의 협동조합은 설립신고를 한 특별시·광역시·특별자치시·도·특별자치도 또는 협동조합연합회의 홈페이지에 주요 경영공시자료를 게재하도록 정하고 있다.
　협동조합은 법정적립금으로 회계연도 결산의 결과 잉여금이 있는 경우 자기자본의 3배가 될 때까지 잉여금의 100분의 10이상을 적립하도록 하고 있으며, 이외에도 정관으로 사업준비금 등의 임의적립금을 적합할 수 있도록 하고 있다. 법정적립금은 손실의 보전에 충당하거나 해산하는 경우 외에는 사용할 수 없도록 하고 있다.

　협동조합은 적립금이 적립된 대에는 정관으로 조합원에게 잉여금을 배당할 수 있는 데, 잉여금 배당은 협동조합 이용실적에 대한 배당의 경우는 전체 배당액의 100분의 50이상이어야 하고, 납입출자액에 대한 배당은 납입출자금의 100분의 10을 초과하여서는 안 되도록 하여 이용실적에 대한 배당을 우선하도록 규정하고 있다.

협동조합은 결산보고서의 승인을 정기총회일 7일 전까지 감사에게 제출하여 총회에서 결산보고서와 감사의 의견을 승인받도록 하고 있다.

참고

협동조합 회계처리 사례

구분	금액(천원)	비고
① 전기이월잉여금	10,000	
② 당기순이익	50,000	
③ 처분 이익잉여금	60,000	③ = ① + ②
④ 법정적립금	6,000	③의 항목의 10% 이상
⑤ 임의적립금	6,000	③ 항목의 10%
⑥ 배당가능금액	48,000	
⑦ 조합원 이용실적 배당	24,000	⑥ 항목의 50% 이상
⑧ 납입출자액에 따른 배당	5,000	납입출자액(5천만원시)의 10% 이내
⑨ 다음연도 이월	19,000	⑨ = ⑥ - (⑦ + ⑧)

07 협동조합의 합병·분할·해산 및 청산

1) 협동조합의 합병 및 분할

협동조합은 합병이나 분할을 할 수 있는 바 합병계약서 또는 분할계획서를 작성한 후 총회의 의결을 거치도록 하고 있다. 합병 또는 분할로 인하여 존속하거나 설립되는 협동조합은 합병 또는 분할로 소멸되는 협동조합의 권리·의무를 승계토록 하고 있으며, 협동조합 이외의 법인, 단체 및 협동조합과는 할 수 없도록 하고 있다.

2) 협동조합의 해산과 청산

협동조합은 법에 의해 해산이 가능하며, 다음 각 호에 해당하는 경우 해산할 수 있으며, 이 경우 취임된 청산인은 취임 후 14일 이내에 설립신고를 한 시·도지사에게 신고하여야 한다.

① 정관으로 정한 해산 사유의 발생
② 총회의 의결
③ 합병·분할 또는 파산

협동조합이 해산하면 파산으로 인한 경우 외에는 이사장이 청산인이 되나, 예외적으로 총회에서 다른 사람을 청산인으로 선임하였을 경우에는 그에 따른다.

청산인은 취임 후 지체 없이 협동조합의 재산상태를 조사하고 재산목록과 대차대조표를 작성한 다음 재산처분의 방법을 정하여 총회의 승인을 받아야 하며, 청산사무가 종결된 때에는 청산인은 지체 없이 결산보고서를 작성하여 총회의 승인을 받아야 한다.

합병과 분할의 유형

• 합병의 유형

흡수합병
A + B → A
존속협동조합

신설합병
A + B → C
신설협동조합

• 분할의 유형

존속분할
A → A + B
존속협동조합 / 신설협동조합

소멸분할
A → B + C
신설협동조합 / 신설협동조합

08 협동조합의 등기

1) 설립등기

협동조합의 설립 등기는 출자금의 납입이 끝난 날부터 14일 이내에 주된 사무소의 소재지에서 하며, 설립등기신청서에는 다음 각 호의 사항을 적어야 한다.

① 제16조 제1항 제1호와 제2호의 사항(목적, 명칭 및 주된 사무소의 소재지)
② 출자 총좌수와 납입한 출자금의 총액
③ 설립신고 연월일
④ 임원의 성명·주민등록번호 및 주소

설립등기의 신청인은 이사장이 되며, 설립등기신청서에는 설립신고서, 창립총회 의사록 및 정관의 사본을 첨부하여야 한다.
협동조합이 지사무소를 설치하는 경우에는 지사무소의 설치 등기를 주된 사무소의 소재지에서는 21일 이내에, 지사무소의 소재지에서는 28일 이내에 등기하여야 한다.

2) 변경 등기 등

협동조합은 설립신청서상 주요 사항이 변경되면 주된 사무소 및 해당 지사무소의 소재지에서 각각 21일 이내에 변경등기를 하여야 하며, 이사장이 신청인이 되고 신청서에는 등기 사항의 변경을 증명하는 서류를 첨부하여야 한다.

합병등기는 협동조합이 합병한 경우 합병신고를 한 날로부터 14일 이내에 그 사무소의 소재지에서 합병 후 존속하는 협동조합은 변경등기를, 합병으로 소멸되는 협동조합은 해산등기를, 합병으로 설립되는 협동조합은 설립등기를 각 사무소의 소재지에서 하여야 한다.

해산등기는 협동조합이 해산한 경우 주된 사무소의 소재지에서는 14일 이내에, 지사무소의 소재지에서는 21일 이내에 해산등기를 하여야 하며, 청산인이 신청인이 되며 해산등기신청서에는 해산 사유를 증명하는 서류를 첨부하여야 한다.

청산인등기는 협동조합의 청산인이 취임일부터 14일 이내에 주된 사무소의 소재지에서 그 성명·주민등록번호 및 주소를 등기하여야 하며, 등기를 할 때 이사장이 청산인이 아닌 경우에는 신청인의 자격을 증명하는 서류를 첨부하여야 한다.

청산종결등기는 협동조합의 청산이 끝나면 청산인은 주된 사무소의 소재지에서는 14일 이내에, 지사무소의 소재지에서는 21일 이내에 청산종결의 등기를 하여야 한다.

09 협동조합연합회

1) 연합회의 설립

협동조합기본법에서는 협동조합연합회를 설립할 수 있는 근거규정을 두고 있다. 협동조합연합회를 설립하고자 하는 때에는 회원 자격을 가진 셋 이상의 협동조합이 발기인이 되어 정관을 작성하고 창립총회의 의결을 거친 후 기획재정부장관에게 신고하도록 하고 있다.

2) 연합회의 회원

협동조합연합회의 회원은 연합회의 설립 목적에 동의하고 회원으로서의 의무를 다하고자 하는 협동조합으로 하며, 정관으로 정하는 바에 따라 회원의 자격을 제한할 수 있다.

협동조합연합회의 탈퇴는 정관으로 정하는 바에 따라 연합회에 탈퇴 의사를 알리고 탈퇴할 수 있으며, 다음 각 호의 어느 하나에 해당하면 당연히 탈퇴된다.

① 회원으로서의 자격을 상실한 경우
② 해산 또는 파산한 경우

③ 그 밖에 정관으로 정하는 사유에 해당하는 경우

　연합회 회원의 의결권 및 선거권은 회원인 협동조합의 조합원 수, 연합회 사업 참여량, 출자좌수 등 정관으로 정하는 바에 따라 차등하여 부여할 수 있도록 하였다.

3) 연합회의 기관

　협동조합연합회의 기관으로는 총회 임원이 있으며, 총회는 회장과 회원으로 구성한다.
　임원은 정관으로 정하는 바에 따라 총회에서 회원이 속한 조합원 중에서 선출한다.

4) 연합회의 사업

　협동조합연합회는 설립 목적을 달성하기 위하여 필요한 사업을 정관으로 정하되, 다음 각 호의 사업은 포함하여야 하며, 관계 법령에서 정하는 목적·요건·절차·방법 등에 따라 적법하고 타당하게 시행되어야 한다.

① 회원에 대한 지도·지원·연락 및 조정에 관한 사업
② 회원에 속한 조합원 및 직원에 대한 상담, 교육·훈련 및 정보 제공 사업
③ 회원의 사업에 관한 조사·연구 및 홍보 사업

사업의 이용은 회원이 아닌 자에게 연합회의 사업을 이용하게 하여서는 아니 되나, 다만, 홍보 또는 재고물품의 처리 등 사업의 원활한 운영을 위하여 대통령령으로 정하는 경우에는 예외적으로 이용하게 할 수 있도록 하였다.

5) 연합회의 회계 등

협동조합연합회의 회계에 관하여는 협동조합의 규정을 준용하며, 연합회의 합병·분할·해산 및 청산과 등기에 관하여도 협동조합의 법 규정을 준용한다.

10 사회적협동조합

1) 사회적협동조합의 설립

협동조합기본법은 협동조합과는 다른 사회적협동조합에 대한 규정을 별도로 두고 있는 데, 사회적협동조합은 협동조합에 비하여 좀 더 엄격한 설립·운영에 관한 규정을 두고 있다.

사회적협동조합의 설립은 5인 이상의 조합원 자격을 가진 자가 발기인이 되어 정관을 작성하고 창립총회의 의결을 거친 후 기획재정부장관에게 인가를 받도록 하고 있다. 이는 협동조합이 신고로 설립이 가능한 데 비하여 설립에 있어서도 보다 엄격한 기준을 적용하고 있는 것이다.

기획재정부장관은 설립인가 신청을 받으면 신청일로부터 60일 이내에 인가하여야 하나, 부득이한 사유로 처리기간 내에 처리하기 곤란한 경우에는 60일 이내에서 1회에 한하여 그 기간을 연장할 수 있으며, 그 사유는 다음에 한정한다.

① 설립인가 구비서류가 미비된 경우
② 설립의 절차, 정관 및 사업계획서의 내용이 법령을 위반한 경우
③ 그 밖에 설립인가 기준에 미치지 못하는 경우

사회적협동조합설립 인가에 대한 기획재정부장관의 권한은 사회적협동조합이 수행하는 구체적인 사업 내용, 성격 등을 고려하여 대통령령으로 정하는 바에 따라 관계 중앙행정기관의 장에게 위임할 수 있다.

일례로 사업의 성격을 고려하여 기획재정부장관이 전통시장협동조합을 지식경제부장관에게 위임하게 되면 해당 조합은 지식경제부장관에게 설립인가를 얻어야 하는 것이다.

사회적협동조합의 정관에는 다음 각 호의 사항이 포함되어야 하며, 정관의 변경은 기획재정부장관의 인가를 받아야 그 효력이 발생한다.

① 목적
② 명칭 및 주된 사무소의 소재지
③ 조합원 및 대리인의 자격
④ 조합원의 가입, 탈퇴 및 제명에 관한 사항
⑤ 출자 1좌의 금액과 납입 방법 및 시기, 조합원의 출자좌수 한도
⑥ 조합원의 권리와 의무에 관한 사항
⑦ 잉여금과 손실금의 처리에 관한 사항
⑧ 적립금의 적립방법 및 사용에 관한 사항
⑨ 사업의 범위 및 회계에 관한 사항
⑩ 기관 및 임원에 관한 사항
⑪ 공고의 방법에 관한 사항
⑫ 해산에 관한 사항
⑬ 출자금의 양도에 관한 사항
⑭ 그 밖에 총회·이사회의 운영 등에 관하여 필요한 사항

2) 사회적협동조합의 조합원과 기관

사회적협동조합의 조합원의 가입 및 의무와 권리는 일반적으로 협동조합 조합원의 경우와 동일하다. 협동조합의 조합원이 지분환급청구권을 가지는 반면 사회적협동조합의 조합원은 출자금환급청구권을 갖으며, 조합은 조합원이 조합에 채무를 보유하고 있는 경우 출자금에 대한 환급정지를 할 수 있다.

즉, 사회적협동조합의 조합원이 조합을 탈퇴하는 경우 당시 회계연도의 다음 회계연도부터 정관으로 정하는 바에 따라 그 출자금의 환급을 청구할 수 있으며, 청구권은 2년간 행사하지 아니하면 시효로 인하여 소멸된다.

또한 사회적협동조합은 사회적협동조합의 재산으로 그 채무를 다 갚을 수 없는 경우에는 출자금의 환급분을 계산할 때 정관으로 정하는 바에 따라 탈퇴 조합원이 부담하여야 할 손실액의 납입을 청구할 수 있다.

사회적협동조합의 기관은 협동조합과 동일하다.

3) 사회적협동조합의 사업과 사업 이용

사회적협동조합은 다음 각 호의 사업 중 하나 이상을 주 사업으로 하여야 하며, 이때 주 사업은 목적사업이 협동조합 전체 사업량의 100분의 40 이상인 경우를 의미한다.

① 지역사회 재생, 지역경제 활성화, 지역 주민들의 권익·복리 증진 및 그 밖에 지역사회가 당면한 문제 해결에 기여하는 사업

② 취약계층에게 복지·의료·환경 등의 분야에서 사회서비스 또는 일자리를 제공하는 사업
③ 국가·지방자치단체로부터 위탁받은 사업
④ 그 밖에 공익증진에 이바지 하는 사업

사회적협동조합은 주 사업 이외에 상호복리 증진을 위하여 정관으로 정하는 바에 따라 조합원을 대상으로 납입 출자금 총액의 한도에서 소액대출과 상호부조를 할 수 있다. 다만, 소액대출은 납입 출자금 총액의 3분의 2를 초과할 수 없다.

사회적협동조합의 사업이용은 조합원이 아닌 자에게 제공되어서는 안된다. 다만, 조합원이 이용하는 데에 지장이 없는 범위에서 대통령령으로 정하는 바에 따라 조합원이 아닌 자에게 그 사업을 이용하게 할 수 있으나, 조합원 대상의 소액대출과 상호부조의 경우는 이용이 불가능하다.

예외적으로 보건·의료 사업을 행하는 사회적협동조합은 총공급고의 100분의 50의 범위에서 조합원이 아닌 자에 대하여 보건·의료 서비스를 제공할 수 있으며, 이 경우 공급고의 산정기준, 보건·의료 서비스의 제공이 가능한 조합원이 아닌 자의 범위 등 구체적인 사항은 대통령령으로 정한다.

4) 사회적협동조합의 회계 등

사회적협동조합은 결산결과의 공고 등 운영사항을 적극 공개하여야 하며, 정관·규약·규정, 총회·이사회 의사록, 회계장부 및 조합원 명부를 주된 사무소에 비치하여야 한다.

또한 기획재정부 또는 사회적협동조합연합회의 홈페이지에 주요 경영공시자료를 게재하여야 한다.

사회적협동조합은 적립금을 적립할 수 있는 바 매 회계연도 결산의 결과 잉여금이 있는 때에는 자기자본의 3배가 될 때까지 잉여금의 100분의 30 이상을 법정적립금으로 적립하여야 하며, 정관으로 정하는 바에 따라 사업준비금 등을 임의적립금으로 적립할 수 있다.

또한 손실의 보전에 충당하거나 해산하는 경우 외에는 법정적립금을 사용하여서는 아니 되며, 매 회계연도의 결산 결과 손실금(**당기손실금을 말한다**)이 발생하면 미처분이월금, 임의적립금, 법정적립금의 순으로 이를 보전하고, 보전 후에도 부족이 있을 때에는 이를 다음 회계연도에 이월한다.

사회적협동조합이 손실금을 보전하고 법정적립금 등을 적립한 이후에 발생하는 잉여금은 임의적립금으로 적립하여야 하고 이를 조합원에게 배당할 수 없다.

사회적협동조합의 사업과 재산에 대하여는 국가와 지방자치단체의 조세 외의 부과금을 면제하며, 기타 사업계획서 및 수지계획서 작성, 결산결과의 공개, 결산보고서 승인 등의 사항은 협동조합의 규정을 준용하도록 하고 있어 동일하다고 보면 될 것이다.

5) 사회적협동조합의 합병·분할·해산 및 청산 등

사회적협동조합은 합병계약서 또는 분할계획서를 작성한 후 총회의 의결을 받아 합병 또는 분할할 수 있으나, 협동조합과는 달리 기획재정부 장관의 인가를 받아야 한다.

이 경우에도 기획재정부장관의 권한은 사회적협동조합이 수행하는 구체적인 사업 내용, 성격 등을 고려하여 대통령령으로 정하는 바에 따라 관계 중앙행정기관의 장에게 위임할 수 있다.

　사회적협동조합의 특성을 고려하여 사회적협동조합 이외의 법인, 단체 및 협동조합 등과 합병하거나 이 법에 따른 사회적협동조합 이외의 법인, 단체 및 협동조합 등으로 분할할 수 없다.

　또한 사회적협동조합은 다음 어느 하나에 해당하는 사유로 해산하며, 청산인은 파산의 경우를 제외하고는 그 취임 후 14일 이내에 기획재정부장관에게 신고하여야 한다.

① 정관으로 정한 해산 사유의 발생
② 총회의 의결
③ 합병·분할 또는 파산
④ 설립인가의 취소

　사회적협동조합이 해산하면 파산으로 인한 경우 외에는 이사장이 청산인이 된다. 다만, 총회에서 다른 사람을 청산인으로 선임하였을 경우에는 그에 따른다.

　청산인은 취임 후 지체 없이 사회적협동조합의 재산상태를 조사하고 재산목록과 대차대조표를 작성한 다음 재산처분의 방법을 정하여 총회의 승인을 받아야 하며, 청산사무가 종결된 때에는 청산인은 지체 없이 결산 보고서를 작성하여 총회의 승인을 받아야 한다.

　기획재정부장관은 사회적협동조합의 청산 사무를 감독하며, 사회적협동조합이 해산할 경우 부채 및 출자금을 변제하고 잔여재산이 있을 때에는 정관으로 정하는 바에 따라 다음 각 호의 어느 하나에 귀속된다.

① 상급 사회적협동조합연합회

② 유사한 목적의 사회적협동조합

③ 비영리법인·공익법인

④ 국고

6) 사회적협동조합의 등기

사회적협동조합의 등기는 설립인가를 받은 날부터 21일 이내에 주된 사무소의 소재지에서 설립등기를 하여야 하고, 그러하지 아니한 경우 그 인가의 효력은 상실된다.

설립등기신청서에는 다음 각 호의 사항을 적어야 하며, 설립등기신청서에는 설립인가서, 창립총회의사록 및 정관의 사본을 첨부하여야 하고 신청인은 이사장이 된다.

① 목적, 명칭 및 주된 사무소의 소재지

② 출자 총좌수와 납입한 출자금의 총액

③ 설립인가 연월일

④ 임원의 성명·주민등록번호 및 주소

사회적협동조합이 합병한 경우에는 합병인가를 받은 날부터 14일 이내에 그 사무소의 소재지에서 합병 후 존속하는 사회적협동조합은 변경등기를, 합병으로 소멸되는 사회적협동조합은 해산등기를, 합병으로 설립되는 사회적협동조합은 설립등기를 각 사무소의 소재지에서 하여야 한다.

사회적협동조합이 해산한 경우에는 합병과 파산의 경우 외에는 주된 사무소의 소재지에서는 14일 이내에, 지사무소의 소재지에서는 21일 이내에 해산등기를 하여야 하며, 청산인이 신청인이 된다.

해산등기신청서에는 해산 사유를 증명하는 서류를 첨부하여야 하며, 기획재정부장관은 설립인가의 취소로 인한 해산등기를 촉탁하여야 한다.

7) 사회적협동조합의 감독

협동조합과 사회적협동조합의 가장 두드러진 차이의 하나는 '감독' 규정으로 협동조합은 설립이 신고만으로 자유롭되 감독이 없지만, 사회적협동조합은 설립시 인가를 받아야 한다.

기획재정부장관은 사회적협동조합의 자율성을 존중하여야 하며, 법에서 정하는 바에 따라 그 업무를 감독하고 감독상 필요한 명령을 할 수 있다.

기획재정부장관은 설립인가 및 절차에 적합한지 확인할 필요가 있는 경우, 기본법과 명령 또는 정관을 위반하였는지 확인할 필요가 있는 경우, 사회적협동조합의 사업이 관계 법령을 위반하였는지 확인할 필요가 있는 경우에는 사회적협동조합에 대하여 그 업무 및 재산에 관한 사항을 보고하게 하거나 소속 공무원으로 하여금 해당 사회적협동조합의 업무상황·장부·서류, 그 밖에 필요한 사항을 검사하게 할 수 있다.

또한 기획재정부장관은 감독의 결과 사회적협동조합이 법, 법에 따른 명령 또는 정관을 위반한 사실이 발견된 때에는 해당 사회적협동조합에 대하여 시정에 필요한 조치를 명할 수 있으며, 협동조합기본법의 효율적인 시행과 사회적협동조합에 대한 정책을 수립하기 위하여 필요한 경우 관계 중앙행정기관의 장에게 사회적협동조합에 대한 조사·검사·확인 또는 자료의 제출을 요구하게 하거나 시정에 필요한 조치를 명하게 할 수 있다.

기획재정부장관은 사회적협동조합이 다음 각 호의 어느 하나에 해당하게 되면 설립인가를 취소할 수 있으며, 취소하게 되면 즉시 그 사실을 공고하여야 한다.

① 정당한 사유 없이 설립인가를 받은 날부터 1년 이내에 사업을 개시하지 아니하거나 1년 이상 계속하여 사업을 실시하지 아니한 경우
② 2회 이상 제111조 제5항에 따른 처분을 받고도 시정하지 아니한 경우
③ 제85조 제4항에 따라 대통령령으로 정한 설립인가 기준에 미달하게 된 경우
④ 거짓이나 그 밖의 부정한 방법으로 설립인가를 받은 경우

8) 사회적협동조합연합회

사회적협동조합연합회를 설립하고자 하는 때에는 회원 자격을 가진 셋 이상의 사회적협동조합이 발기인이 되어 정관을 작성하고 창립총회의 의결을 거친 후 기획재정부장관의 인가를 받아야 하며, 창립총회의 의사는 창립총회 개의 전까지 발기인에게 설립동의서를 제출한 사회적협동조합 과반수의 출석과 출석자 3분의 2 이상의 찬성으로 의결한다.

기타 사회적협동조합연합회에 관하여는 협동조합연합회의 법 규정을 준용하여 적용한다.

11 벌칙 및 부칙

1) 벌칙

 협동조합 등 및 사회적협동조합 등의 임직원 또는 청산인이 법률에 정한 행위로 협동조합 등 및 사회적협동조합 등에 손해를 끼친 때에는 징역형과 벌금형은 병과할 수 있도록 하고 있다.
 협동조합 등 및 사회적협동조합 등의 임직원 또는 청산인이 그 협동조합 등 및 사회적협동조합 등의 업무에 관하여 위반행위를 하면 그 행위자를 벌하는 외에 그 협동조합 등 및 사회적협동조합 등에도 해당 조문의 벌금형을 부과하는 양벌규정을 두고 있다. 다만, 협동조합 등 및 사회적협동조합 등이 그 위반행위를 방지하기 위하여 해당 업무에 관하여 상당한 주의와 감독을 게을리 하지 아니한 경우에는 적용을 배제하도록 하고 있다.

2) 부칙

부칙에서는 시행일을 정하고 있는 데 협동조합기본법의 시행일을 2012년 12월 1일로 정하고 있다.

또한 법 적용의 경과조치를 두어 법 시행 당시 협동조합, 협동조합연합회, 사회적협동조합, 사회적협동조합연합회와 유사한 목적을 위하여 이미 설립된 경우에 대한 경과조항을 두고 있다.

참고: 과태료의 부과기준(제23조 관련)

---

1. 일반기준
  가. 위반행위의 횟수에 따른 과태료의 부과기준은 해당 위반행위를 한 날 이전 최근 2년간 같은 위반행위로 부과처분을 받은 경우에 적용한다.
  나. 부과권자는 위반행위의 정도, 위반행위의 동기와 그 결과 등 다음 사항을 고려하여 제2호의 개별기준에서 정한 금액의 2분의 1 범위에서 그 금액을 줄일 수 있다. 다만, 과태료를 체납하고 있는 위반행위자에 대해서는 그러하지 아니하다.
    1) 위반행위자가 「질서위반행위규제법 시행령」 제2조의2제1항 각 호의 어느 하나에 해당하는 경우
    2) 위반행위가 사소한 부주의나 오류로 인한 것으로 인정되는 경우
    3) 위반행위자가 법 위반상태를 시정하거나 해소한 경우

2. 개별기준

(단위: 만원)

위반행위	근거 법조문	과태료 금액	
		1차 위반	2차 이상 위반
가. 법 제3조 제3항을 위반하여 명칭을 사용한 경우	법 제119조 제1항	100	200
나. 협동조합 등 및 사회적협동조합 등이 법 제22조 제2항(법 제76조·제91조 및 제115조 제1항에 따라 준용되는 경우를 포함한다)을 위반하여 조합원등 1인의 출자좌수 제한을 초과하게 한 경우	법 제119조 제2항 제2호	100	200

다. 협동조합 등 및 사회적협동조합 등이 법 제23조 제1항(법 제91조에 따라 준용되는 경우를 포함한다)을 위반하여 조합원의 의결권·선거권에 차등을 둔 경우	법 제119조 제2항제2호	100	200
라. 협동조합 등 및 사회적협동조합 등이 법 제46조, 제81조 및 제95조(법 제115조 제2항에 따라 준용되는 경우를 포함한다)를 위반하여 조합원등이 아닌 자에게 협동조합 등의 사업을 이용하게 한 경우	법 제119조 제2항 제3호	100	200
마. 협동조합등 및 사회적협동조합등의 임직원 또는 청산인이 법 제49조 제2항(법 제82조에 따라 준용되는 경우를 포함한다) 및 법 제96조 제2항(법 제115조 제3항에 따라 준용되는 경우를 포함한다)에 따른 서류 비치를 게을리한 때	법 제119조 제3항 제2호	50	100
바. 협동조합 등 및 사회적협동조합 등의 임직원 또는 청산인이 법 제49조 제3항 및 제4항(법 제82조에 따라 준용되는 경우를 포함한다), 법 제96조 제3항 및 제4항(법 제115조 제3항에 따라 준용되는 경우를 포함한다)에 따른 운영의 공개를 게을리한 때	법 제119조 제3항 제3호	50	100
사. 협동조합등 및 사회적협동조합등이 법 제94조를 위반하여 소액대출 및 상호부조의 총사업한도, 이자율, 대출한도, 상호부조의 범위, 상호부조금, 상호부조계약 및 상호부조회비 등을 초과하게 한 경우	법 제119조 제2항 제4호	100	200
아. 협동조합 등 및 사회적협동조합 등의 임직원 또는 청산인이 신고·등기를 게을리한 때	법 제119조 제3항 제1호	50	100
자. 협동조합 등 및 사회적협동조합 등의 임직원 또는 청산인이 감독기관 또는 총회에 대하여 거짓의 진술 또는 보고를 하거나 사실을 은폐한 때	법 제119조 제3항 제4호	50	100
차. 협동조합 등 및 사회적협동조합 등의 임직원 또는 청산인이 감독기관의 검사를 거부·방해 또는 기피한 때	법 제119조 제3항 제5호	50	100

제2부

협동조합의 설립·운영 실무

제4장 협동조합의 설립 실무
제5장 협동조합의 운영 실무
제6장 협동조합의 성공적 도입 및 활성화

제 4 장

협동조합의 설립 실무

01 설립 전 유의사항

협동조합 설립의 특수성

 협동조합의 설립을 추진하는 설립주체(발기인), 조합의 임원, 조합원 뿐만 아니라 조합설립 후 실제로 조합을 운영·관리하는 조합원, 실무자(직원)들은 협동조합의 법적 성격과 다른 법인체 조직과의 관계 또는 차이점 등에 대하여 알고 있는 것이 바람직할 것이다.
 협동조합은 완전한 형태의 영리기업인 주식회사형의 조직유형과 순수한 비영리법인 사단법인형 조직유형의 중간지점에 있다고 할 수 있다. 법적으로나 학술적으로 정립된 용어는 아니지만 협동조합은 이른바 '중간법인'(中間法人) 또는 '중간기업'이라고 할 수 있을 것이다.
 위에서 논의한 내용을 기반으로 협동조합이 기업(주식회사 등), 비영리사단법인과 관련한 조직유형상의 차이를 비교해 보면 다음과 같다(다음 표 참조).
 따라서 협동조합 설립을 추진하는 모임이나 그룹, 설립주체들은 먼저 다음와 같이 4가지 체크포인트에 스스로 질문해봐야 할 것이다.

협동조합과 다른 조직유형 비교

| 협동조합 초기단계 | ➡ | ① 초기 설립주체의 철학, 동기, 열정(주인의식)
② 주변환경의 이해, 토대 확인(현실인식)
③ 협동조합의 필요성(목적과 목표)
④ 조합원 이해관계, 지역사회에서 효과예측(대안설정) |

(1) '왜' 협동조합을 설립·운영하려고 하는가?

협동조합은 조합원들의 욕구와 열망을 필요로 한다. 이러한 욕구와 열망이 없으면 설립추진이 쉽지 않으며, 설령 설립되었다 하더라도 유지되기도 어렵다. 따라서 설립을 추진하는 주체들이 협동조합 설립에 대한 명확한 목표와 운영에 대한 열정이 있어야 유지가 가능할 것이다.

(2) '초기자본'을 어떻게 구성할 것인가?

협동조합기본법 상의 일반협동조합은 일종의 영리법인이다. 영리를 추구하는 기업이 투자를 통하여 적정한 수익을 창출하기 위하여는 적정한 수준의 자본 조달이 필요하며, 이 외에도 인적·물적 자원의 조달이 필요하게 된다.

따라서 협동조합을 구성하는데 필요한 충분한 자본조달(출자금), 조합을 구성하는데 필요한 초기 인적·물적 자원의 조달 방안이 준비되어 있어야 한다.

또한 조합설립 이후에 조합의 유지·운영을 위한 수익과 소요자원에 대한 조달방안이 수립되어야 할 것이다.

(3) 조합 구성원들의 비전과 가치를 어떻게 공유하도록 할 것인가?

협동조합은 조합원들의 명확한 공동 미션과 비전 공유에 의한 공동사업의 추진이 무엇보다도 중요한데, 어떻게 조합원으로 하여금 비전을 공유하게 하고 참가시킬 것인가에 대한 명확한 방향성과 실행방안이 마련되어야 한다.

어떤 조직이든지 의사소통이 원활치 못하면 조직은 경직되고 효율이 떨어지게 된다. 특히 구성원인 조합원들의 협동성은 조합원들간의 활발한 의사소통을 전제하는 것이므로, 조합 구성원들이 비전과 가치 공유를 통하여 공동의 사업을 열정적으로 추진하도록 하여야 한다.

(4) 해당조합의 지역사회 연계성을 어떻게 높일 것인가?

협동조합은 이익추구를 우선으로 하는 주식회사와는 다르게 지역을 기반으로 협업과 참여를 통한 사업모델을 구축하는 것이 보편적이다. 따라서 지역사회와의 연계를 통하여 지역사회의 구성원들이 조합에 대하여 관심을 갖고, 참여하고, 조합은 지역의 문제해결에 어떻게 기여할 것인가에 대한 명확한 대안을 만들어내고, 이를 적극적으로 실행하여야 할 것이다.

> **참고**
>
> 사례: 중곡제일시장 상인조합 활동
>
> - 2004년 상인협동조합 결성 뒤 조합원 65명 지난해부터 출자
> - 시장 소유 바꾸려는 첫 사례로 '마을기업'이 목표
> - 공동 브랜드·상품개발 적극적 "저리 융자 등 정부 지원 필요"
> - '마을기업'으로 뿌리내릴수 있도록 시장의 독자 브랜드와 상품도 개발중
> - 중곡제일시장에 특화되어 있는 떡집과 전·반찬 가게와 연계해 '제사상 차리기' 서비스를 제공하고, 협동조합의 독자 브랜드인 '아리청정'을 상표 등록해 참기름·묵·소시지 가공 및 온라인 판매(11번가 등)
> - 출자금 확보를 통한 시장 내 건물 매입 저렴하게 상인들에게 임대사업 추진중

02 설립실무 개요

협동조합을 설립하기 위해서는 다음과 같이 8단계를 거쳐야 한다.

협동조합 설립과정 8단계

(1) 발기인 5인 모집
(2) 정관 작성
(3) 설립동의자 모집
(4) 창립총회 의결
(5) 관할 시·도지사에게 설립신고
(6) 이사장에게 사무 인계
(7) 출자금 납입(현물 출자 가능)
(8) 설립등기

협동조합설립은 초기 5명이상의 설립주체가 모여 발기인회를 조직하여 정관을 작성하고, 기타 설립에 필요한 행위(**조합원 명부작성 등**)가 완료되면 창립총회를 개최한다.

창립총회에서 조합정관의 승인, 정관에서 정한 임원의 선임, 출자금 납입에 관한 사항, 사업계획 승인 등 조합의 운영에 관한 중요사항이 의결된다. 창립총회 종결 후 관할 시·도지사에게 설립신고를 하고 출자금 납입(**출자이행**)과 설립등기를 하면 협동조합의 설립절차가 완성된다.

다만 사회적협동조합의 경우는 주무부서의 인가를 받아야 하는 점을 유의해야 한다.

본서에서는 협동조합 설립 실무절차에 관해서 조합설립 담당자들이 이해하기 쉽도록 단계별, 과정별로 서술하여 실무절차를 추진하는 조합설립 추진주체나 실무담당자들이 실제 실무에서 직접 활용할 수 있도록 필요한 서식을 제시하고 있다.

일반협동조합 설립절차 흐름도

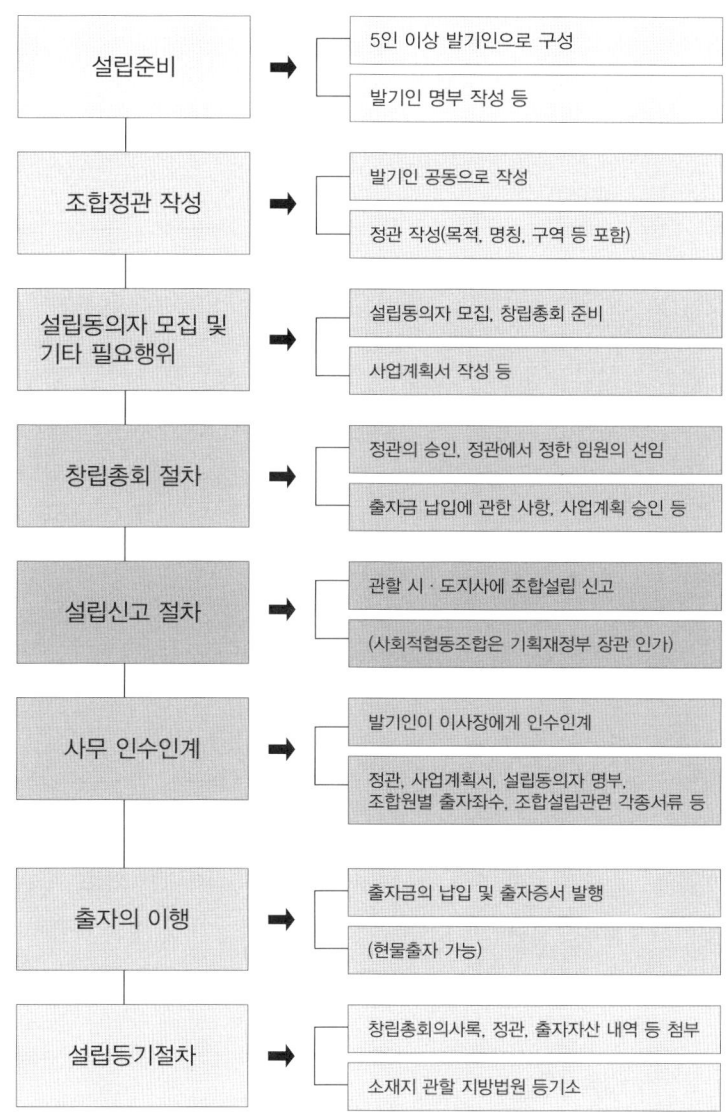

03 조합설립의 단계적 절차

1) 협동조합 설립 개요

협동조합 설립과정에서 핵심사항은 조합원 모집과 출자금 납입이라고 할 수 있는데, 이 2가지 사항은 발기인 대회 이후부터 가능하다는 점에 유의해야 한다. 따라서 발기인회 조직이 협동조합 설립을 위한 기초 작업이라 할 수 있을 것이다.

2) 설립 준비(초기 단계)

기존 협동조합관련 개별법에서는 협동조합 설립에 여러 가지 복잡한 인가절차가 요구되었으나, 협동조합기본법에서는 일정한 사업목적과 5인 이상의 조합원을 확보하고 설립신고(**사회적협동조합은 기획재정부장관이 인가 필요**)를 통하여 협동조합 설립이 가능해질 정도로 용이해졌다.

(1) 발기인 모집과 구성

협동조합을 설립하기 위하여는 5인 이상의 발기인을 모집하여야 하며 발기인들의 상호협력을 통하여 조합설립에 필요한 사항과 절차를 준비한다.

'발기인'이란 협동조합 설립취지에 공감하고 설립을 주도하는 사람으로, 설립하고자 하는 협동조합의 조합원 자격을 가진 자에 한하여 참여할 수 있다. 따라서 발기인은 자연인뿐만 아니라 모든 형태의 법인도 가능하며, 외국인등록번호가 있는 외국인도 가능하다.

외국법인의 경우에는 외국인 출자규제법률(**외국인투자촉진법 등**)에 적합한 경우에 한하여 가능하나, 지방자치단체는 지방재정법 제18조에 따라 출자가 제한되기 때문에 발기인 및 조합원으로 참여가 불가능하다.

(2) 발기인의 활동과 역할

① 협동조합의 설립에 참여하는 발기인을 모집한다.

협동조합의 발기인은 사실상 조합의 핵심적인 주체이다. 발기인은 협동조합 준비활동을 펼친다. 발기인은 설립동의자를 모집하고 출자금을 수납하고, 정관(**안**)과 사업계획(**공동사업계획**)을 수립하는 등의 제반 업무들을 수행한다.

② 정관 작성과 사업계획을 수립한다.

목적이나 사업을 명시한 정관을 만들고, 당해 연도 사업과 향후 2~3년의 중기계획도 수립하여 공유한다. 아울러 설립신고시 필요한 사업계획서 등을 준비한다.

③ 조합원을 모집한다.

협동조합의 비전과 구체적인 사업을 소개하여 자발적으로 조합설립에 참여하도록 유도하여 조합원을 모집한다. 필요한 경우 조합원 모집을 위한 공개적인 홍보활동 등을 병행할 수 있을 것이다.

④ 설립총회 개최를 준비한다.

정관에 따라 조합원들이 1좌 이상을 출자하게 하여 조합의 출자금을 조성하고, 조합원 확대와 기본비용을 조달하기 위한 제반 행사를 기획·개최한다. 아울러 협동조합 창립을 위한 제반 준비활동을 수행한다.

⑤ 발기인은 설립준비를 완료하여 설립신고[03]를 하고 나면 지체 없이 그동안 진행해 오던 사무를 설립된 협동조합의 이사장에게 인계해야 한다. 이때 이사장이 업무를 인수한 후 일정한 기일을 정하여 조합원이 되려는 자에게 출자금을 납입하게 하여야 한다.

⑥ 조합의 추진주체인 발기인은 초기부터 세심한 주의를 기울여 조합설립을 위한 준비를 위한 제반 사항을 수행해야 하며, 근거자료(회의록 등의 문서) 등을 체계적으로 정리하여 남겨두어야 한다.

---

03 시·도지사는 협동조합의 설립신고를 받은 때에는 즉시 기획재정부장관에게 그 사실을 통보하여야 한다.

예시서식 1 : 발기인회 의사록

발기인회 의사록

1. 개 최 일 시 : 20   년 월 일(요일) 시 분
2. 개 최 장 소 :
3. 참 석 자 수 : ○○명
4. 결 의 사 항 :

　가.

　나.

　다.

　라.

- 제1차 발기인회에서 발기인대표와 간사를 선임한다.
-
-

위의 안건 전부를 심의종료하고 ○시 ○○분에 폐회를 선언한다.
위 의사록은 사실과 다름없음을 확인하고 서명 날인한다.

　　　　　　　　　　20   .   .   .

　　　　　　　　　　　　　　　의장 :　　　　　　(인)
　　　　　　　　　　　　　　　기록 :　　　　　　(인)
　　　　　　　　　　　　참석 발기인 :　　　　　　(인)
　　　　　　　　　　　　　　　　　　　　　　　　(인)

예시서식 2 : 발기인 명부

○○협동조합 발기인 명부

	성 명	주민등록번호	주 소	연락처	날 인
1					
2					
3					
4					
5					
6					
7					
8					
9					
10					
11					
12					
13					
14					
15					
	.....				

3) 협동조합의 정관 작성

(1) 정관작성의 의의

정관은 협동조합의 조직·사업·운영·관리 등 조합에 관한 기본적인 사항을 정하는 자치규범으로서, 조합설립 시 발기인 공동으로 작성하여야 한다.

발기인이 작성하는 정관은 협동조합의 설립·운영·해산 및 조직에 관한 주요사항 등 조직운영의 기본이 되는 규범으로서 총회의 의결로서 정하며, 협동조합의 조직과 조합원의 법률관계 및 대내적인 활동에 관하여 자주적으로 정한 최고의 자치법규라고 할 수 있다.

따라서 정관작성은 5인 이상의 발기인이 함께 작성하고 이를 서면에 기재한 후 각자 정관에 기명날인 또는 서명을 해야 하며, 이와 같은 기명날인 또는 서명은 발기인만이 가능할 것이다.

협동조합의 정관은 조합의 사업목적, 조합원 가입 및 탈퇴, 출자금 납입 관련사항, 조합원의 권리와 의무 등 14개 항목이 포함된다. 이때 조합의 설립·운영에 관한 세부적인 사항까지 정관에 포함할 수는 없으므로 규약 또는 규정에 위임하여 정할 수 있다.

협동조합기본법은 협동조합에 관한 일반적 사항 및 각 조합 정관에 대한 위임규정을 정하고 있다. 따라서 협동조합의 정관은 각 조합의 특성에 맞도록 의결·운영할 수 있다.

다만, 조합의 사업목적에 관해서는 조합원과 직원에 대한 상담, 교육, 훈련 및 정보제공사업, 협동조합간 협력을 위한 사업, 협동조합의 홍보 및 지역사회를 위한 사업은 조합의 사업목적에 반드시 포함되어야 한다.

(2) 정관의 체계 (일반적 구성)

　협동조합의 정관은 다음과 같이 총 9개 장(章)으로 구성하는 것이 일반적이다. 각 장별로 장(章)에 포함되는 명칭이나 조항은 설립되는 협동조합의 사업종류나 특성에 따라 다소 다르게 구성할 수도 있다.

제1장 총 칙
제2장 조합원
제3장 출자와 적립금
제4장 총회와 이사회
제5장 임원과 직원
제6장 연합회
제7장 자산 및 회계
제8장 해산
제9장 보칙

(3) 정관에 포함되는 항목(14개 항목)
- 협동조합의 목적
- 협동조합의 명칭 및 주된 사무소 소재지
- 조합원 및 대리인 자격
- 조합원의 가입, 탈퇴 및 제명에 관한 사항
- 출자 1좌의 금액, 납입방법 및 시기, 조합원 출자좌수 한도
- 조합원의 권리와 의무
- 잉여금과 손실금 처리
- 적립금의 적립방법 및 사용
- 사업의 범위 및 회계
- 기관 및 임원

- 공고의 방법
- 해산
- 출자금 양도
- 기타 조합의 설립 및 총회·이사회의 운영 등에 관해 필요한 사항

(ㄴ) **협동조합의 정관 작성**

협동조합의 정관은 기본법에 규정된 항목을 체계적으로 배열하여 작성하여야 한다. 이 때 공정거래위원회 등에서 고시하는 [표준정관례][04] 등을 참고하여 작성할 수 있을 것이다.

표준정관례를 참고할 때는 해당 협동조합의 사업내용이나 상황에 따라 일부항목은 생략해도 무방하다. 또한 창립하고자 하는 협동조합의 사업목적이 지향하는 바를 정확히 규정하기에는 부족함이 있다고 판단되면 표준정관의 일부를 적절하게 수정하면 될 것이다.

다음은 기존 [표준정관례]에 예시된 각 조항별 배열 순서와 내용이므로 실제 정관 작성시 참고가 될 것이다.

---

04 본도서의 부록에 기획재정부가 제시한 표준정관례를 제시해두었으므로, 이를 참고하기 바람

(5) 정관 작성 실무

① 정관 주요항목(조항)별 유의사항

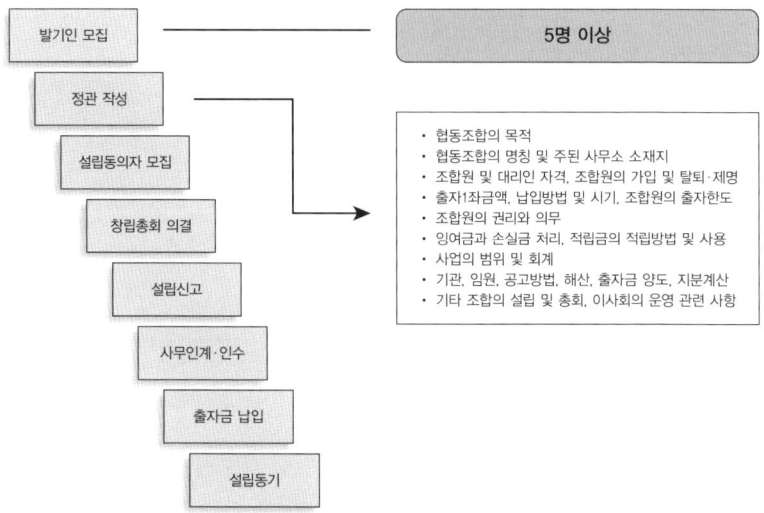

협동조합 설립과정과 정관의 구성항목

② 명칭

기존 협동조합의 명칭과 중복되지 않도록 반드시 명칭의 중복성 여부를 파악해야 한다.

협동조합기본법 시행령에서는 어떤 지역에서 협동조합 또는 사회적협동조합을 설립할 때 동일한 특별시·광역시·시·군에서 타 협동조합 등 및 사회적협동조합 등과 동일 명칭으로 설립등기를 할 수 없도록 하고 있다.

동일한 특별시·광역시·시·군에서 동종 사업으로 타인이 등기한 명칭을 사용하는 자는 부정한 목적으로 사용하는 것으로 추정되므로 주의해야 한다.

③ 목적

설립할 조합의 특성에 맞게 조합의 목적사항과 이에 부합하는 추가사항이 있다면 추가한다.

④ 조합원과 출자금

조합원이 되기 위해서는 반드시 출좌 1좌 이상을 출자하여야만 한다. 이것은 법으로 명시된 사항이므로 반드시 정관으로 기재한다.

한 조합원이 출자할 수 있는 출자금의 한도는 총 출자금의 30%를 넘을 수 없다.

⑤ 출자증서

조합의 이사장은 조합원에게 출자를 증명하는 증표를 교부하여야 한다. 증표에는 조합의 명칭, 조합원의 성명 또는 명칭, 조합 가입년월일, 출자금의 납입년월일, 출자금액 또는 출자좌수, 발행년월일을 반드시 기재하고 이사장이 기명날인한다.

조합 설립 전 발기인회가 설립동의자로부터 출자금을 수납할 경우에는 출자증서대신 출자금 납입확인서를 발급하고 창립총회 후 출자증서와 교환하는 것이 원칙이지만 출자금 납입증명서로 대체할 수도 있다. 이 때에도 출자금 납입증명서에는 반드시 위 6가지를 기재하고 발기인대표가 기명 날인하며, 출자금 납입증명서가 조합 설립 후 출자증서를 대신한다고 명시되어야 한다.

⑥ 적립금

법정적립금은 협동조합기본법에 규정되어 있는 바에 따라 의무적으로 적립해야 하며, 그 하한선도 반드시 총출자금액의 3배 이상이 될 때까지 적립하여야 한다.

임의적립금은 조합이 자율적으로 정할 수 있으며, 이 조항이 삭제되다 하더라도 법령에 위반하는 것은 아니다. 하지만 가급적 조합의 기타사업을 위해 임의적립금을 정관으로 규정하는 것이 바람직하다.

⑦ 총회

총회는 매년 1회 이상(정기총회, 임시총회) 개최하여야 한다. 이와 관련된 사항을 정관에 규정한다.

⑧ 의결권 행사

조합은 대의원회의를 할 것인지 총회를 할 것인지를 결정하여야 하며, 총회를 개최할 경우에는 서면 또는 대리인에 의한 의결권 및 선거권을 행사할 수 있다. 다만, 조합의 합병·분할·해산 등은 대의원회의로 의결할 수 없으므로 서면 또는 대리인에 의한 행사를 정관에 반드시 기재하도록 한다.

⑨ 임원

임원은 이사와 감사로 구성되는데, 조합의 특성에 따라 부이사장, 전무이사, 상무이사 등을 둘 수도 있다.

⑩ 임원의 임기

임원의 임기에 대하여는 4년 이내에서 조합이 자율적으로 정할 수 있고, 연임조항을 둘 수도 있다.

⑪ 사업 및 사업의 이용

협동조합은 규정된 사업만 실시가능하므로 이 범위를 넘어서는 사업의 종류를 정관에 규정하였다 하여도 효력을 발휘할 수 없다.

⑫ **기타 사항**

위에서 나열하지 않은 조항에 대하여는 대부분 민법에 근거하여 정한 조항인 경우가 많으므로 특별한 사유가 없는 한 표준정관을 참고하여 그대로 적용해도 될 것이다.

(b) **정관의 변경**

정관은 변경할 수 있으며, 처음 설립신고를 한 시·도지사에게 정관변경신고를 해야 변경의 효력이 발생한다.

협동조합의 정관변경을 신고하려면 협동조합의 정관변경신고서에 다음 각 호의 서류를 첨부하여 기획재정부장관 또는 시·도지사에게 제출하여야 한다.

- 정관 중 변경하려는 사항을 적은 서류
- 정관의 변경을 의결한 총회의 의사록
- 정관변경 전과 정관변경 후의 사업계획서 또는 수지예산서(사업계획 또는 수지예산에 관한 사항을 변경하는 경우)
- 대차대조표(출자 1좌당 금액의 감소의 경우)
- 공고 또는 최고(催告)한 사실을 증명하는 서류(출자 1좌당 금액의 감소의 경우)
- 채무변제나 담보제공 사실을 증명하는 서류(출자 1좌당 금액의 감소에 대한 이의를 신청한 채권자가 있는 경우)

참고

법 시행 이후 국내 협동조합 설립 사례

- 서울: 한국대리운전협동조합, 협동조합컨설팅, 서울한계레두레협동조합, 성북도시 생활폐기물관리 등
- 인천: 통신소비자생활협동조합, 인천시민해빛발전협동조합 등
- 전북: 한우협동조합, 다문화협동조합 등
- 광주: 취약계층일자리협동조합 등
- 부산: 부산여성소비자협동조합, 부산사회복지사협동조합, 부산간호사협동조합, 부산나들가게협동조합 등
- 사회적협동조합: SK의 행복도시락, 미래환경 등

04 기타 설립에 필요한 행위

1) 조합원 모집

 협동조합 조합원의 자격은 협동조합기본법 제20조에서 규정하는 바와 같이 '협동조합의 설립목적에 동의하고, 조합원으로서의 의무를 다하고자 하는 자'이다.
 이와 관련하여 협동조합 설립주체는 설립추진위원회를 개최하여 설립동의자 모집계획을 확정하고 설립동의자를 효율적으로 모집할 수 있도록 사전 준비를 하여야 한다.
 설립동의자를 모집하기 전에 미리 협동조합을 설립하고자 하는 목적과 설립 추진경과 등을 1매로 요약한 설립취지문을 작성한다. 또한 조합 설립에 찬성하고 조합원으로 가입하겠다는 뜻을 나타내는 서식인 설립동의서도 준비해야 한다. 발기인회는 접수받은 설립동의서를 취합하여 설립동의자 명부를 작성하고 창립총회 시 확인명부로 활용하도록 한다.
 한편 설립동의자 명부는 설립신고 시 협동조합설립신청서에 첨부되어야 할 서류에 포함된다. 즉 창립총회를 개최해 정관, 사업계획서, 임원 명부, 출자금 납입증명서, 합병 또는 분할을 의결한 총회 의사록 등을 첨부해 해당 시·도지사에게 설립 신고절차를 진행할 때 설립동의자 명부도 같이 첨부되어야 하는 것이다.

설립동의서를 받을 때 출자금을 함께 수납하는 것이 일반적이다. 출자금을 받기 위한 '출자금 납입증명서'는 이때에 발급하는 영수증으로서, 출자금을 납입한 조합원에게 출자증서를 교부하여야 한다. 또한 출자금 납입증명서는 창립총회를 거친 이후 출자증서로 교환해 주어야 한다.

출자금납입증명서의 기재사항

출자금납입증명서에는 반드시 다음사항이 기재되어야 한다.
- 조합의 명칭, 조합원의 성명 또는 명칭
- 조합가입연월일
- 출자금의 납입연월일, 출자금액 또는 출자좌수
- 발행연월일

원칙적으로 '설립 중인 조합'은 출자증서를 교부할 수 없지만, 절차상의 간소화를 위해 설립 동의자에게 미리 출자증서를 교부할 수도 있다. 다만 이때에는 영수증에 출자증서와 같은 효력을 가진다고 반드시 명시하고, 창립 후 조합원의 요구에 의하여 다시 출자증서로 교환이 가능함을 공지하여야 한다.

예시서식 3 : 설립동의서

설립동의서

본인은 귀 회가 발기한 ○○협동조합(가칭)의 목적과 취지에 동의함으로 설립에 참여하고자 이에 동의서를 제출합니다.

20   년   월   일

주 소 :
전 화 :
이메일 :
주민등록번호 :
직 업 :
성 명 :   (서명 또는 인)

○○협동조합(가칭)
발기인 대표 귀하

※ 2011년 10월 1일부터 '정보통신망법'과 '개인정보보호법'에 따라 개인정보를 활용하는 자(곳)는 개인정보를 제공한 사람들의 정보를 철저히 보호하도록 의무화 하였습니다. ○○○조합 설립에 동의하신 분은 개인정보활용 동의서의 내용을 확인하고 작성해 주시기 바랍니다.

예시서식 4 : 설립동의자 명부

설립동의자 명부

번호	성 명	주민등록번호	연락처	출자금
1	김가나	381111-1******	01*-****-1111	소비자
2	이다라	750101-2******	01*-****-2222	직원
3	박마바	620303-1******	01*-****-3333	
...	...	...	...	...
20	최하나	680404-2******	01*-****-8888	자원봉사자

※ 이해관계자란은 사회적협동조합인 경우만 기재

예시서식 5 : 출자금 납입증명서

No. _____　　　　　　**설립출자금납입증명서**

　　　　　　　　　　　　　(조합보관용)

　　　　　　　　　　가입년월일 : 20　　년　월　일
_____ 귀하　　　　출자납입일 : 20　　년　월　일

| 총　　　　좌, 금　　　　원정(₩　　　　　　) |

위의 금액을 출자금으로 수납하였음을 확인합니다.

　　　　　　　　　　　　　　　20　　년　월　일

　　　　　○○협동조합 발기인 대표 [인]

(절취선)

No. _____　　　　　　**설립출자금납입증명서**

　　　　　　　　　　　　　(설립동의자보관용)

　　　　　　　　　　가입년월일 : 20　　년　월　일
_____ 귀하　　　　출자납입일 : 20　　년　월　일

| 총　　　　좌, 금　　　　원정(₩　　　　　　) |

위의 금액을 출자금으로 수납하였음을 확인합니다.

　　　　　　　　　　　　　　　20　　년　월　일

　　　　　○○협동조합 발기인 대표 [인]

2) 조합원(회원) 명부 작성

협동조합기본법은 조합원 및 대리인의 자격, 조합원의 가입, 탈퇴 및 제명, 조합원의 출자좌수 한도에 관한 사항에 관하여 제20조~제27조에서 규정하고 있다.

특히 협동조합에서 조합원은 그 자격과 가입·탈퇴, 출자금[05], 조합의 중요사항에 대한 의결정족수 등 관리가 매우 중요하다고 할 수 있는데, 조합원 명부는 그러한 관리를 위한 토대가 되는 것이다.

협동조합기본법은 조합원에 대하여 '협동조합의 설립 목적에 동의하고 조합원으로서의 의무를 다하고자 하는 자'로 정의하고, 정당한 사유 없이 조합원의 자격을 갖추고 있는 자에 대하여 가입을 거절하거나 가입에 있어 다른 조합원보다 불리한 조건을 붙일 수 없도록 하고 있다.

다만 정관으로 정하는 바에 따라 협동조합의 설립 목적 및 특성에 부합되는 자로 조합원의 자격을 제한할 수 있게 하고 있다.

---

05 [협동조합기본법] 제22조(조합원의 출자와 책임)
   ① 조합원은 정관으로 정하는 바에 따라 1좌 이상을 출자하여야 한다. 다만, 필요한 경우 정관으로 정하는 바에 따라 현물을 출자할 수 있다.
   ② 조합원 1인의 출자좌수는 총 출자좌수의 100분의 30을 넘어서는 아니 된다.

예시서식 6 : 조합원 명부

조합원 명부

번호	성 명	주민등록번호	구좌	주 소	연락처	E-mail	가입년월일

3) 조합 가입신청 및 출자승낙서 작성

조합원의 자격을 보유하고 협동조합에 가입하고자하는 자는 소정의 서식을 갖추어 가입신청서(예시 서식-7, 8)를 제출하여야 한다. 조합은 가입신청서를 접수하게 되면 협동조합 가입의 가부를 결정하여 서면으로 이를 신청자에게 통보하여야 한다.

가입의 승낙을 받은 자는 조합에 가입할 자격을 가지며 인수할 출좌수에 대한 금액과 가입금을 지정한 기일 내에 협동조합에 납부함으로서 조합원이 될 수 있다. 따라서 조합가입 신청 및 출자승낙서 작성은 모두 향후 조합원이 해당 협동조합의 구성원, 즉 조합원이 되기 위한 필수요건이 된다.

조합가입 신청 및 출자승낙서를 작성할 때 신청인 신상명세, 출자좌수 및 출자금액, 신청일자가 기재되어야 하며, 다음과 같은 내용이 신청서에 삽입되어야 한다.

'본인은 귀 조합 정관 제○조의 규정에 의하여 귀 조합의 조합원으로 가입하고자 이에 신청서를 제출하오며 다음과 같이 출자를 승낙하고 법정기일 내에 당해 출자금을 납입할 것을 승낙합니다.'

협동조합 가입신청 절차 흐름도

가입신청서 제출→신분 확인→이사회 보고→신청자에 가입승인 통보

예시서식 7 : 조합원 가입신청 및 출자승낙서(예시 1)

조합원 가입신청 및 출자승낙서

신청서	성 명	(한글)
		(한문)
	주민등록번호 (증권기재용)	-
	주 소	
	연 락 처	(전화)
	E - m a i l	(휴대폰)

출자 좌수 및 출자 금액 (1좌 : 원)				
구 좌 수		좌	출 자 금	원
입 금 계 좌	계 좌 번 호			
	예 금 주			

   본인은 귀 조합 정관 제○○조 제○항에 의하여 조합원으로 가입하고자 위와 같이 신청하오며 법정기일 내에 당해 출자금을 납입할 것을 승낙합니다.

20   년 월 일

신청인　　　　(인)

○○협동조합이사장 귀중

※ 첨부 : 조합원이 출자하는 출자액의 합계는 그 조합법인의 총 출자액의 100분의 30을 초과할 수 없다.

예시서식 8 : 조합원 가입신청 및 출자승낙서(예시 2)

조합원 가입신청 및 출자승낙서

  본인은 ○○협동조합 설립취지에 찬성하고 해 귀 조합에 가입하고자 이에 가입신청서를 제출하오며, 아울러 다음 출자좌수를 인수할 것을 승낙하고 법정기일 내에 당해 출자금을 납입하겠기에 이에 출자인수 승낙서를 제출합니다.

- 다 음 -

1. 출 자 좌 수 :   좌
2. 일좌당 금액 :   만원정(원정)
3. 인수출자금액 : 금   원

20 . . .

주소 :
주민등록번호 :
이름 :   (인)

○○협동조합 이사장 귀하

4) 협동조합의 사업

(1) 개요

협동조합은 설립목적을 달성하기 위하여 필요한 사업(**목적사업**)을 자율적으로 정관에 규정해 놓고, 그 목적사업을 수행할 수 있다. 그런데, 협동조합기본법에서는 일반협동조합과 사회적협동조합이 수행할 수 있는 사업을 서로 다르게 규정해 놓고 있으므로 이를 감안하여 정관을 작성해야 할 것이다.

일반협동조합 수행사업(기본법 제4절(사업) 제45조)

> 협동조합은 설립목적을 달성하기 위하여 필요한 사업을 자율적으로 정관으로 정하되, 다음 각 호의 사업은 포함하여야 한다.
> 1. 회원에 대한 지도·지원·연락 및 조정에 관한 사업
> 2. 회원에 속한 조합원 및 직원에 대한 상담, 교육·훈련 및 정보 제공 사업
> 3. 회원의 사업에 관한 조사·연구 및 홍보 사업

사회적협동조합 수행사업(기본법 제4절(사업) 제93조)

> 사회적협동조합은 다음 각 호의 사업 중 하나 이상을 주 사업으로 하여야 한다.
> 1. 지역사회 재생, 지역경제 활성화, 지역 주민들의 권익·복리 증진 및 그 밖에 지역사회가 당면한 문제 해결에 기여하는 사업
> 2. 취약계층에게 복지·의료·환경 등의 분야에서 사회서비스 또는 일자리를 제공하는 사업
> 3. 국가·지방자치단체로부터 위탁받은 사업
> 4. 그 밖에 공익증진에 이바지 하는 사업

또한, 유의해야 할 것은 정관에 규정해 놓고 자율적으로 사업을 할 수 있다고 해도 그것은 관계 법령에서 정하는 목적·요건·절차·방법 등에 저촉되지 않도록 적법하고 타당하게 시행되어야 한다는 점이다.(기본법 제 45조 제2항)

(2) 구체적 사업수행지침

협동조합이 기존의 기업형태와 성격이 크게 다르다 해도 수행해야 할 사업이나 설립목적이 있게 마련이다. 따라서 해당 조합이 수행하여야 할 사업목적을 실현할 계획을 수립해야 한다.

조합원과 직원에 대한 상담, 교육·훈련 및 정보제공, 협동조합 간 협력, 협동조합의 홍보 및 지역사회를 위한 사업 등 3가지는 필수적으로 정관에 포함시켜야 한다. 이는 ICA 7원칙 중 5·6·7원칙[06]을 사업적으로 반영한 것이다. 다만, 협동조합의 사업은 두 가지의 주요한 제약사항이 있다.

먼저, 협동조합의 사업은 관계법령이 정하는 목적, 다시 말해, 협동조합으로 설립되었다 하더라도, 인·허가가 필요한 사업을 하기 위해서는 관계 법령에 따라 사업의 요건을 갖추고 신고·등록·허가·면허·승인·지정 등을 받아야 한다.

예를 들어 협동조합기본법에 따라 버스협동조합을 설립하였더라도, 여객자동차운수사업법에 따라 국토해양부장관의 면허를 받지 못하면 운수사업을 할 수 없다. 따라서 협동조합 설립과 별개로, 사업을 시작하기 전에 관계 법령을 점검할 필요가 있는 것이다.

다음으로, 협동조합을 설립하고 관계 법령에서 정한 인·허가 요건을 갖추었다 하더라도, 한국표준산업분류에 의한 금융 및 보험업을 영위하는 것은 명백히 금지된다.

---

06 협동조합 7원칙 중에서.
  제5원칙(교육, 훈련 및 홍보): 협동조합은 조합원과 선출된 대표, 관리자, 직원이 협동조합의 발전에 공헌할 수 있도록 교육훈련을 실시한다. 협동조합은 일반인, 특히 젊은이와 오피니언리더에게 협동조합운동의 특성과 장점에 관해 알린다.
  제6원칙(협동조합 사이의 협동): 협동조합은 지역, 국가, 인접국가간, 국제적인 조직을 통한 협동으로 조합원에게 더욱 효과적인 서비스를 제공하며 협동조합운동을 강화한다.
  제7원칙(커뮤니티에 관여: 지역 사회에 대한 기여) 협동조합은 조합원에 의하여 승인된 정책을 통하여 커뮤니티의 지속 가능한 발전을 위하여 활동한다.

※ **협동조합기본법 제45조(사업)**

① 협동조합은 설립 목적을 달성하기 위하여 필요한 사업을 자율적으로 정관으로 정하되, 다음 각 호의 사업은 포함하여야 한다.

  1. 조합원과 직원에 대한 상담, 교육·훈련 및 정보 제공 사업

  2. 협동조합 간 협력을 위한 사업

  3. 협동조합의 홍보 및 지역사회를 위한 사업

② 협동조합의 사업은 관계 법령에서 정하는 목적·요건·절차·방법 등에 따라 적법하고 타당하게 시행되어야 한다.

5) 창립총회 절차

(1) 개요

협동조합의 발기인회가 조직되어 협동조합의 설립에 필요한 여러 가지 준비사항이 갖추어지면 창립총회를 개최하여 협동조합의 목적, 공동사업의 종류, 조직체계, 임원선임 등을 승인받아야 한다.

즉, 협동조합을 설립하려는 발기인은 정관(안) 및 사업계획(안)을 작성하고, 창립총회의 일시 및 장소, 조합원의 자격 요건, 창립총회에서 의결하여야 할 사항을 15일 이상 공고[07]한 후 창립총회를 개최하여야 한다.

(2) 창립총회의 구성

창립총회는 발기인 및 창립당시의 조합원으로 구성된다. 즉 5인 이상의 조합원 자격을 가진 자가 발기인이 된다. 다만, 협동조합기본법에서는 조합원수가 일정규모를 초과하면 총회 대신 대의원총회를

---

07 협동조합기본법시행령 제8조 참조.

둘 수 있다.

　조합원수가 200명 초과할 경우에는 총회를 대신해서 대의원총회를 둘 수 있으며, 대의원총회는 조합원 중에서 선출된 대의원으로 구성한다. 대의원의 의결권 및 선거권은 대리인으로 하여금 행사하게 할 수 없다. 또한 대의원총회에 관하여는 총회에 관한 규정을 적용해도 된다. 다만, 대의원총회는 협동조합의 합병·분할 및 해산에 관한 사항은 의결할 수 없다.

(3) 세부진행사항

① 창립총회 개최 및 공고

　협동조합 발기인은 창립총회 개최사항에 대하여 협동조합기본법 제28조 제4항에 따라 창립총회 개최 7일 전까지 회의목적, 안건, 일시 및 장소를 정하여 조합원 자격이 있는 자가 쉽게 구독할 수 있는 방법으로 공고하여야 한다. 공고방법은 일간지, 게시에 의한 공고, 등기우편 발송, 전자우편 발송 등 설립동의자가 충분히 알 수 있어야 할 것이다.

　공고의 내용은 ① 창립총회의 일시 및 장소, ② 조합원의 자격요건 ③ 창립총회에서 의결해야 할 사항의 내용 등이 포함되어야 한다.

② 창립총회에서 의결할 사항

- 조합정관을 채택, 승인한다.
    - 조합의 목적과 사업종류, 조직체계와 회의구조를 명시한 정관을 채택하여 협동조합의 기본골격을 세운다.
- 정관에서 정한 임원을 선임한다.
    - 채택된 정관의 임원 수에 따라 조합의 임원을 선출한다. 총회서 선출하는 임원은 이사장, 부이사장, 이사, 감사이다.

- 출자금 납입에 관한 사항을 정한다.
  - 출자금의 조성, 관리에 관한 사항을 말한다.
- 사업계획의 승인, 실무자 등 사업수행시스템을 구성한다.
  - 설립총회에서는 당해 연도 사업계획과 향후 중장기 계획도 발표하고 예산을 승인한다.

③ 창립총회에서 의결할 사항

협동조합 설립동의자 명단이 확정되고 설립동의서를 제출한 자 과반수가 참석해야 창립총회가 이루어진다. 또한 창립총회 의결은 발기인 포함 설립동의자의 과반수의 출석과 출석자 2/3 이상의 찬성으로 이루어진다.[08]

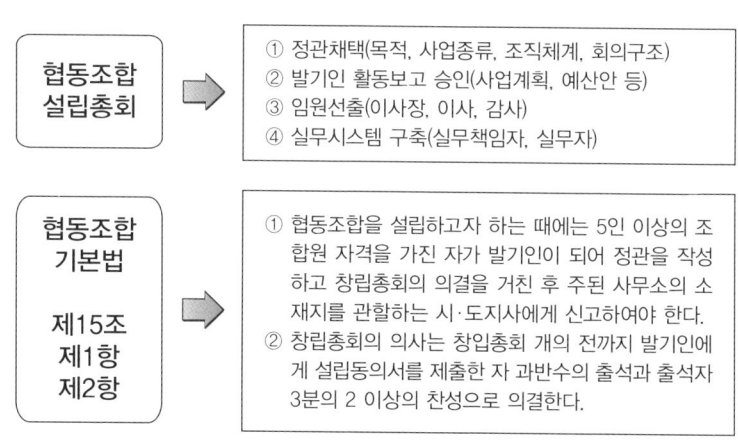

(4) 창립총회 의사록 작성

창립총회가 개최되면 정관승인, 임원선임 등 의결된 내용에 관하여 의사록을 작성하여야 한다. 즉 협동조합의 창립총회의 의결은 협

---

08 협동조합기본법 제 15조 제2항 참조.

동조합설립의 기본이 되는 중요사항이다.

따라서 회의경과를 명확히 하기 위하여 의사의 진행 상황과 그 결과를 기재한 「창립총회의사록」을 반드시 작성하고, 의장과 총회에서 선출한 조합원 3인 이상이 기명날인하거나 서명하여야 한다.

창립총회의 의사록은 설립등기를 할 때 첨부하여야 하며, 정관·규약·규정, 회계장부 및 조합원 명부, 이사회 의사록과 함께 총회의사록도 해당 협동조합의 주된 사무소에 비치하여야 한다.

※ 협동조합기본법 제30조(총회의 의사록)
① 총회의 의사에 관하여 의사록을 작성하여야 한다.
② 의사록에는 의사의 진행 상황과 그 결과를 적고 의장과 총회에서 선출한 조합원 3인 이상이 기명날인하거나 서명하여야 한다.

예시서식 9 : 창립총회 개최 공고

창립총회 개최 공고

○○협동조합(가칭)의 창립총회를 다음과 같이 개최하오니 조합설립동의서를 제출하였거나(설립동의자), 조합에 참여할 분은 빠짐없이 회의에 참석하여 주시기 바랍니다.

- 다 음 -

1. 일 시 : 20   년 월 일(요일) 시 분
2. 장 소 :
3. 조합원의 자격요건:
4. 의 안 :
   가. 정관 확정
   나. 사업계획 및 예산확정
   다. 임원선출
   라. 기타 총회에서 필요하다고 결정되는 사항
   - 임원보선권 위임
   - 차입금 최고한도액 결정
   - 기타 사항

20   .   .   .

○○협동조합(가칭) 발기인회
발기인 대표 ○ ○ ○ ㊞

예시서식 10 : 창립총회 개최 안내

창립총회 개최 안내

설립동의자 _____ 귀하

그동안 추진하여 오던 ○○협동조합 설립을 위한 준비가 완료되어 다음과 같이 ○○협동조합 창립총회를 개최하오니 바쁘시더라도 꼭 참석하여 주시기 바랍니다. 조합설립에 동의하시고 총회에 출석하지 않으시면 출석자 미달로 회의를 개최할 수 없게 되는 점 유의하여 주시기 바랍니다.

- 다 음 -

1. 일 시 : 20   년 월 일(요일)   시   분
2. 장 소 :
3. 조합원의 자격요건 :
4. 의 안 :
   가. 정관 확정
   나. 사업계획 및 예산확정
   다. 임원선출
   라. 기타 총회에서 필요하다고 결정되는 사항
      · 임원보선권 위임
      · 차입금 최고한도액 결정
      · 기타 사항

20   .   .   .

○○협동조합(가칭) 발기인회
발기인 대표 ○ ○ ○ ㊞

예시서식 11 : 창립총회 식순

창립총회 식순

제1부 기념식
  1. 개회선언
  2. 국민의례
  3. 발기인회 경과보고
  4. 발기인대표인사
  5. 축사
  6. 격려사
  7. 내빈소개
  8. 폐식선언 및 총회안내

제2부 창립총회
  1. 출석인원 확인 및 보고
  2. 개회선언
  3. 의사록서명날인인 선정
  4. 의사일정 확정
  5. 의안심의
    가. 정관확정
    나. 사업계획 및 예산확정
    다. 임원선출
    라. 기타사항
      • 임원보선권 위임(안)
      • 차입금 최고한도액 결정(안)
  6. 전 임원 취임인사
  7. 폐회선언

예시서식 12 : 창립총회 의사록 예문

1. 회   의   명 : ○○협동조합 창립총회
2. 소 집 일 시 : 20   년   월   일
3. 개 최 일 시 : 20   년   월   일(요일)   시   분
4. 개 최 장 소 :
5. 제1부 기념식(총회 회순을 참고하여 진행된 상황을 기록한다.)
6. 제2부 창립총회
   가. 정족수 확인
      설립동의자 △△명 중 출석자 ▽▽명이 참석하였으므로 성원이 됨을 보고하다.
   나. 의장취임
      의장(발기인대표)이 의장석에 착석하여 성원이 되었으므로 제2부 창립총회 개최를 선언하다.
   다. 의사록 서명날인인 선임
      의장이 의사록 서명날인인으로 3명(○○○, △△△, □□□)의 조합원을 의사록 서명날인인으로 지명하다.
   라. 의사일정확인
      발기인회에서 총회에 부의하기로 결의한 사항을 상정하고 이의 심의순서를 정하다.
   마. 부의안건(의안심의)
      ① 발기인회에서 총회에 부의키로 결의한 사항을 순서대로 심의한다.
      ② 의안을 심의할 때는 육하원칙에 의거, 간결, 명확히 하여야 한다.

③ 제안 설명, 동의, 재청, 개의, 표결 등의 순으로 명확한 결론을 도출.

④ 임원선출시 임원선거규약에 의거, 진행한다.

⑤ 의안심의내용을 기록할 때는 총회 경과와 의결사항을 명확히 기록하여야 한다.

바. 폐회

모든 부의된 안건을 심의하고 폐회시에는 그 시각을 명확히 명시하여야 한다.

사. 의사록 서명날인

의사록 작성이 완료된 때에는 정관 제31조에 의건, 의장과 의사록서명날인인이 서명날인 하도록 한다.(위 의사 및 선거경과와 그 결과를 명확히 하기 위하여 본 의사록을 작성하고 의장 및 의사록서명날인인이 서명날인한다.)

의사록 서명날인 :　　　　　　　　(인)

　　　　　　　　　　　　　　　　(인)

　　　　　　　　　　　　　　　　(인)

예시서식 13 : 창립총회 진행 예문

제1부 기념식

	순 서	진 행 (예)	진 행 요 령
1	개회선언	(사회자) "지금부터 ○○협동조합 창립 기념식을 시작하겠습니다."	기념식 사회자는 발기인이나 설립준비위원 중
2	국민의례	(사회자) 이어서 국민의례가 있겠습니다. 총회 참석자와 내빈 여러분께서는 앞에 있는 태극기를 향해 기립하여 주시기 바랍니다. 먼저 국기에 대한 경례를 하겠습니다. "국기에 대한 경례" "바로" 다음은 애국가를 제창하겠습니다. 다음에는 순국선열과 협동조합선구자들에 대한 묵념을 올리도록 하겠습니다. "일동묵념" "바로"	
3	조합창립 경과보고	(사회자) "다음에는 조합설립에 대한 그 동안의 경과를 보고 하겠습니다. 조합 창립 경과 보고는 발기위원인 ○○○가 하겠습니다." (발기위원 ○○○) "조합원 여러분 안녕하십니까? 소개받은 발기위원 ○○○입니다." "우리 지역의 협동조합 설립을 위해서 설립준비위원회의 구성부터 발기인회의 그 동안의 활동을 보고 드리겠습니다." -중략- "이상으로 경과보고를 마치겠습니다."	발기인 경과보고는 발기인대표보다 직원이 바람직

4	발기인회 대표 인사	(사회자) "다음에는 발기인대표 ○○○의 인사말이 있겠습니다." (발기인회 대표) "○○협동조합의 창립을 격려해 주기 위해서 바쁘신 중에도 참석해 주신 조합원 여러분 그리고 내외빈 여러분 반갑습니다." -중략-	발기인대표가 간단한 인사말을 준비
5	축사	(사회자) "다음에는 ○○협동조합의 창립을 격려해 주기 위해서 바쁘신 중에도 참석해 주신 ○○○의 격려사가 있겠습니다." -격려사 생략-	
6	격려사	(사회자) "다음에는 ○○협동조합연합회 ○○○의 격려사 있겠습니다." -축사 생략-	계통기관(연합회, 위원회 등)의 임원 중 섭외
7	내외빈 소개	(사회자) "다음에는 창립총회를 빛내주신 내외빈 여러분을 소개하겠습니다." -내외빈 소개 생략-	기념식 전 방명록 보고 참석 내외빈 체크
8	폐식선언 총회안내	(사회자) "이상으로 제1부 기념식을 마치고 잠시후 ○○시○○분부터 제2부 창립총회를 시작하겠습니다."	

제2부 창립총회

총회는 발기인회 대표가 진행한다. 이 때 실무위원회 간사는 성원보고 준비를 한다.

	순 서	진 행 (예)	진 행 요 령
1	성원보고	(의장) 지금부터 ○○○협동조합 창립총회를 시작하겠습니다. ○○○는 성원보고를 해주시길 바랍니다. (간사) 전체 조합원 ○○○ 중 현재 ○○○이 참석하였습니다.	2부 창립총회의 진행은 의장이 직접함
2	개회선언	(의장) 조합원의 과반수 이상이 참석하여 성원이 되므로 ○○협동조합 창립총회 개회를 선언합니다.	
3	의사록 서명날인인 선정	(의장) 본 창립총회의 경과와 그 결과를 명확히 하기 위해 조합원님 중에서 ○○○님, ○○○님과 ○○○님께 의사록 서명날인을 부탁합니다.	이 때 지명 받은 이는 승낙여부를 얘기함. 서명날인인 3인 이상 선정.
4	의사일정 확인 및 의안 상정	(의장) 그러면 의사일정을 확정하고 안건 심의에 들어가도록 하겠습니다. 의사일정에 관한 의견이 있으십니까? (조합원1) 총회자료집에 수록된 순서로 의사일정을 정할 것을 동의합니다. (조합원2) 재청합니다. (의장) 동의와 재청이 있었습니다. 다른 의견이 없으면 동의한 바대로 의사일정을 확정합니다.	동의(動議)와 재청(再請)으로 회의를 진행하며, 재청이 없는 동의는 받아들이지 않음

5	의안심의 제1호의안 정관안 확정	(의장) 그러면 총회자료집 ○○쪽 제1호 의안부터 의안심의에 들어가겠습니다. 1호 의안은 정관 및 규약(안) 확정입니다. - 정관 생략 - (의장) 설명한 정관(안)에 대하여 의견이 있으시면 말씀해주시기 바랍니다. (조합원3) 정관에 문제가 없으므로 원안대로 제정할 것을 동의합니다. (조합원4) 재청합니다. (의장) 동의와 재청이 있었습니다. 다른 의견이 있으십니까? (조합원5) 의장님! 의견이 있습니다. (의장) 말씀해 주십시오. (조합원5) 정관안 제○조 ○○○에 대하여 ……로 수정하는 것이 타당하다고 생각합니다. (조합원6) 재청합니다. (의장) ○○○님의 의견에 재청이 있었습니다. 다른 의견이 또 있으십니까? (조합원7) ○○○님의 의견에 저 역시 동의합니다. (의장) 예. ○○○님의 의견에 다른 의견이 없으시면 제안된 의견으로 정관안을 수정하여 ○○협동조합 정관으로 확정해도 되겠습니까? (조합원 다수가) 예 (의장) 그러면 수정된 내용으로 정관을 확정하겠습니다.	의안 설명은 의장이 직접 할 수도 있고 발기위원 중 지명해서 설명할 수도 있음
6	제2호 의안 사업계획서 및 예산안 확정	(의장) 다음은 제2호 의안 사업계획서 및 예산안 확정입니다. 의안 설명은…… - 사업계획서 및 예산(안) 설명 생략 - 지금 설명한 2001년도 사업계획과 예산(안)에 대한 의견이 있으시면 말씀해주시기 바랍니다.	의안설명→동의와 재청→개의→표결 순으로 모든 의안을 처리함

7	의사록 서명날인인 선정	(의장) 본 창립총회의 경과와 그 결과를 명확히 하기 위해 조합원님 중에서 ○○○님, ○○○님과 ○○○님께 의사록 서명날인을 부탁합니다.	이 때 지명 받은 이는 승낙여부를 얘기함. 서명날인 3인 이상 선정.
8	임원 소개	(선거관리위원장) 창립총회의 초대임원으로 선출된 이사 및 감사 분들의 소개와 간단한 인사가 있겠습니다. (신임이사장) 이사장으로 선출된 ○○○입니다…….	이사장이 임원들을 소개해주거나 임원 각자가 소개함
9	폐회선언	(의장) 이상으로 모든 의안을 심의하고 종료되었으므로 ○○협동조합 창립총회를 마치겠습니다. 참석해주신 여러 조합원 여러분 감사합니다.	

(b) 임원 추천·선임·취임 승낙서 작성

협동조합은 임원으로서 이사장 1명을 포함한 3명 이상의 이사와 1명 이상의 감사를 둘 수 있다. 임원의 임기는 4년의 범위에서 정관으로 정하되 임원은 연임할 수 있다. 다만, 이사장은 2차에 한하여 연임할 수 있고, 결원으로 인하여 선출된 임원의 임기는 전임자의 임기종료일까지로 한다.

또한 임원의 결격사유[09]가 발생하면 해당 임원은 당연히 퇴직하여야 하며, 퇴직된 임원이 퇴직 전에 관여한 행위는 그 효력을 유지하도록 하고 있다.

협동조합기본법은 이사의 정수 및 이사·감사의 선출방법 등은 정관으로 정하도록 하고 있다. 한편, 이사장은 이사 중에서 정관으로 정하는 바에 따라 총회에서 선출한다.

협동조합의 임원선출에 있어서는 다음과 같이 기간을 설정하고 선임절차를 진행하는 것이 바람직하다.

협동조합 임원선임절차

- 후보등록기간: 1주일, 후보자 자격심사 및 확정
- 선거운동기간: 10일 정도, 투표기간: 10일 정도
- 투·개표 및 당선확정

---

09 협동조합기본법 제36조(임원의 결격사유)
   ① 다음 각 호의 어느 하나에 해당하는 사람은 협동조합의 임원이 될 수 없다.
     1. 금치산자
     2. 한정치산자
     3. 파산선고를 받고 복권되지 아니한 사람
     4. 금고 이상의 실형을 선고받고 그 집행이 끝나거나(집행이 끝난 것으로 보는 경우를 포함한다) 집행이 면제된 날부터 3년이 지나지 아니한 사람
     5. 금고 이상의 형의 집행유예를 선고받고 그 유예기간 중에 있거나 유예기간이 끝난 날부터 2년이 지나지 아니한 사람
     6. 금고 이상의 형의 선고유예를 받고 그 선고유예기간 중에 있는 사람
     7. 법원의 판결 또는 다른 법률에 따라 자격이 상실 또는 정지된 사람

임원에 출마하고자 하는 조합원은 조합원확인서(**출자금확인서**)에 의한 조합원 확인이 필요하다. 후보등록서류는 조합원확인서 외에 후보등록신청서, 이력서, 후보자추천서, 입후보자 등록 승낙서가 필요하다.

예시서식 14 : 임원입후보자 등록서

임원 입후보자 등록서

성 명	(한자)	명함판 사진
주민등록번호		
주 소		
직 업		
주 요 학 력 및 경 력		

본인은 ○○협동조합(이사장, 부이사장, 이사, 감사)로 입후보하고자 별첨의 서류를 첨부하여 등록합니다.

년   월   일

위 입후보자   (인)

별첨: 1. 이력서
   2. 주민등록 등본
   3. 명함판 사진 1매

○○협동조합
선거관리 위원장귀하

예시서식 15 : 임원입후보자 추천서

임원 입후보자 추천서

후보자 성명:
주민등록 번호: -
주소:

년   월   일

위의 사람을 ○○협동조합(이사장, 부이사장, 이사, 감사) 입후보자로 추천합니다.

	조합원 번호	성명	추천년월일	인	비고
1					
2					
3					
4					
5					
6					
7					
8					
9					
10					
11					
12					
13					
14					
15					

○○협동조합
선거관리 위원장귀하

예시서식 16 : 임원입후보 승낙서

임원 입후보 승낙서

성 명	
주민등록번호	
주 소	

　　본인은 ○○ 협동조합(이사장, 부이사장, 이사, 감사) 입후보자에 등록할 것을 승낙함.

　　　　　　　　　년　　　월　　　일

　　　　　　　　　　　　　　　　○ ○ ○ 인

　　　　　　　　○○협동조합
　　　　　　선거관리 위원장귀하

예시서식 17 : 임원명부

임원 명부

직 위	성 명	주민등록번호	주소	연락처	날인
이 사 장					
부이사장					
이 사					
이 사					
- - - - -					
수석 감사					
감 사					
감 사					

(7) 이사회 운영 및 의결사항

① 이사회의 운영 및 구성

협동조합 이사회는 이사장 및 이사로 구성되고, 이사장은 이사회를 소집하고 그 의장이 된다.

협동조합에 임원으로서 이사장 1명을 포함한 3명 이상의 이사와 1명 이상의 감사를 둔다. 이사의 정수 및 이사·감사의 선출방법 등은 정관으로 정한다. 한편 이사장은 이사 중에서 정관으로 정하는 바에 따라 총회에서 선출한다.

② 이사회의 의결사항

이사회는 구성원 과반수의 출석과 출석원 과반수의 찬성으로 의결하며, 그 밖에 이사회의 개의 및 의결방법 등 이사회의 운영에 관하여 필요한 사항은 정관으로 정한다(기본법 32조 4항). 한편 이사회는 다음 사항을 의결한다.

- 협동조합의 재산 및 업무집행에 관한 사항
- 총회의 소집과 총회에 상정할 의안
- 규정의 제정·변경 및 폐지
- 사업계획 및 예산안 작성
- 법령 또는 정관으로 이사회의 의결을 받도록 정하는 사항
- 그 밖에 협동조합 중요 운영사항 또는 이사장이 부의하는 사항

③ 이사회 회의록의 공개

협동조합의 운영과정에서 집행부의 악용 가능성을 막기 위해서 몇 가지 조치를 취하도록 하고 있는데, 그 중에서 가장 중요한 것이 운영의 공개이다.

즉, 협동조합은 결산결과 등 운영사항을 적극 공개하여야 할 뿐만 아니라 이사회 의사록과 총회의사록을 조합의 주된 사무소에 비치해야 한다.

예시서식 18 : 이사회 회의록

이사회 회의록

1. 소집통보일:

2. 개최일시:

3. 개최장소:

4. 출석이사명:
   이 사 장:
   부이사장:
   이   사:　　　　　　이   사:
   이   사:　　　　　　이   사:

5. 의결사항
가. 제1호의안:
   (결의내용)
나. 제2호의안:
   (결의내용)

이상의 의안 전부를 심의. 종료하고 의정은 ○○시 △△분에 폐회를 선언하다.
위 의사록 상위 없음을 확인하고 서명 날인함.

　　　　　　　　　　　　　이 사 장:　　　　(인)
　　　　　　　　　　　　　이   사:　　　　(인)
　　　　　　　　　　　　　이   사:　　　　(인)

8) 설립신고 및 사무의 인계

(1) 설립신고

협동조합을 설립하고자 하는 때에는 5인 이상의 조합원 자격을 가진 자가 발기인이 되어 정관을 작성하고 창립총회의 의결을 거친 후 주된 사무소의 소재지를 관할하는 시·도지사에게 신고하여야 한다.

설립신고를 받은 해당 시·도지사는 협동조합 설립신고서 규정 서류가 미비되었을 경우에는 보완을 요구하게 되므로 조합설립 주체는 이에 대비하여야 한다.

설립신고를 받은 해당 시·도지사는 설립신고서류에 미비사항이 없거나 미비사항이 보완되었을 경우에는 설립신고일로부터 30일 이내에 신고증을 교부하여야 한다. 참고로, 일반협동조합의 설립신고절차는 협동조합연합회에 그대로 적용할 수 있다.

협동조합연합회 설립 신고 제출서류

1. 정관 사본
2. 창립총회 의사록 사본
3. 사업계획서
4. 임원 명부
   * 임원 명부에 임원의 이력서 및 사진을 첨부
   * 사진: 가로 3센티미터, 세로 4센티미터
   * 이력서에 사진을 붙인 경우에는 사진 추가제출 불필요
5. 설립동의자 명부
6. 수입·지출 예산서
7. 출자 1좌(座)당 금액과 회원별로 인수하려는 출자좌수를 적은 서류
8. 창립총회 개최 공고문
9. 합병 또는 분할을 의결한 총회 의사록
   * 협동조합기본법 제101조 및 제115조에 따른 합병 및 분할에 의한 설립의 경우에만 해당

예시서식 19 : 설립신고필증

신고번호 제   호

(협동조합·협동조합연합회) 설립신고필증

조합명:
(연합회명)
대표자 성명:
주소:

「협동조합기본법」 제15조 제1항 또는 제71조 제1항에 따라 위와 같이 설립을 신고하였음을 확인합니다.

년   월   일

기획재정부장관
시·도지사   [직인]

(2) 업무인계·인수

발기인은 설립신고와 동시에 지체 없이 그 사무를 이사장에게 인계하여야 하고, 이사장은 그 사무를 인수하면 기일을 정하여 조합원이 되려는 자에게 출자금을 납입하게 하여야 한다.

조합업무를 인계하는 때에는 업무인계·인수서를 작성하여 관계서류와 진행업무 일체를 인계·인수하여야 하는 바, 조합감사의 입회 하에 인수자와 인계자가 인수·인계서에 각각 서명날인하여 보관함으로써 책임소재를 분명히 하여야 한다.

조합업무의 업무 인계·인수는 방대한 자료 및 확인절차 등으로 인하여 많은 시간을 요함으로 각 분야별로 업무를 분담하여 인수하는 등 각별한 주의가 요망된다. 즉 조합업무 인수인계 시 다음과 같은 사항을 준비하고 확인해야 한다.

인수인계하여야 할 사항은 다음과 같다.

- 협동조합의 정관
- 사업계획서
- 조합원별로 인수하려는 출자좌수를 적은 서류
- 설립동의자 명부
- 조합설립 관련 각종 서류 등

예시서식 20 : 협동조합설립 신고서

협동조합설립 신고서

■협동조합기본법 시행규칙 [별지 제1호 서식]
[ ] 협동조합
[ ] 협동조합연합회   설립신고서

※ 첨부서류를 확인하시기 바라며, 색상이 어두운 난은 신청인이 작성하지 않습니다.

접수번호		접수일		처리기간	30일
설립신고인	성명(명칭)			생년월일(사업자등록번호)	
	주소			전화번호	
신고내용	설립동의자 수		총 출자금액	발기일 및 창립 총회 개최일	
법인	조합명(연합회명)			전화번호	
	소재지				
	이사장(회장) 성명			주민등록번호 (외국인등록번호)	
	주소			전화번호	

「협동조합기본법」 제15조 제1항 또는 제71조 제1항에 따라 위와 같이 설립하였음을 신고합니다.

년   월   일

신고인(이사장·회장)   (서명 또는 인)

기획재정부장관
시·도지사   귀하

첨부 서류	1. 정관 사본 1부 2. 창립총회 의사록 사본 1부 3. 사업계획서 1부 4. 임원 명부(임원의 이력서 및 사진 첨부) 1부 5. 설립동의자 명부 1부 6. 수입·지출 예산서 1부 7. 출자 1좌당 금액과 조합원 또는 회원별로 인수하려는 출자 좌수를 적은 서류 1부 8. 창립총회 개최 공고문 1부 9. 합병 또는 분할을 의결한 총회 의사록[「협동조합기본법」 제56조(제83조에서 준용하는 경우를 포함한다)에 따른 합병 또는 분할로 인하여 설립하는 경우에만 제출합니다] 1부	수수료 없음

처리절차

설립신고서 작성 → 접 수 → 서류 확인 및 검토 → 결 재 → 신고필증 교부

신고인   처리기관   처리기관   처리기관
              (기획재정부장관   (기획재정부장관   (기획재정부장관
              또는 시·도지사)   또는 시·도지사)   또는 시·도지사)

210mm×297mm[백상지 80g/㎡(재활용품)]

(3) 출자의 이행

협동조합의 이사장은 협동조합 설립신고와 동시에 발기인회로부터 조합의 업무를 인수 받아야 한다. 이와 함께 조합원이 되려는 자에게 출자금의 납입을 하도록 조치하여야 한다(기본법 제18조).[10]

협동조합의 출자는 현금, 건물, 토지 등을 출자할 수 있다. 현물출자의 경우에는 토지, 건물 등에 대한 출자조합원들의 전원일치에 의한 금액평가가 이루어져야 한다.

이 단계에서 후일 지분환급과 관련하여 이해관계의 충돌이 발생할 수 있으므로 현물출자에 연관되는 법적인 문제 확인에 유의하여야 한다.

현물출자는 협동조합 설립에 중대한 관계가 있고, 현물출자가 남용될 경우 조합의 재산적 기초를 약화시키는 요인이 될 수도 있다. 그러한 까닭으로 상법상의 법인 설립에서는 상법에 의한 엄격한 설립경과조사를 받도록 하는 등 그 절차를 까다롭게 하고 있다.

따라서 협동조합의 설립초기에 현물출자의 등기·등록에 필요한 서류의 구비여부 등을 철저히 점검하도록 하여야 한다. 현물출자 시 유의사항은 등기등록을 요하는 재산의 경우에는 출자목적인 재산을 조합법인에 양도하고 이전에 필요한 서류를 협동조합에 제출하여야 한다. 특히 부동산을 현물 출자하는 경우 관련법령에 의해 조합원에게 양도세가 부과될 수 있으므로 유의하여야 한다.

이렇게 출자가 이루어지고 나면 출자를 완료한 조합원에 대하여 출자증서를 발행하여야 한다. 출자증서에는 출좌좌수, 출좌금액 및

---

10 협동조합기본법 제18조(설립사무의 인계와 출자납입)
   ① 발기인은 제15조(설립신고 등) 제1항에 따라 설립신고를 하면 지체 없이 그 사무를 이사장에게 인계하여야 한다.
   ② 제1항에 따라 이사장이 그 사무를 인수하면 기일을 정하여 조합원이 되려는 자에게 출자금을 납입하게 하여야 한다.
   ③ 현물출자자는 제2항에 따른 납입기일 안에 출자 목적인 재산을 인도하고 등기·등록, 그 밖의 권리의 이전에 필요한 서류를 구비하여 조합에 제출하여야 한다.

출자재산을 기재하여 발급하도록 한다. 또한 현물 출자한 재산에 대하여 출자조합원의 서면동의 없이 처분할 수 없도록 정관에서 정한 경우에는 그 내용을 출자증서에 기재하도록 한다.

출자금 증서 기재사항 예시

- 조합의 명칭
- 조합원의 성명(또는 명칭)
- 조합가입 연월일
- 출자금 납입 연월일
- 출자금액 또는 출자좌수
- 발행 연월일
- 조합이사장의 기명날인

(4) 창립총회 의사록 공증

설립등기를 하려면 반드시 창립총회의사록을 공증받아야 한다.

설립신고 시에는 의사록 공증을 필수적으로 요구하지 않고 있으나, 출자금 납입이 완료된 날로부터 14일 이내에 설립등기를 하여야 하므로, 창립총회 개최 준비단계에서부터 의사록 공증을 염두에 두고 관련 절차를 진행하여야 할 것이다.

(5) 설립등기 절차

① 개요

협동조합은 발기인 5인 이상을 모집하고 정관을 작성, 설립동의자 모집 및 창립총회 의결을 거치면 관할 시·도지사에게 설립신고를 한 다음 설립등기신청서에 의해 설립등기를 하면 성립한다.

② 기재사항 및 첨부서류

설립등기신청서에는 다음 각 호의 사항을 기재해야 하고, 설립신고서, 창립총회의사록 및 정관의 사본을 첨부하여야 한다.

설립등기신청서 기재사항

- 협동조합의 목적, 명칭 및 주된 사무소의 소재지
- 출자 총좌수와 납입한 출자금의 총액
- 설립신고 연월일
- 임원의 성명·주민등록번호 및 주소

설립등기 필요서류

- 정관: 사본을 제출하되, 원본을 지참하여 보여주어야 함
- 창립총회 의사록: 반드시 공증을 받아야 하며, 사본을 제출하되, 원본을 지참하여 보여주어야 함
- 임원의 취임승낙서와 인감증명서, 주민등록 등·초본
- 출자금 총액의 납입이 있음을 증명하는 서면: 금융기관, 이사장, 회장의 출자금 영수증 등 (현물출자의 경우 현물출자재산인계서 또는 출자재산영수증 첨부)
- 대표자의 인감신고서
- 설립신고필증
- 등록면허세 영수필확인서
- 위임장(대리인 신청의 경우)

③ 설립등기 및 서식

설립신고 후 설립등기까지 의무준수기간은 없으나 출자금 납입 후 14일 이내에 해당 협동조합의 주된 사무소의 소재지에서 설립등기를 해야 한다. 설립등기를 할 때에는 이사장이 신청인이 된다.

(b) 사업자 등록

설립등기를 마친 협동조합이 사업을 하려면 사업개시일로부터 20일 이내에 사업을 하고자 하는 장소(**사업장**)의 관할세무서장에게 사업자등록을 하여야 한다.

사업자등록증 신청시 제출서류

- 법인설립신고 및 사업자등록신청서 1부
- 법인등기부등본 1부
- 임대차계약서 사본 1부(사업장 임차시)
- 주주 또는 출자자명세서 1부
- 사업허가·등록·신고필증 사본 1부(해당시)
  - 허가(등록, 신고)전에 등록하는 경우 : 허가(등록)신청서 등 사본 또는 사업계획서
- 현물출자명세서 1부(현물출자의 경우)

예시서식 21 : 협동조합 설립등기신청서

접수	년 월 일	처리인	접수	조사	기입	교합	각종통지
	제 호						

위 표 상단: (사회적) 협동조합 설립등기신청

등기의 목적	(사회적) 협동조합 설립
등기의 사유	
주사무소/분사무소 신청구분	1. 주사무소 신청 ☐ 2. 분사무소 신청 ☐ 3. 주·분사무소 일괄신청 ☐
등 기 할 사 항	
명 칭	
주 사 무 소	
이사와 감사의 성명·주민등록번호	
이사장의 성명·주민등록번호 및 주소	

등 기 할 사 항	
목 적	
분 사 무 소	
출자 총자수	
납입한 출자금의 총액	
설립신고 또는 설립인가 연월일	

신청등기소 및 등록면허세/수수료					
순번	신청등기소	구분	등록면허세	지방교육세	세액합계	등기신청수수료
			금 원	금 원	금 원	금 원
합 계						
등기신청수수료 은행수납번호						
과 세 표 준 액			금			원

첨 부 서 면

1. 정 관 통	1. 인감신고서 통
1. 창립총회의사론 통	1. 등록면허세영수증필확인서 통
1. 취임승락서와 인감증명서 통	1. 위임장(대리인이 신청할 경우) 통
1. 주민등록표등(초)본 통	〈기타〉
1. 주무관청의 설립신고 필증 또는 설립인가증 통	
1. 출자금 총액의 납입이 있음을 증명하는 서면 통	

년   월   일

신청인   명   칭
          주 사 무 소
대표자   성   명   (인) (전화:)
          주   소
대리인   성   명   (인) (전화:)
          주   소

지방법원   등기소 귀중

-신청서 작성요령 및 등기수입증지 첩부란-
1. 해당란이 부족할 때에는 별지를 이용합니다.
1. 해당 등기신청과 관계없는 사항에 대하여는 '해당없음'으로 기재하거나 삭제하고, 필요한 사항은 추가 기재합니다.
1. 등기신청수수료 상당의 대법원등기수입증지를 이 난에 붙입니다.

(용지규격 21cm×29.7cm)

05 협동조합별 설립 실무

1) 일반협동조합의 설립

(1) 일반협동조합의 설립절차 및 내용 개념도

일반협동조합의 설립절차의 구체적 내용은 본장(本章) [조합설립의 단계별 절차(주요서식)]를 참고하기 바란다. 본 절에서는 앞에서 설명한 설립절차를 다시 한 번 상기하는 의미에서 협동조합기본법에 규정하고 있는 절차에 따라 설립단계별로 그 사례를 제시한다.

(2) 일반협동조합의 설립단계별 절차

'공동육아'협동조합 설립(設例)

서울의 목동아파트단지에서 공동육아협동조합을 설립한다고 가정하자. 일반적으로 다음과 같이 설립단계 및 과정을 스토리형식으로 구성할 수 있을 것이다.

① 초기 – 핵심 조합원 모으기
- 조합을 설립하려면 조합원을 모으는 일이 기본이다. 특히 초기에 모이는 사람들은 핵심 조합원으로 조합을 이끌어 갈 주축

구성원이 될 수 있을 것이다. 협동조합기본법에는 5명 이상이면 협동조합을 설립할 수 있도록 되어 있다.
- 목적과 뜻을 같이 할 수 있는 사람들의 첫 만남은 공동사업에 대한 철학과 내용을 공유하고 친목을 다지는 것이 중요하다.
- 초기 모임의 결속력은 조합을 설립하기까지 기간은 물론 향후 지속적인 조합운영에 영향을 미치게 된다.

② 중기 – 조합 운영의 기본 틀 짜기
- 조합원이 5인 이상 확보되면 준비위원회(또는 발기위원회)를 만들고 체계적 실무진행을 위한 역할분담을 한다.
- 본격적인 홍보를 통해 조합원을 모집하고, 정관과 운영규정 등 내부 규약을 마련하고 각종 소위원회(재정, 교육, 주택, 운영) 활동을 진행한다.
- 준비위원회가 발족하면 조합 설립을 효율적으로 진행하기 위해 유급(有給)으로 실무 총괄직원(보통 '간사'라고 한다.)을 둘 수도 있다. 간사는 창립총회 이전에 채용하여 설립할 조합의 사업계획을 수립하고 정관 등 조직의 틀이 구성되는 창립준비과정부터 간사로 참여할 수 있도록 하는 것이 바람직하다.
- 이 시기에는 출자금, 부지 및 시설확보 등 중요하고 민감한 사안들이 집중적으로 논의되어야 하는데, 합의 사항이 많아지면서 갈등이 증폭되기도 하므로 유의해야 한다.

③ 후기 – 개설 준비
- 이 단계에서는 조합설립 총회를 개최하여 미리 작성해 놓은 정관과 운영규정을 승인·확정하고, 이사회를 구성한다.
- 부지 및 시설 계약, 조합원 교육, 직원채용 및 연수, 보육시설(어

린이집 등) 설비 등 개원을 위한 제반사항을 준비한다.
- 부지 및 시설계약은 초기 설립위원 외에 일반 조합원이 추가로 확보됐을 때 하는 것이 좋다. 즉 조합원들을 충분히 확보하지 않고서 무리하게 설립을 서두르지 않는 것이 바람직할 것이다.
- 부지 및 시설은 조합원 충원과 허가 문제, 운영비 등 여러 가지 문제와 얽혀있기 때문에 신중하게 결정해야 한다.

2) 사회적협동조합의 설립 및 관련사항

(1) 설립 개요

사회적협동조합이란 '협동조합 중 지역주민들의 권익·복리 증진과 관련된 사업을 수행하거나, 취약계층에게 사회서비스 또는 일자리를 제공하는 등 영리를 목적으로 하지 아니하는 협동조합'을 말한다.

사회적협동조합은 출자금이나 이용액에 대한 배당을 할 수 없고, 사업도 목적사업이 40% 이상 되어야 하며, 해산할 때에는 출자금과 부채를 제외한 나머지 자산은 사회로 환원하도록 규정하여 공익적 성격을 강조하고 있다. 또한 일반협동조합과 달리 인가절차를 거쳐야 한다.

협동조합기본법은 사회적협동조합에 대해 '비영리법인'으로 명시해서 세제상의 혜택을 받을 수 있도록 했다. 민법상의 사단법인이나 재단법인처럼 정책적인 지원도 가능할 것이다. 따라서, 사회적 가치를 지향하는 조직의 경우 협동조합을 통하여 사회적기업으로 성장·발전하는 모델을 만들 수 있을 것이다.

사회적협동조합은 발기인 5인 이상 모집**(서로 다른 이해관계자 2인 이상 포함)** → 정관 작성 → 설립동의자 모집**(의료사회적협동조합은 500인 이상)**

→ 창립총회 의결 → 기획재정부장관에 설립인가 신청 → 신청일로부터 60일 이내에 인가 → 이사장에게 사무인계 → 출자금 납입 → 설립등기 등의 절차를 거쳐 설립된다.

다만, 일반협동조합이 해당 지역 시·도지사에게 설립신고 후 바로 설립등기절차를 진행할 수 있는 데 비해, 사회적협동조합은 기획재정부장관에게 설립 '인가'를 받아야만 설립등기를 할 수 있다는 점이 다르다.

인가를 받은 날부터 21일 이내에 조합 주사무소의 소재지에서 설립등기를 해야 하는데, 이 기한을 넘기면 인가의 효력이 상실된다. 설립등기사항은 일반적인 협동조합과 동일하나, 정관을 변경하려면 기획재정부장관의 인가를 받아야 한다.

사회적협동조합에 관한 인가 권한은 기획재정부장관에게 있으나, 기획재정부장관은 이 권한을 대통령령이 정하는 바에 따라 관계 중앙행정기관의 장에게 위임할 수 있다.

예를 들어, 관련 사업의 주무부처를 고려해 기획재정부장관이 의료협동조합의 인가 권한을 보건복지부장관에게 위임하게 되면, 의료협동조합은 보건복지부장관으로부터 인가를 얻어야 하는 것이다.

설립과정상 협동조합과 사회적협동조합의 차이

	협동조합	사회적협동조합
설립동의자 자격	• 조합원	• 조합원 • 이해관계자 참여
사 업	• 업종 및 분야 제한 없음 • 금융 및 보험업 제외	• 주 사업 • 소액대출 및 상호부조 사업
설 립	• 시·도지사 신고	• 관계 중앙행정기관장의 인가
처 리 기 간	• 30일 이내	• 60일 이내
설립등기 신청	• 출자금의 납입이 끝난 날부터 14일 이내	• 설립인가를 받은 날부터 21일 이내

정관내용상 협동조합과 사회적협동조합의 차이

	협동조합	사회적협동조합
사 업	• 금융 및 보험업을 제외하고는 업종 및 분야 제한 없음	• 주 사업과 부수사업의 구분 • 소액대출 및 상호부조 사업 가능
출자금 납입총액	• 관련 규정 없음	• 설립동의자의 출자금 납입총액이 정관에 명시되어야 함
법정적립금	• 잉여금의 10/100 이상	• 잉여금의 30/100 이상
배 당	• 배당 가능	• 배당 금지
청 산	• 정관에 따라 잔여재산 처리	• 비영리법인·국고 등 귀속

사회적협동조합 설립요건의 '이해관계자'의 정의

	협동조합	사회적협동조합
생 산 자	• 농수산물 생산이나 서비스 제공을 하는 사람으로 일종의 사업자	• 농업, 어업 등 생산을 하는 경우 • 숙박업, 식당, 커피숍 등을 운영하는 경우
소 비 자	• 상품이나 서비스를 소비하는 사람	• 감 협동조합에서 판매하는 감을 소비하는 경우 • 숙박업협동조합에서 운영하는 호텔에 투숙하는 경우
직 원	• 협동조합이 직접 고용한 사람	• 의료사회적협동조합이 고용한 의사, 간호사 • 협동조합연합회에 상주하는 사무국장
자원봉사자	• 협동조합에 재능을 기부하는 사람	• 독거노인 도시락배달협동조합에 참여하여 도시락 반찬을 만들거나 도시락을 배달하는 사람 • 마을담당예쁜그림그리기협동조합에 참여하는 화가
후 원 자	• 협동조합에 금전적, 물질적 도움을 주는 사람	• 독거노인 도시락배달협동조합에 반찬재료를 제공하거나 반찬재료 구매비용을 지원하는 사람 • 마을담당예쁜그림그리기협동조합에 필요한 페인트를 제공하거나 페인트 구매비용을 지원하는 사람

(자료: 기획재정부)

사회적협동조합이 의료기관을 개설하고자 하는 경우 추가 의무사항

○ (설립동의자) 500인 이상일 것
○ (1인당 최저출자금) 5만원 이상일 것
  • 다만, 다음 조합원은 최저출자금 한도를 정하지 않음
    ① 「의료급여법」 제3조에 따른 수급권자
    ② 「장애인고용촉진 및 직업재활법」 제2조 제1호에 따른 장애인
    ③ 「한부모가족 지원법」 제5조 및 제5조의 2에 따른 보호대상자
    ④ 「재한외국인 처우 기본법」 제2조 제3호에 따른 결혼이민자
    ⑤ 보건복지부장관이 정하여 고시하는 희귀난치성질환을 가진 자
○ (조합원당 최고출자금) 출자금(사회적협동조합 설립과 동시에 의료기관을 개성하는 경우 정관에 규정된 출자금 납입총액) 납입총액의 10% 이내일 것
  • 다만, 의료기관 개설시 2인 이상의 조합원이 6촌 이내의 혈족, 4촌 이내의 인척, 배우자(사실상의 혼인관계에 있는 자 포함)일 경우 그 2인 이상의 조합원 출자금 총액이 출자금 납입총액의 10% 이내이어야 함.
  • 법 제85조 제4항 및 제11조 제2항 제3호에 따라 6촌 이내의 혈족, 4촌 이내의 인척, 배우자(사실상의 혼인관계에 있는 자 포함)는 의료사회적협동조합의 '특별한 관계가 있는 자'로서 보건의료사회적협동조합에 대한 출자 제한
○ (출자금 납입총액) 1억원 이상일 것
○ (총 자산 대비 출자금 비율) 총 자산 대비 출자금 납입총액은 50/100이상일 것
  • 다만, 인가관청의 승인을 받은 경우 총 자산 대비 출자금 납입총액의 비율이 50/100 미만일 수 있음(유동성 부채 및 장기대출금 중 정부지원금 및 공익자금 등을 총 자산에서 제외할지 여부는 인가관청에서 판단)
  • 신규설립이 아니고 협동조합기본법상 협동조합으로 조직 전환시 그간의 사업 흑자로 기존 적립금(잉여금, 기타 수입 등으로서 기존 조직의 구성원 소유가 아닌 기존 조직 자체의 소유)이 있는 경우에는 동 적립금을 출자금 납입총액에 포함시켜 비율을 계산할 것
○ 주사무소의 소재지를 관할라는 시·군·구 및 그 인접 시·군·구 이외의 시·군·구에 의료기관을 추가로 개설하는 경우에는 해당 시·군·구마다 위의 요건을 모두 갖추어야 함.

의료기관사회적협동조합과 사회적협동조합의 차이

	의료기관 개설시	기타 사업 영위시
사업구역	제한	-
최소 설립동의자 수	500인	5인
최저출자금	1억원	제한 없음
1인당 최저출자금	5만원	제한 없음
1인당 최고출자금	총 출자금의 10%	총 출자금의 30%
총 자산 대비 납입출자총액 비율	50% 이상	-
주 사업 유형	지역사업형	5가지 유형

예시서식 22 : 협동조합설립 신청서

협동조합 설립인가 신청서

■협동조합기본법 시행규칙 [별지 제8호 서식]
[   ] 사회적협동조합
[   ] 사회적협동조합연합회　　　　　　　　　　　　　설립인가 신청서

※ 첨부서류를 확인하시기 바라며, 색상이 어두운 난은 신청인이 작성하지 않습니다.

접수번호		접수일		처리기간	60일
설립신청인	성명(명칭)		생년월일(사업자등록번호)		
	주소		전화번호		
법인	조합명(연합회명)		전화번호		
	소재지				
	이사장(회장) 성명		주민등록번호 (외국인등록번호)		
	주소		전화번호		
설립신청 내용	설립동의자 수	총 출자금액/1인당 최저출자금(*)	출자금 납입총액(*) 및 총 자산 대비 비중(%)(*)	발기일 및 창립 총회 개최일	
	(*) 항목은 보건의료사업을 하는 사회적협동조합의 경우에만 작성				
설립목적	[ ] 지역사업형(「협동조합기본법」 제93조 제1항 제1호) [ ] 취약계층 사회서비스 제공형(「협동조합기본법」 제93조 제1항 제2호) [ ] 취약계층 고용형(「협동조합기본법」 제93조 제1항 제3호) [ ] 위탁사업형(「협동조합기본법」 제93조 제1항 제3호) [ ] 기타 공익증진형(「협동조합기본법」 제93조 제1항 제4호) [ ] 혼합형				

「협동조합기본법」 제15조 제1항 또는 제71조 제1항에 따라 위와 같이 설립하였음을 신고합니다.

　　　　　　　　　　　　　　　　　　　　　　　　　　　년　　월　　일
　　　　　　　신고인(이사장·회장)　　　　　　　　　　　　　(서명 또는 인)
기획재정부장관
중앙행정기관장　　　　　　　　　　　　　　　　　　　　　　　　　귀하

첨부 서류	1. 정관 사본 1부　2. 창립총회 의사록 사본 1부　3. 사업계획서(추정재무제표 포함) 1부 4. 임원 명부(임원의 이력서 및 사진 첨부) 1부의 사실관계를 증명　5. 설립동의자 명부 1부 6. 합병 또는 분할을 의결한 총회의록(「협동조합기본법」 제101조 및 제115조에 따른 합병 또는 분할로 인하여 설립하는 경우에만 제출합니다) 1부 7. 수입·지출 예산서 1부　8. 출자 1좌당 금액과 조합원 또는 회원별로 인수하려는 출자 좌수를 적은 서류 1부　9. 창립총회 개최 공고문 10. 주 사업의 내용이 설립인가 기준을 충족함을 증명하는 서류	수수료 없음

처리절차

신청서 작성 → 접 수 → 서류 확인 및 검토 → 결 재 → 신립인가증 발부

　신고인　　　처리기관　　　　　처리기관　　　　　　처리기관
　　　　　　(기획재정부장관·　(기획재정부장관·　　(기획재정부장관·
　　　　　　 중앙행정기관장)　　중앙행정기관장)　　　중앙행정기관장)

210㎜×297㎜[백상지 80g/㎡(재활용품)]

예시서식 23 : 사회적협동조합 설립인가증

■ 협동조합기본법 시행규칙 [별지 제10호 서식]

인가번호 제   호

(사회적협동조합·사회적협동조합연합회) 설립인가증

조 합 명 :
(연합회명)

대 표 자 성 명 :

주   소 :

「협동조합기본법」 제85조 제1항 또는 제114조 제1항에 따라 위의 설립을 인가합니다.

년   월   일

기획재정부 장관
(인)
중앙행정기관장

210mm×297mm[백상지(1종) 120g/㎡]

(2) 조합원의 지위

조합원의 가입 및 의무와 권리는 일반적인 협동조합 조합원의 경우와 동일하다. 다만 조합원이 조합을 탈퇴할 때에는 일반적인 협동조합의 경우 '지분'환급청구권을 가지는 반면, 사회적협동조합의 조합원은 '출자금'환급청구권을 가진다.

여기서 조합원의 지분과 출자금은 다른 개념으로서, 지분은 출자금에 사업준비금 등 임의적립금을 더한 것이다.

(3) 기관 및 임원

사회적협동조합의 기관 및 임원에 관한 사항은 협동조합의 경우와 차이가 없다.

(4) 사업 분야

사회적협동조합은 다음 네 가지 중 하나 이상을 '주 사업'으로 해야 한다. 이때 '주 사업'이라 함은 목적사업이 협동조합 전체 사업량의 40% 이상인 경우를 의미한다.

① 지역사회 재생, 지역경제 활성화, 지역 주민의 권익·복리 증진 및 그 밖에 지역사회가 당면한 문제 해결에 기여하는 사업 ⋯▸ 지역사업형
② 취약계층에게 복지·의료·환경 등의 분야에서 사회서비스 또는 일자리를 제공하는 사업 ⋯▸ 취약계층배려형
③ 국가, 지방자치단체로부터 위탁받는 사업 ⋯▸ 위탁사업형
④ 기타 공익증진에 이바지하는 사업 ⋯▸ 기타 공익증진형

주 사업의 내용 요약

유형	용어 정리	주 사업 40% 판단기준
① 지역사업형	• (지역사회 공헌) 지역 자원 활용, 농·수·축산물의 생산 및 유통사업, 전통시장 활성화 사업 등 • (지역 사회서비스 제공) 지역주민의 생활환경 개선 사업, 사회서비스 제공사업 등	• 사업비 비중 또는 서비스 대상 인원, 시간, 횟수(%)
② 취약계층배려형	• (취약계층) 전국 가구 월평균 소득의 60% 이사, 고령자, 장애인, 결혼이민자, 경력단절여성, 갱생보호 대상자 등 • (사회서비스) 교육, 보건, 의료, 보육, 예술, 관광, 간병, 문화재 보존, 청소 서비스 등	• 취약계층 제공 사회서비스 대상 인원, 시간, 횟수(%) • 전체 인건비 중 취약층 인건비 또는 고용 비중(%)
③ 위탁사업형	• 국가 지자체의 법률에 규정된 행정 기관의 사무 중 일부를 사회적협동조합의 명의로 수행	• 전체 사업비 중 위탁사업비 비중(%)
④ 기타 공익증진형	• 기타 공익증진 사업	• 사업비 비중 또는 서비스 대상 인원, 시간, 횟수(%)
⑤ 혼합형	• 유형 ①+②+③+④의 혼합	• ①+②+③+④ (%)

(자료: 기획재정부, 2012)

협동조합의 경우와 마찬가지로, 사회적협동조합도 금융 및 보험업을 영위할 수 없다.

그러나, 사회적협동조합은 주 사업 이외의 사업으로 정관이 정하는 바에 따라 조합원을 대상으로 납입 출자금 2/3 한도 내에서 소액대출을 할 수 있고 납입 출자금의 총액 한도 내에서 소액대출과 상호부조를 할 수 있다.[11]

---

11 이에 따른 소액대출 이자율, 대출한도, 상호부조의 범위, 상호부조금, 상호부조계약, 상호부조회비 등 필요한 세부사항은 대통령령(시행령)에 위임했다.

(5) 사업 이용

협동조합과 마찬가지로 사회적협동조합도 비조합원의 사업 이용을 원칙적으로 금지하고 있다. 그러나 소액대출 및 상호부조를 제외한 사회적협동조합의 다른 사업에 한하여, 조합원이 이용하는 데 지장이 없는 범위에서 대통령령이 정하는 바에 따라 비조합원이 이용할 수 있다.

다만 보건·의료사업을 행하는 사회적협동조합의 경우는 총 공급액의 50% 범위에서 비조합원에게 보건·의료 서비스를 제공할 수 있다.[12]

(6) 재무·회계

협동조합과 마찬가지로 사회적협동조합도 매 회계연도 결산 결과 손실금이나 잉여금이 발생한다. 손실금은 미처분이월금, 임의적립금, 법정적립금 순으로 보전하고, 보전 후에도 부족이 있으면 다음 회계연도로 이월한다.

잉여금 발생시에는 이월 손실금 보전, 법정적립금, 임의적립금의 순서대로 처리한다. 그러나 협동조합과 달리 사회적협동조합은 잉여금의 30% 이상을 법정적립금으로 적립하여야 하고, 남은 잉여금을 모두 임의적립금으로 적립하게 하여 조합원 배당을 아예 금지하고 있다.

협동조합기본법에서 사회적협동조합에게 주는 명시적인 혜택은 바로 부과금 면제 규정이다. 국가 및 지방자치단체는 사회적협동조합

---

12 이때 공급액의 산정기준, 보건·의료 서비스의 제공이 가능한 비조합원의 범위 등 구체적인 사항은 대통령령으로 정한다. 생협법 시행령의 경우 보건·의료 서비스의 제공이 가능한 비조합원의 범위를 「응급의료에 관한 법률」에 따른 응급환자,「국민기초생활보장법」에 따른 수급자, 보건·의료사업을 하는 해당 조합의 사업구역에 주소·거소·사업장 또는 근무지가 있는 자 등으로 정하고 있다.

의 사업과 재산에 대해 조세 외의 부과금을 면제한다.[13]

법정적립금 적립 의무 기준, 조합원 배당금지, 부과금 면제 등의 사항을 제외하고, 사업계획서·수지예산서 작성, 결산결과의 공개, 결산보고서 승인 등 재무·회계 관련사항은 협동조합과 사회적협동조합이 동일하다.

(7) 변경 및 소멸

사회적협동조합은 합병·분할할 경우 '기획재정부장관의 인가'를 받아야 한다. 이때 기획재정부장관의 인가 권한은 사회적협동조합의 사업내용, 성격 등을 고려하여 대통령령이 정하는 바에 따라 관계 중앙행정기관의 장에게 위임할 수 있다. 사회적협동조합은 사회적협동조합과만 합병할 수 있고, 사회적협동조합으로만 분할할 수 있다.

합병·분할의 경우 합병·분할 인가를 받은 날로부터 14일 이내에 사무소의 소재지에 관련 등기를 해야 한다. 그 밖의 합병·분할에 관한 사항은 협동조합의 경우와 동일하다.

사회적협동조합의 청산 또는 파산 절차의 경우에도 협동조합의 경우를 준용하면 된다.[14] 그러나 협동조합과 달리 사회적협동조합의 청산시 가장 큰 차이점은, 부채 및 출자금을 변제하고도 남은 재산을 조합원들에게 분할하여 지급할 수 없다는 것이다.

사회적협동조합은 잔여재산을 상급 사회적협동조합연합회, 유사한 목적의 사회적협동조합, 비영리법인·공익법인, 국고 중 어느 하나

---

13 부과금은 조세와 더불어 국가 및 지방자치단체의 대표적인 재원으로, 매년 신설·폐지된다. 2010년도 기준 94개의 부과금이 존재하며, 징수실적은 14.5조원이나 된다. 부과금의 종류를 살펴보려면, 기획재정부에서 매년 발행하는 「부담금운용종합보고서」를 참조하면 된다.

14 다만 사회적협동조합의 해산 사유에는 정관으로 정한 해산 사유의 발생, 총회의 특별의결, 합병·분할 또는 파산 이외에 '설립인가의 취소'가 추가된다. 또한 파산의 경우를 제외하고 청산인은 취임 후 14일 이내에 '기획재정부장관'에게 해산신고를 해야 하고, 기획재정부장관은 사회적협동조합의 청산 사무를 감독한다.

로 귀속시켜야 한다.

(8) 감독

협동조합과 사회적협동조합의 가장 큰 차이는 바로 '감독' 규정이다. 일반적인 협동조합은 신고만으로 자유롭게 설립이 가능하되, 지원도 없고 감독도 없다. 반면 사회적협동조합은 비영리법인으로 인가를 받아야 한다. 이에 따라 민법상 비영리법인에 준해 세제 혜택을 받는 대신, 기획재정부장관의 규제와 감독[15]을 받아야 한다.

3) 협동조합연합회의 설립 및 관련사항

(1) 설립개요

발기인인 3개 이상의 협동조합 모집 → 정관 작성 → 설립동의 협동조합 모집 → 창립총회 의결 → 기획재정부장관에 설립인가 신고 → 회장에게 사무 인계 → 출자금 납입 → 설립등기 등 8단계를 거쳐 설립한다.

협동조합연합회 창립총회의 의사는 설립동의서를 제출한 협동조합의 과반수 출석과 출석자 2/3 이상의 찬성으로 의결한다. 그 밖의 설립에 관한 사항은 협동조합의 경우를 준용한다.

---

15 사회적협동조합에 대한 기획재정부장관의 감독 권한에는 업무재산 검사권, 시정조치 명령권, 자료제출 요구권, 설립인가 취소권 등이 있다. 다만 업무재산 검사권의 행사를 설립인가 및 절차 위반 확인, 법·명령·정관 위반 확인, 사업관련 법령 위반 확인 등 3가지 경우로 제한했다. 또한 설립인가 취소권은 설립인가 후 1년 이내 사업 미개시, 1년 이상 사업 미실시, 2회 이상 시정명령 미조치, 설립인가 기준 미달, 거짓이나 부정한 방법으로 설립인가 등의 경우에 행사할 수 있게 했다.

(2) 설립절차

① 발기인 3이상 사회적협동조합 모집

② 정관 작성

③ 설립동의 사회적협동조합 모집

④ 창립총회 의결

⑤ 기획재정부장관에 설립인가 신고

⑥ 신청일로부터 60일 이내에 인가(부득이한 경우 60일 이내에서 1회 연장 가능)

⑦ 회장에게 사무 인계

⑧ 출자금 납입(현물 출자 가능)

⑨ 설립등기

일반적인 협동조합과 사회적협동조합은 하나의 연합회를 설립할 수 없다. 다만 협동조합과 협동조합연합회가 협의회를 구성하여, 상호협력, 이해증진 및 공동사업 개발을 위해 노력하는 것은 가능하다.

(3) 회원의 지위

협동조합연합회의 회원은 협동조합연합회의 설립 목적에 동의하고 회원으로서의 의무를 다하고자 하는 협동조합으로서, 회원 자격은 사회적협동조합으로 제한된다.

협동조합연합회에 대한 회원의 의무와 권리는 협동조합에 대한 조합원의 의무와 권리와 유사하다. 다만 조합원이 의결권 및 선거권을 행사할 때는 1인 1표의 원칙이 적용되지만, 협동조합인 회원에게는 조합원 수, 연합회 사업참여량, 출자좌수 등 연합회 정관으로 정하는 바에 따라 의결권 및 선거권에 차등을 둘 수 있다. 또한, 한 회원의 출자좌수를 총 출자좌수의 40%까지로 제한하는 점에 차이가 있다.

(4) 기관 및 임원

협동조합연합회는 총회를 두고, 총회는 회장과 회원으로 구성한다. 협동조합연합회의 임원은 정관으로 정하는 바에 따라 총회에서 회원에 속한 조합원 중 선출한다.

협동조합연합회의 기관 및 임원에 관한 사항은 협동조합의 경우와 동일하다. 한편, 사회적협동조합연합회의 기관 및 임원에 관한 사항은 협동조합연합회의 경우와 차이가 없다.

(5) 사업 및 비회원의 사업 이용

일반협동조합과 마찬가지로 협동조합연합회의 경우도 설립목적을 달성하기 위해 필요한 사업을 정관으로 정하게 되어 있다.[16] 연합회의 사업도 관계법령이 정하는 목적·요건·절차·방법 등에 따라 적법하고 타당하게 시행되어야 하며, 금융 및 보험업은 영위할 수 없다.

협동조합연합회는 비회원에게 연합회 사업을 이용하게 해서는 안 된다. 다만 홍보 또는 재고물품의 처리 등 사업의 원활한 운영을 위하여 대통령령으로 정하는 경우에 비회원의 연합회 사업 이용을 허용할 수 있다.

회원인 협동조합의 조합원이 연합회 사업을 이용하는 경우는 회원이 이용한 것으로 간주한다.

한편 사회적협동조합연합회의 사업 및 비회원의 사업 이용에 관한 사항은 협동조합연합회의 경우를 준용하면 된다.

---

16 회원에 대한 지도·지원·연락 및 조정, 회원에 속한 조합원 및 직원에 대한 상담, 교육·훈련 및 정보제공, 회원의 사업에 관한 조사·연구 및 홍보 등 3가지 사업은 필수적으로 정관에 포함시켜야 한다.

(6) 재무·회계

협동조합연합회의 재무·회계에 관한 사항은 협동조합의 경우를 따른다. 한편 사회적협동조합연합회의 재무·회계에 관한 사항은 사회적협동조합의 경우를 적용한다.

(7) 변경 및 소멸

협동조합연합회의 합병·분할·해산 및 청산에 관한 사항은 협동조합의 경우를 준용한다. 다만 협동조합의 경우 합병·분할·해산 신고 대상이 시·도지사인 반면, 협동조합연합회의 경우는 기획재정부장관이라는 차이가 있다. 한편 사회적협동조합연합회의 합병·분할·해산 및 청산에 관한 사항은 사회적협동조합의 경우를 준용한다.

4) 협동조합의 변경과 소멸

(1) 개요

협동조합의 변경과 소멸에 있어서 '변경' 사항으로는 합병 및 분할이 있고, '소멸'에는 청산, 파산, 설립인가의 취소 등이 있다.

(2) 협동조합의 변경

사회적협동조합은 합병·분할할 경우 '기획재정부장관의 인가'를 받아야 한다. 이때 기획재정부장관의 인가 권한은 사회적협동조합의 사업내용, 성격 등을 고려하여 대통령이 정하는 바에 따라 관계 중앙행정기관의 장에게 위임할 수 있다.

사회적협동조합은 사회적협동조합과만 합병할 수 있고, 사회적협동조합으로만 분할할 수 있다. 합병·분할의 경우 합병·분할인가를 받은 날로부터 14일 이내에 사무소의 소재지에 관련 등기를 해야 한다. 그 밖의 합병·분할에 관한 사항은 협동조합의 경우와 동일하다.

(3) 협동조합의 소멸

사회적협동조합의 청산 또는 파산절차는 일반적 협동조합의 경우와 유사하므로 일반협동조합의 경우를 참고하면 된다.

일반협동조합의 경우는 정관으로 정한 해산 사유의 발생, 총회의 특별의결, 합병·분할 또는 파산이 협동조합의 주요 소멸사유이지만 사회적협동조합의 경우에는 이외에 '설립인가의 취소'가 추가된다.

협동조합이 해산한 때에는 파산의 경우를 제외하고는 청산인은 취임 후 14일 이내에 설립신고를 한 시·도지사에게 신고하여야 한다. 이 때 보통 이사장이 청산인이 되며, 총회에서 이사장 외의 제3자를 청산인으로 선임할 수도 있다.

사회적협동조합이 청산절차에 들어갔을 때 일반협동조합과 가장 큰 차이점은, 조합의 부채 및 출자금을 변제하고도 남은 재산을 조합원들에게 분할하여 일반협동조합과 달리 지급할 수 없다는 것이다. 사회적협동조합은 잔여재산을 상급 사회적협동조합연합회, 유사한 목적의 사회적협동조합, 비영리법인·공익법인, 국고 중 어느 하나로 귀속시켜야 한다.

5) 기존 조직체의 협동조합 전환 설립(부칙 제2조)

(1) 개요

협동조합기본법 부칙 제2조에는 협동조합 등의 경과조치 조항을 두어 한시적으로 법 시행 당시 협동조합과 유사한 목적을 위하여 이미 설립된 사업자 또는 법인에 대하여 법 시행일로부터 2년 이내에 법 제15조의 설립 최소기준을 갖추어 구성원 과반수의 출석과 출석자 3분의 2 이상의 찬성으로 총회의 의결을 거친 후 법에 정한 설립절차를 거쳐 설립등기를 할 수 있게 하고 있다.

기존 사업체의 협동조합 전환요건

○ (일반) 협동조합의 경우
① 협동조합기본법 시행 당시(2012. 12. 1.) 협동조합과 유사한 목적을 위하여 이미 설립된 사업자 또는 법인일 것
② 협동조합기본법 시행일(2012. 12. 1.)부터 2년 이내에 협동조합으로 전환할 것
③ 협동조합기본법 제15조에서 규정하는 협동조합 또는 사회적 협동조합의 설립 최소기준을 갖출 것
④ 총회에서 구성원 과반수의 출석과 출석자 2/3 이상의 찬성으로 의결할 것
⑤ 협동조합기본법 제15조부터 제19조까지의 설립절차를 거칠 것
⑥ 협동조합기본법 제61조에 따라 설립등기를 할 것

○ 사회적 협동조합의 경우
① 협동조합기본법 시행 당시(2012. 12. 1.) 사회적협동조합과 유사한 목적을 위하여 이미 설립된 사업자 또는 비영리법인일 것
② 협동조합기본법 시행일(2012. 12. 1.)부터 2년 이내에 사회적협동조합으로 전환할 것
③ 협동조합기본법 제85조에서 정하는 설립 최소기준을 갖출 것
④ 총회에서 구성원 과반수의 출석과 출석자 2/3 이상의 찬성으로 의결할 것
⑤ 협동조합기본법 제85조부터 제88조까지의 설립절차를 거칠 것
⑥ 협동조합기본법 제106조에 따라 설립등기를 할 것

(2) 전환에 따른 '동일한 법인' 여부

협동조합기본법 부칙 제2조는 '설립등기전 사업자 또는 법인과 설립등기 후 협동조합은 동일한 법인으로 본다'고 규정하고 있다. 이는 기존 사업자 또는 법인의 권리·의무가 별도의 이전절차 없이 자동적으로 신설 협동조합에 승계됨을 의미한다.

다만 기존 인허가, 사업실적 등의 영속성을 인정받기 위해서는 해당 법률 또는 규정이 정하는 바에 따라 조직형태의 변경 등을 준용하여 기존 사업체의 협동조합 전환을 신고하여 면허증 등 허가서류를 갱신하여야 할 것이다.

제 **5** 장

협동조합의
운영 실무

01 협동조합의 비즈니스모델 수립

1) 협동조합 운영의 기본전제

협동조합이 성공적으로 운영되어 지속 가능한 조직체가 되기 위하여는 다양한 요인들이 필요할 것이나, 그중에서 가장 중요한 전제사항들을 정리하면 다음과 같은 몇 가지로 요약할 수 있을 것이다.

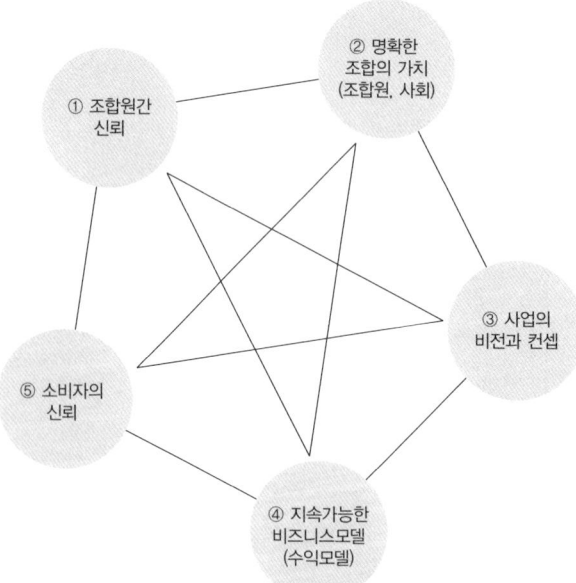

(1) 조합원 간 신뢰

　기본적으로 협동조합은 협동조합의 구성원들이 조합원들의 신뢰에서 출발한 조직체이다. 따라서 조합원 간 신뢰 없이 서로의 이익에 의해 협동조합을 설립한다면 오래가지 않아 내부적인 분열과 이합집산 등으로 어려움을 겪을 가능성이 클 것이다. 이와 같은 신뢰는 조합설립과 운영을 주도하는 경영진들의 책임감과 리더쉽, 경영능력은 물론 도덕적인 신뢰가 확보되어야 가능할 것이다.

(2) 명확한 조합의 가치

　기본적으로 협동조합은 해당 조합 설립의 목적과 가치를 공유하는 조합원들이 공동의 사업목적을 위하여 결성된 조직체이다. 따라서 지속 가능한 조합으로 성장·발전하기 위하여는 조합이 추구하는 가치가 명확하여야 하고, 이들 가치가 조합원들에게 공유되고 전파되어 조직의 미션과 비전으로 나타나야 할 것이다.

(3) 사업의 비전과 컨셉

　협동조합도 시장에서 다양한 영리기업과의 경쟁에서 경쟁우위를 달성하여야 생존이 가능할 것이다. 이와 같은 경쟁우위의 관건은 명확한 사업의 비전과 시장에서 고객의 선택을 받기 위한 사업의 컨셉이 명확히 제시되어야 하고, 이를 구현해 고객에게 타 경쟁제품이나 서비스보다 우위의 가치를 제공하여야 하는 것이다.

(4) 지속 가능한 비즈니스모델(수익모델)

　협동조합의 생존과 지속가능성은 차별화된 비즈니스모델을 통하여 시장에서 수익을 창출하여야 한다. 따라서 비즈니스모델을 구성하고 있는 협업모델, 고객모델, 수익모델, 전략모델, 운영모델 등에 대한 명확한 전략과 실행계획을 보유해야 할 것이다.

(5) 소비자의 신뢰

기업은 소비자를 대상으로 차별화된 제품이나 서비스 제공을 통하여 경쟁기업보다 우월적인 가치를 제공하여야 소비자의 선택과 신뢰를 얻을 수 있다. 따라서 협동조합도 소비자를 대상으로 제품이나 서비스를 제공한다면 장기적인 소비자의 신뢰를 확보하여야 생존이 가능할 것이다.

2) 협동조합 비즈니스모델 개요

일반적으로 비즈니스모델은 사업의 내용을 구체적인 모습으로 형상화한 것으로 '누구에게 어떤 상품 또는 서비스를 어떻게 공급하고, 그 대가로 얼마를 어떤 방법으로 받을 것인가' 등에 대하여 정의하는 의미로 사용된다. 이와 같은 비즈니스모델은 정형화된 형태로 표현되는 것이 아니라 경영환경의 변화와 고객의 니즈 변화 등 다양한 환경변수에 의해 새로운 형태의 비즈니스모델로 변화하게 된다.

최근 온라인과 모바일 환경의 급속한 진전과 확산으로 기존에 볼 수 없었던 새롭고 다양한 형태의 비즈니스모델이 탄생되는 것도 이와 같은 환경의 변화에 기인한다.

협동조합의 전통적인 비즈니스모델은 협동조합 유형에서 살펴본 바와 같이 생산자협동조합, 이용자협동조합, 노동자협동조합, 사업자협동조합, 신용협동조합, 사회적협동조합 등을 구분할 수 있으나, 비즈니스환경 변화에 따라 다양한 형태의 협동조합과 비즈니스모델이 탄생하게 될 것이다.

일반적으로 협동조합의 비즈니스모델은 협동조합의 기본가치와 지속 가능한 수익모델이 결합되어 나타난다.

협동조합의 비즈니스모델 내용 및 프로세스

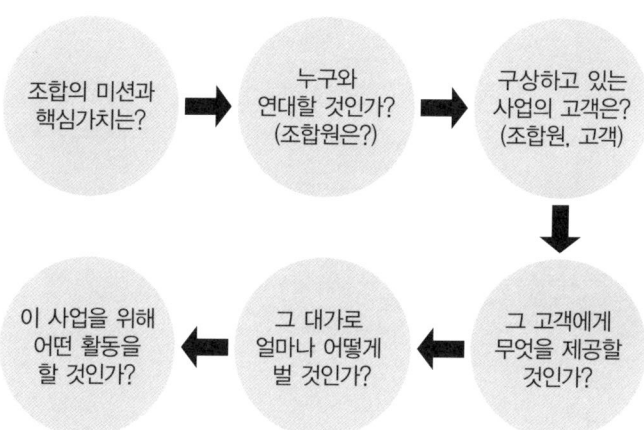

협동조합의 비즈니스모델의 프로세스는 위 그림에서 보는 바와 같이 협동조합의 미션과 핵심가치는? → 누구와 연대할 것인가?**(조합원 구성)** → 사업의 고객은?**(조합원, 고객)** → 고객에게 무엇을 제공할 것인가?**(제공가치)** → 그 대가로 얼마를 벌 것인가?**(수익모델)** → 사업을 위해 어떤 활동을 할 것인가?**(전략과 운영)**에 대한 내용을 확인할 수 있어야 한다.

3) 협동조합 비즈니스모델의 구성

협동조합 비즈니스모델은 세부적으로는 협업모델, 고객모델, 수익모델, 전략모델, 운영모델로 구성될 수 있을 것이다.

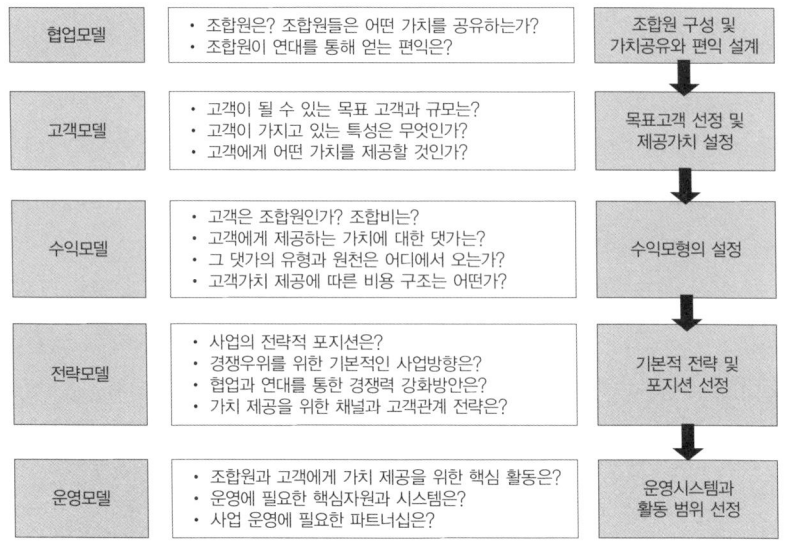

(1) 협업모델

협동조합은 기본적으로 약자들이 연대하여 경쟁력을 강화하기 위한 모델이다. 따라서 협동조합 비즈니스모델의 핵심은 바로 협업모델이 될 것이다.

협동조합기본법 시행에 따라 많은 영역에서 협동조합이 설립되고 있고 또 설립을 준비 중이나, 한편으로 우려되는 사항은 막연하게 같이 뭉쳐 공동으로 협동조합을 설립하면 어떤 성과가 나올 것이란 기대만으로 설립을 진행하는 경우도 있을 것이다. 이와같이 협업의 가치와 협업을 통한 조합원들의 편익, 협업의 시스템 등에 대한 협업모델이 명확하지 않다면 협동조합의 안정적인 지속과 성장이 어려울 것이다.

협업모델은 협동조합에 참여하는 조합원들의 가치와 기대하는 편익, 상호 간 협업시스템 등에 대한 것이다.

- 협동조합에 참여하는 조합원은?
- 조합원들은 어떤 가치를 공유하는가?
- 조합원이 연대를 통하여 얻는 편익은?
- 조합원 간 협업을 수행하는 시스템과 가치 사슬(Value Chain)은?

협동조합 설립을 추진 시 협업모델을 구축하는 단계에서는 체계적이고 명확한 가치를 부여하는 협업모델을 설계하여야 하는 데 이 단계에서는 조합원 구성, 참여조합원에게 제공하는 가치와 편익에 대한 설계, 협업수행 시스템과 가치 사슬 설계 등을 중심으로 검토한다.

(2) 고객모델

고객모델은 비즈니스 수행의 출발이 되는 목표시장에 대한 것으로 협동조합도 본질적으로 비즈니스이므로 명확한 목표시장 설정과 제공가치에 대한 정립이 필요하다.

협동조합은 소비자협동조합과 같이 조합원이 목표시장을 핵심을 이루는 경우도 있지만 그렇지 않은 경우도 다수 존재할 것이다. 따라서 비즈니스모델의 출발은 고객모델로부터 시작한다고 볼 수 있다. 비즈니스모델을 설계함에 있어 시장 및 산업에 대한 체계적인 분석과 정의를 통하여 시장을 세분화하고 세분화된 시장 중에서 경쟁우위와 사업적 매력도가 큰 시장을 목표시장으로 선정하게 된다.

기본적으로 고객모델은 목표고객 설정과 이들의 시장규모와 향후 성장성, 목표고객의 특성과 니즈, 고객에게 제공하고자 하는 가치와 차별화 포인트 등을 중심으로 구성된다.

- 고객이 될 수 있는 목표고객과 그 규모와 성장성은?

- 목표고객이 가지고 있는 특성과 니즈는?
- 고객의 잠재 니즈와 변화 트렌드는?
- 고객에게 제공하고자 하는 가치는?

이와같은 고객모델의 구성요소들에 대한 충분한 조사와 분석을 통하여 경쟁자와 차별적인 목표고객과 제공가치 설정을 통하여 틈새시장을 공략하고 성장을 위한 기반을 구축하여야 한다. 지속적인 성장·발전을 위하여는 변화하는 고객의 니즈와 트렌드 변화를 신속하게 예측하고 대응하는 노력이 뒤따라야 할 것이다.

(3) 수익모델

수익모델은 협동조합이 지속 가능한 조직으로 생존하기 위한 필수사항으로 조합원 또는 고객에게 제공하는 가치나 편익에 대한 대가로 협동조합이 획득하는 수익에 대한 것이다. 즉 협동조합도 수익을 창출하여야 조직을 운영하고 임직원에게 급여를 지급하면서 지속적인 사업활동을 수행할 수 있을 것이므로 수익을 창출하지 못한다면 얼마 못 가서 실질적인 활동을 수행하지 못하거나 파산하게 될 것이다.

협동조합의 수익모델은 영리기업과 크게 다르지 않으나, 조합원을 중심으로 한 협업모델을 통하여 창출되는 조합비가 존재한다는 점에서 차이가 존재한다. 수익모델에서 검토되어야 할 사항들은 조합원에 대한 조합비의 규모, 고객제공가치에 대한 대가, 대가의 유형과 원천, 고객 가치를 부여한 제품 또는 서비스 제공에 필요한 원가 등에 대한 사항들이 될 것이다.

- 고객은 조합원인가? 조합비는?
- 고객에게 제공하는 가치에 대한 대가는 무엇인가?

- 그 대가의 유형과 원천은 어디에서 오는가?
- 고객 가치 제공에 따른 비용구조는?

수익모델을 설계하는 단계에서는 개별제품과 서비스에 대한 가격과 원가도 중요하겠지만 전체적인 성과창출 규모와 해당 사업 수행을 위해 투입되어야 할 비용의 규모에 대하여도 체계적이고 정확하게 검토하게 타당성을 검토하여야 한다. 이를 통하여 실질적인 수익창출이 가능할 것인가에 대한 해답을 찾는 것이 수익모델 설정단계에 할 일이다.

(4) 전략모델

전략모델은 협동조합이 수행하고자 하는 사업의 전략적 포지션에 관한 사항으로 치열한 경쟁시장에서 경쟁기업이나 협동조합과 차별적인 포지션을 차지하여야 조합원이나 고객의 선택을 받아 지속적인 사업 영위와 시장점유율을 높여나갈 것이다.

따라서 전략모델은 조직의 경영전략과 관련되는 전반적인 부분을 포괄하여 중장기 비전 및 사업화 전략, 조직 및 인적자원 운영, 연구개발 및 생산, 마케팅 및 판로개척, 고객관계관리, 자금 및 재무 등에 대한 차별적이고 성과지향의 대안을 수립하는 것이다.

전략모델에서 핵심적으로 검토해야 할 사항은 다음과 같다.

- 중장기 비전과 사업화 전략은?
- 사업의 전략적 포지션은?
- 경쟁우위를 위한 기본적인 사업방향은?
- 협업과 연대를 통한 경쟁력 강화방안은?
- 가치 제공을 위한 채널과 고객관계전략은?

- 각 부문별(연구개발, 생산, 마케팅, 재무 등) 수행전략은?

전략모델을 설계할 때 고려해야 할 사항은 전략이 가지는 본질에 대한 이해가 필요하다는 것이다. 전략은 바람직한 포지션을 제시하는 것이 아니라 외부환경에 대한 체계적인 조사와 분석을 통한 영향요인 분석과 실행주체가 보유하고 있는 역량과 자원을 충분히 고려한 현실적이고 구체적인 대안을 제시하는 것이다.

이와같이 수립된 전략모델은 시장에서 협동조합이 시장을 창출하고 경쟁우위로 수익을 창출하게 하는 원동력이 된다.

(5) 운영모델

협동조합의 운영모델은 협동조합의 사업수행을 위한 체계적이고 효율적인 운영시스템을 구축하여 조직의 역량을 제고하고 이를 통하여 고효율의 성과를 창출하도록 하는 것이다. 이와같이 효율적인 운영모델의 구축은 협동조합의 경쟁력을 제고하여 시장에서 성과를 창출하고 지속적인 경쟁우위를 확보할 수 있는 원동력이 된다.

운영모델과 관련한 사항들은 조합원과 고객 가치 제공을 위한 내부지원시스템, 핵심자원의 조달과 시스템 구축, 외부적인 파트너쉽 등 다양한 영역에 대한 부분을 포괄한다.

운영모델 구축 시 고려해야 할 핵심적인 요소들이다.

- 조합원과 고객에게 가치 제공을 위한 핵심활동은?
- 조합 운영에 필요한 핵심자원과 시스템 구축은?
- 필요한 핵심자원의 조달방법은?
- 사업운영에 필요한 파트너쉽은?

특히 협동조합이 성장을 통하여 규모를 확대하게 되면 보다 더 체계적이고 효율적인 운영모델 구축이 필요하게 된다. 초기 소규모의 조직일 때는 리더들의 주도로 조직을 통제하고 동기를 유발할 수 있으나, 조직의 규모가 성장하게 되면 효율적인 통제와 동기유발이 어렵고 관료화 또는 관리의 누수가 일어나는 경우가 발생한다. 따라서 성장단계에 따라 운영모델도 한 단계씩 업그레이드되어야 지속가능한 협동조합으로 자리 잡을 수 있을 것이다.

4) 협동조합 비즈니스모델의 특징

협동조합의 비즈니스모델은 영리기업의 비즈니스모델과는 상이한 부분이 존재한다. 이는 협동조합의 출발이 영리기업의 문제점을 개선하고자 하는 인식과 가치에 기반하였고, 협동조합이 성장하는 과정에서 고유한 협업모델과 고객모델, 전략 및 운영모델 등을 발전시켜왔기 때문이다.

여기에서는 영리기업과 근본적으로 차이가 있는 내용들을 중심으로 주요 차별적인 특징을 정리해본다.

첫째, 협동조합 비즈니스모델의 기본은 조합원의 참여이다. 조합원이 회사구성 및 사업운영 전반에 참여하게 된다. 이러한 참여는 기본적으로 조합원 간의 신뢰를 기반으로 한 협업 모델의 토대가 되는 것이다.

따라서 성공적인 협동조합 비즈니스모델을 구축하기 위하여는 조합원의 적극적인 참여와 조합원 간 신뢰에 기반한 협업시스템을 구축하여야 할 것이다.

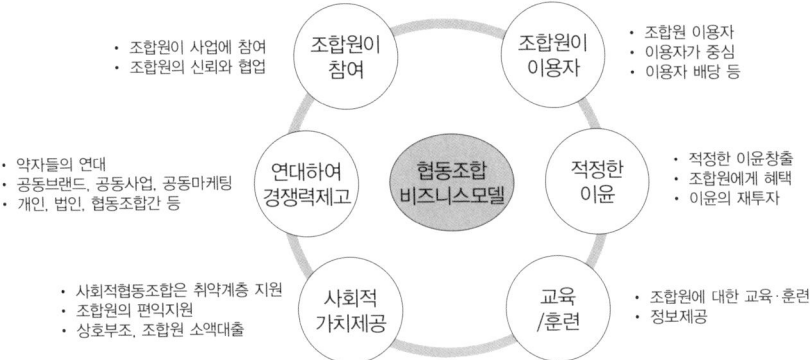

　둘째, 조합원이 이용자인 경우가 많다. 소비자협동조합의 경우 조합원은 사업의 운영자이자 조합에 제공하는 제품이나 서비스의 고객으로 제품을 소비하거나 서비스를 이용한다. 따라서 조합원들이 추구하는 가치는 사업운영을 통한 수익보다는 신뢰할 수 있는 제품과 서비스를 안정적인 가격으로 이용한다는 의미가 크다.
　이와같이 협동조합 비즈니스모델의 특징 중의 하나인 이용자를 조합원으로 참여시키는 모델은 장기적이고 안정적인 수요기반을 확보할 수 있다는 점에서 다른 영리기업과의 차별화된 특징이 된다.

　셋째, 협동조합은 사회적으로 대기업 등 강자들의 힘에 밀려 열악한 조건을 감수하거나 불편함을 감수해야 했던 약자들이 연대를 통하여 자체적인 생존과 경쟁력을 확보하고자 하는 것이다. 따라서 연대를 통하여 공동 브랜드를 개발하고 공동사업을 영위하거나 공동마케팅을 통하여 마케팅 성과와 효율성을 확보하고자 한다.
　이와같은 협동은 개인조합원뿐만 아니라, 기업도 조합에 참여가 가능하며, 협동조합 간의 연대를 통한 시너지 창출이나 협업이 가능하다. 결국 협동조합 비즈니스모델은 연대와 협동이라는 기본가치에 얼마나 충실하느냐가 성공적인 비즈니스모델 구축의 관건이 되는 것이다.

  넷째, 영리기업이 최대이익을 칭출하는 것이 목적이라면 협동조합은 적정한 이윤을 창출하고 이익의 상당 부분은 조합원들이 혜택을 보게 하는 것이다. 영리기업의 경우에는 최대의 이윤을 추구하며, 이윤을 창출하면 주주들에게 배당하는 경우가 많은 데 비하여 협동조합은 적정한 이윤을 창출하고 상당 부분을 조합원들에게 돌아가도록 운영한다.
  아울러 창출된 이윤은 일정비율 이상은 조합이나 조합원의 역량강화를 위한 교육 등에 재투자된다.

  다섯째 협동조합 비즈니스모델의 특징은 지역과 노동자, 취약계층을 위한 지원 등 사회적가치를 제공한다는 것이다. 사회적협동조합은 물론 일반 협동조합의 경우에도 사회적책임에 대한 기본가치를 담고 있으며, 적정한 이윤창출, 고용유지, 지역사회에 기여 등과 같은 기본가치를 실현하기 위한 지속적인 노력을 경주한다.

  여섯째, 조합원의 역량강화를 위한 교육·훈련에 대하여 협동조합 기본법에 협동조합의 필수사업으로 명시하고 있다. 이는 협동조합의 비즈니스모델은 기본적으로 변화하는 환경에 대응하고 새로운 환경의 변화를 예측하고 새로운 비즈니스모델을 창출하여야 하는 데, 이 과정에 중요한 부분이 협동조합 구성원의 역량을 강화하는 것이므로, 교육·훈련을 통하여 조합원의 역량을 지속적으로 제고하여야 한다.

02 협동조합의 사업계획서 작성

1) 협동조합에도 필요한 사업계획서

 협동조합도 기본적으로 비즈니스이다. 따라서 협동조합이 지속 가능한 조직으로 존재하기 위해서는 무엇보다 중요한 것이 사업을 통한 안정적인 수익구조와 전략적인 사업운용을 통하여 경영을 유지할 수 있어야 할 것이다.
 따라서 설립 단계에서 협동조합의 사업전반에 대한 체계적인 사업타당성 분석과 사업계획 수립이 필수적으로 요구된다. 이와 같은 중요성으로 인해 협동조합 설립단계에 의무적으로 사업계획서를 작성하여 신고 시 제출하도록 하고 있는 것이다.

2) 사업타당성 분석

 사업타당성 분석은 사업계획서 작성을 위한 기본적인 요건으로 해당 사업수행의 성공가능성을 체계적으로 점검하고 협동조합 설립을 위한 사업과 관련된 제반 핵심성공요소를 조사·분석하는 과정이다.
 이와 같은 사업타당성 분석이 필요한 이유는 사업수행은 많은 환경변수와 자원에 의해 그 성과가 달라짐은 물론 실패시 위험이 매우 크기 때문에 계획단계에서 체계적인 분석과 시뮬레이션을 통하여 사업의 성공가능성을 높여야 한다.

(1) 사업타당성 분석의 필요성
- 사업 성공가능성의 증대
- 효율적이고 체계적인 사업수행
- 사업수행과정의 리스크요인의 사전 확인 및 극복방안 검토
- 사업수행 과정상의 경영역량의 사전강화

(2) 사업타당성 분석의 프로세스
① 협동조합의 사업모델, 사업아이템 선정
② 사업수행역량 분석: 구성원의 수행역량, 경영관리역량, 리더쉽, 재원조달 역량, 마케팅 역량 등
③ 시장성 분석: 해당 사업의 시장동향, 시장특성 및 성장성, 경쟁구도 및 핵심경쟁자, 고객환경, 수요전망, 해당산업에서의 핵심성공요인
④ 기술성 분석: 제품 및 사업모델의 차별성, 경쟁우위성, 생산가능성 및 장벽, 설비투자 등
⑤ 경제성 및 수익성 분석: 투자규모 및 재원조달, 매출규모 및 연도별 성장, 원가구조 및 수익률, 손익분기점 등
⑥ 사업계획서 작성

3) 사업계획서가 필요한 이유

협동조합 설립 및 운영을 위하여도 사업계획서 작성이 매우 중요할 것이다. 기본적인 설립요건상 제출의무 이외에도 체계적인 사업추진을 위한 설계도로서의 측면에서 주관적인 사업추진이 아니라, 사업의 핵심성공요소와 이에 영향을 미치는 제반환경에 대한 체계적인 분석을 통하여 사업추진의 위험을 사전에 예방하고, 보다 전략적인 사업추진을 가능하게 해주는 도구이기 때문이다.

이와같이 정확한 목적을 갖고 체계적인 시장조사와 분석을 통하여 잘 작성한 사업계획서는 사업성공을 위한 중요한 첫걸음이 된다.

이외에도 사업계획서는 협동조합 설립을 위한 신고, 자금조달, 각종 대외적인 인증, 조합원에 대한 사업설명, 각종 사업제안 등 다양한 목적으로 활용되어 협동조합의 사업목적 달성을 위한 중요한 도구가 된다.

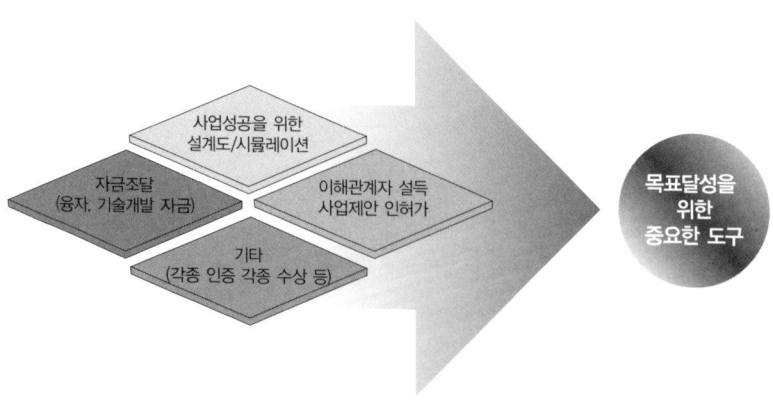

4) 사업계획서의 작성원칙

협동조합 사업계획서 작성을 위한 중요한 원칙들을 살펴보면 다음과 같다. 사업계획서는 아래와 같은 기본원칙에 근거하여 작성하되, 사업수행자의 확고한 의지와 신념을 담아 사업성공 가능성에 대한 설득력 있고 분명한 메시지를 전달하여야 한다.

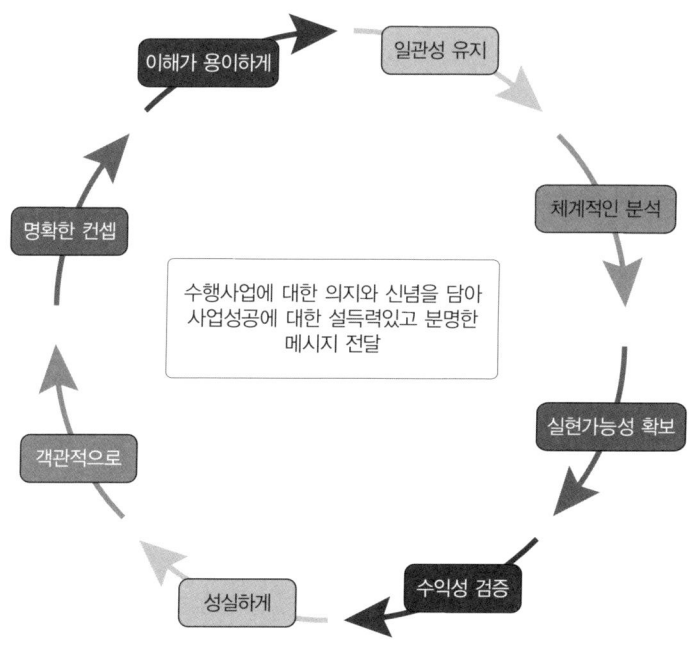

(1) 명확한 컨셉

사업계획서는 협동조합 사업의 명확한 컨셉을 담고 있어야 한다. 컨셉은 사업의 핵심사항을 개념화한 것으로 해당 사업의 목표고객, 고객에게 제공하는 가치, 사업의 경쟁우위성, 수익모델 등이 명확하게 드러나야 한다.

(2) 이해가 용이하게 작성

사업계획서는 내부 사업타당성 검토차원 또는 외부 이해관계자들에게 협동조합의 사업을 알기 쉽게 설명하여 조합원 모집, 자금조달, 사업 제안 등의 목적을 달성하기 위하여 작성하게 된다. 따라서 사업계획서는 누구나 쉽게 이해할 수 있도록 작성되어야 한다.

(3) 일관성의 유지

사업계획서에는 조합 현황, 사업내용, 시장분석, 사업화 전략, 재무계획 등 많은 내용이 담기게 된다. 따라서 전반적인 사업계획서의 작성에서 유의하여야 할 사항은 사업계획서가 논리적으로 잘 정리되어야 하며, 내용상 일관성을 유지하여야 한다.

(4) 체계적인 분석

사업계획서는 사업에 대한 주관적인 주장이 아니라, 사업환경에 대한 체계적인 분석을 통하여 사업의 성공을 위한 전략을 수립하는 것이다. 따라서 사업의 외부환경인 거시환경, 산업환경, 경쟁환경, 고객환경과 내부역량에 대한 체계적인 분석을 통한 정교한 사업수행 전략을 수립하여야 한다.

(5) 수익성 검증

사업계획서는 사업수행에 필요한 각종 자원과 소요자금을 산출하고, 차별화된 사업화 전략을 통하여 달성 가능한 매출과 이익을 확인하여 사업수행의 경제성과 수익성을 검증할 수 있어야 한다.

(6) 성실한 작성

사업계획서는 체계적이고 충실한 분석과 전략수립을 통하여 분석과정에서의 누락이나 중복 등을 통한 오류를 예방하고, 작성과정에서 충실한 내용으로 보다 체계적인 설계도를 수립하여야 한다. 아울러 이해당사자에게 제출하는 경우에도 사업의 내용을 충분히 이해할 수 있도록 작성되어야 한다.

(7) 객관적인 작성

사업계획서는 작성자의 주관적인 주장이 아니라, 사업수행에 영향을 미치는 환경이 사업에 미치는 기회와 위협요인을 객관적으로 분석하고, 이에 대한 체계적인 대응전략을 수립하는 것이다. 따라서 영향요인과 사업화 전략에 대한 객관적인 논리와 근거를 제시하여 사업계획서의 신뢰성을 높여야 한다.

5) 사업계획서의 작성 시 검토사항

협동조합 사업계획서 작성 시 검토되어야 할 사항은 무엇으로, 얼마를 투자해서, 어떤 전략으로, 얼마를 벌 것인가? 에 대한 부분이다. 이 과정에서 해당 사업의 외부환경과 내부역량에 대한 체계적인 분석이 선행되어야 한다.

무엇으로는 수행하는 사업의 목표고객과 사업내용, 그리고 시장에서의 경쟁우위와 파급효과 등에 대한 부분이고, 얼마를 투자해서는 사업수행에 필요한 소요자금과 필요자원, 그리고 조달방안에 대한 사항이며, 어떤 전략으로는 사업수행을 위한 사업화 전략과 마케팅 전략 등이며, 얼마를 벌 것인가는 사업을 통하여 달성 가능한 매출과 이익에 대한 부분이다.

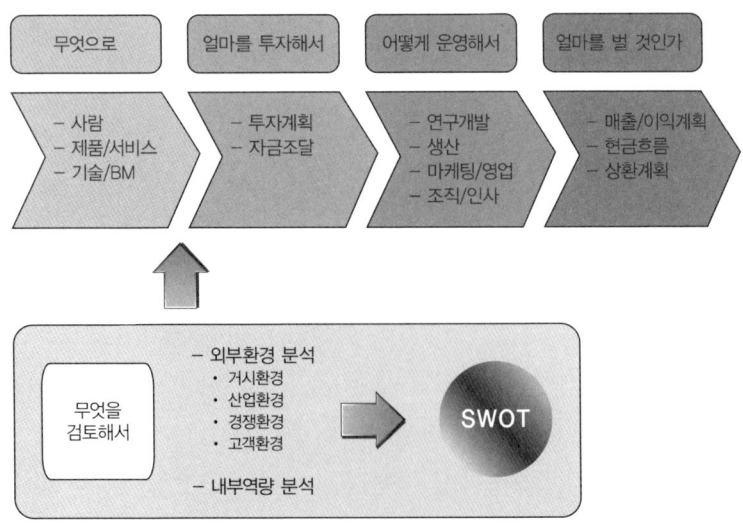

6) 협동조합 사업계획서의 내용

사업계획서의 내용은 사업계획서의 용도에 따라 다를 것이나, 일반적인 협동조합 사업계획서에 담겨지는 사항은 다음과 같이 정리할 수 있다.

(1) 협동조합 사업계획서의 주요 목차
① 협동조합 소개
- 조합 개요
- 조합 설립취지 및 목적
- 조합 조직도 및 구성원
- 조합의 핵심역량
- 조합 네트워크

② 조합의 미션 및 비전
- 미션
- 비전

③ 조합 사업소개
- 사업추진 배경
- 사업 개요
- 사업모델 및 사업의 특성
- 사업의 차별성 및 경쟁우위성
- 사업파급효과

④ 사업환경 분석
- 목표시장 및 산업분석
- 시장규모 및 성장성
- 경쟁환경 분석
- 고객환경 분석
- 내부역량 분석
- SWOT 분석

⑤ 사업화 전략
- 단계별 사업화 전략
- 사업포트폴리오 전략
- 마케팅 전략
- 사업운영전략(연구개발, 생산, 기타)
- 조합원 확대방안 등
- 세부 실행계획 및 사업추진일정

- 위험요인 및 대응전략

⑥ 재무계획
- 매출계획
- 소요자금 및 조달계획(출자금 조달계획 등)
- 손익계획

(2) 협동조합 사업계획서 작성 프로세스

협동조합 사업계획서 작성 프로세스는 작성준비, 전체목차 구성, 자료조사 및 분석, 계량분석, 내용 작성 및 편집 등의 과정으로 할 수 있을 것이다. 다만 실무에서의 작성과정은 정형화되어 있지 않으므로 작성순서는 상황에 따라 달라질 것이다.

사업계획서 작성은 단순한 주장이 아니라 협동조합이 수행하여야 할 사업에 대한 체계적이고 논리적인 정리를 통하여 수행사업의 타당성과 수행과정에 발생할 수 있는 시나리오에 대응하기 위한 부분이므로 객관적이고 충실한 자료확보와 체계적인 분석과정이 중요하다.

작성준비	• 사업계획서의 목적 및 용도를 확인 • 문서 작성 형식 및 서체/글자 크기 등 선정 • 표지 및 본문의 서식 형태 또는 템플릿 선정
전체 목차 구성	• 사업내용, 용도, 목적을 감안하여 전체적인 목차를 구성 • 제품내용, 서비스 흐름, 사업모델 등에 대한 내용 점검 • 정형사업계획서의 경우는 작성에 필요한 서식, 관련사항 확인
자료조사 및 분석	• 제품 및 서비스 관련 시장 및 기술 등에 관련된 사항 조사 • 조사내용을 분석하고 사업의 방향 및 실행계획 수립 • 벤치마킹 대상 조사 및 참조
계량분석 실시	• 투자계획, 매출계획, 비용계획, 손익계획, 현금흐름 등의 분석 실시 • 내용상의 문제점 확인 및 실행계획 보완·점검 • 목표계획에 적합하도록 보완 및 점검
내용작성 및 편집	• 작성이 용이하고 작성 가능한 항목부터 작성 • 필요한 경우 유사업종, 아이템의 사업계획서를 참고하고 내용을 작성 • 전체 내용 작성 후 서체, 색상, 글씨체는 물론 내용의 일관성, 합목적성, 오류 등을 최종 점검

7) 협동조합 사업계획서 작성실무

사업계획서는 다양한 용도로 작성을 요구하나, 현실적으로 실무자들 입장에서는 작성하기가 쉽지 않은 것이 현실이다. 협동조합 사업계획서 각 내용별 작성을 위한 핵심적인 내용들을 정리하면 다음과 같다.

(1) 협동조합 소개

협동조합 소개부분은 협동조합에 대한 기본적인 세부항목들을 일목요연하게 정리하여 제시하는 부분이다. 한편으로는 소개하는 부분의 중요성을 간과하기 쉬운 데, 대외적인 용도로 사용되는 사업계획서의 경우 협동조합의 이미지를 나타내는 부분이므로 완성도를 높여 협동조합의 기본현황은 물론 설립취지 및 목적, 핵심역량 등을 신속하게 파악할 수 있도록 작성하여야 한다.

① 협동조합 개요

협동조합에 대한 기본적인 사항을 서술형이나 표로 요약하여 작성한다.

- 조합명
- 대표자
- 설립일
- 소재지 및 연락처
- 주요 연혁
- 사업내용
- 약도
- 기타

② 설립취지 및 목적

협동조합 설립의 기본정신 및 설립의 당위성을 설명하고, 조합의 사업수행을 통하여 달성하고자 하는 목적을 제시한다.

설립취지 및 목적은 서술형으로 제시하여도 되지만, 대외적인 용도의 경우 다이아그램 등을 활용하여 도식화하면 내용을 시각적으로 잘 전달할 수 있을 것이다.

- 조합 설립 기본정신
- 설립취지

- 설립 목적
- 설립 기대효과 등

③ **조합 조직도 및 구성원**

협동조합 조직도 및 조직구성원에 대한 현황 등을 제시하고, 조합을 이끌어가는 임원 등에 대한 정보를 담아, 조합이 보유하고 있는 강점이나 핵심역량이 잘 드러나도록 한다.

- 조합 조직도
- 이사진 현황
- 사무국 현황
- 기타

④ **조합의 핵심역량**

협동조합의 사업추진을 위한 내부적인 핵심역량을 잘 부각하여 조합원 모집, 대외적인 사업제안, 위탁사업 수행 등에서 조합에 대한 신뢰도를 제고하여야 한다.

핵심역량은 조합이 보유하고 있는 차별화된 역량으로 사업성공을 위해 매우 중요한 요소이다. 따라서 조합의 사업을 성공적으로 수행하기 위해서는 산업재산권, 인적자원, 기술자원 등과 같은 차별적인 핵심역량을 보유하고 있어야 한다.

- 산업재산권
- 차별적인 기술
- 차별화된 비지니스모델
- 우수한 인적자원

- 우수한 협력 네트워크
- 기타

⑤ 조합의 네트워크

협동조합은 기본적으로 협업과 상생을 기반으로 한 조직체이다. 따라서 협동조합 사업추진을 위해서는 대내는 물론 대외적인 네트워크 구축이 중요할 것이다. 따라서 협동조합의 대외적인 네트워크에 대하여 체계적으로 정리하여 제시하는 것이 필요하다.

(2) 조합의 미션 및 비전

① 미션(Mission)

협동조합의 미션은 사람에게도 미래 인생의 목표가 있듯이, '조합이 사업을 수행함에 있어 장기적으로 추구해야 할 기본적인 사명'으로 조합의 존재이유가 된다.

일반적으로 우수한 협동조합의 미션은 조합의 구성원들에게 광범위하고, 근본적으로 동기를 부여하고, 지속성을 지녀 건강한 협동조합의 토대를 마련한다.

미션은 조합의 기본가치와 설립정신, 조합원, 고객 등 이해관계자와 이들에게 주는 가치를 포함하고 있는 것이 일반적이다.

② 비전(Vision)

협동조합의 비전은 중장기적인 목표로 조합이 달성하고자 하는 구체적인 목표이다. 비전은 구성원들이 뚜렷한 목표의식을 갖고 목표달성에 매진할 수 있는 동기를 제공하여 해당목표를 달성하는 동력을 제공한다.

비전의 수립은 가능하면 특정시점에, 어떤 사업을 통하여 어느 정도 목표를 달성할 것인가에 대하여 구체적으로 하는 것이 바람직할 것이다.

(3) 조합 사업소개

① 사업추진 배경

사업추진 배경은 협동조합이 추진하는 사업을 시작하게 된 배경을 제시하는 것으로, 기본적으로는 기존 사업이나 유사사업이 조합원이나 고객에게 제공하지 못하는 부분이거나, 기존 사업이나 서비스보다 더 나은 가치제공을 통하여 조합원 또는 고객의 편익을 증대할 수 있어야 한다.

여기서 사업추진은 단순히 공익적인 가치 만으로의 출발은 곤란할 것이다. 협동조합도 기본적으로 이익을 창출하여야 생존이 가능할 것이므로, 시장에서 더 나은 가치를 제공하여 고객의 선택을 받아 수익을 창출할 수 있어야 한다.

② 사업 개요

협동조합이 추진하는 사업에 대한 기본적인 사항들을 정리하여 목표시장과 조합원, 고객과 조합원에게 제공하는 제품이나 서비스, 이들에게 제공하는 가치와 편익, 수요창출 가능성 등에 대하여 작성한다.

- 사업명(제품명 or 서비스명)
- 조합원 및 목표고객
- 조합원 및 고객에게 제공하는 가치와 편익
- 조합원 및 고객이 지불하는 비용
- 투입비용

- 예상 경제적인 성과
- 기타

③ 사업모델 및 사업의 특성

사업모델은 기본적으로 해당사업의 목표고객, 고객에게 제공하는 편익, 수익모델, 사업수행을 위한 전략, 투자비용 및 예상 성과 등에 대한 것이다.

특히 사업모델은 수익모델에 대한 명확한 제시와 이를 달성하기위한 전략적 대안이 제시되어야 한다.

사업의 특성은 해당 사업(제품 or 서비스)이 보유하고 있는 경쟁사업과의 차별적인 특성을 체계적으로 분석하고, 이를 비교우위가 부각되도록 제시되어야 한다.

- 협업모델(협동의 파트너, 협업 프로세스, 협업가치 등)
- 고객모델(목표고객 및 수요예상)
- 수익모델(투자비용, 매출 및 이익, 비용 등)
- 전략모델(사업화전략, 마케팅 전략 등)
- 운영모델(사업운영과 관련한 인사·조직, 재무, 연구개발, 생산 등)
- 사업의 특징

④ 사업의 차별성 및 경쟁우위성

조합의 사업이 유사 경쟁조합 또는 경쟁관계에 있는 타 사업자의 제품이나 서비스와 비교하여 보유하고 있는 차별성과 경쟁우위성을 집중적으로 부각하여야 한다.

결국 시장에서 생존하기 위해서는 경쟁사업자나 유사사업자보다 우위를 차지하여 고객의 선택을 받아야 할 것이므로, 이에 대한 차별성과 경쟁우위성을 확보하지 못하면 지속가능한 조합으로의 발전을 기대하기 어려울 것이다.

각종 정부나 지자체, 금융기관의 지원을 위한 평가도 결국 이와 같은 사업의 차별성이나 경쟁우위성을 기준으로 지원여부 등을 판단하게 될 것이므로, 이에 대한 체계적인 정리가 중요하다.

⑤ **사업 파급효과**

협동조합이 추진하는 사업을 통하여 기대되는 파급효과를 분야별로 정리하도록 한다. 파급효과는 매출이나 수익창출 등 경제적 파급효과, 사회적 약자나 공정사회 기반 구축 등과 같은 사회적 파급효과, 인력채용 등과 같은 고용창출 효과, 기타 국가 산업기술 발전, 수입대체 효과, 지역문화 확산기여 등 다양한 파급효과가 있을 것이다.

- 경제적 파급효과
- 사회적 파급효과
- 문화적 파급효과
- 고용창출 효과
- 기타

(4) 사업환경 분석

① **목표시장 및 산업분석**

협동조합의 사업환경을 분석하기 위해서는 먼저 명확한 목표시장을 설정하여야 한다. 명확한 목표시장 설정이 중요한 이유는 날이 갈수록 복잡다단해지는 경쟁환경을 고려하여 제품중심의 단순한 경쟁구도로는 변화하는 비즈니스 환경에 대응하기 어렵기 때문이다.

목표시장이 설정되면 해당 사업에 대한 체계적이고 충실한 자료수집을 통하여 해당산업에 대하여 분석하고, 협동조합이 수행하는 사업의 기회와 위협요인을 확인하여야 한다.

이를 통하여 산업환경이 주는 기회를 적극적으로 활용하고, 위기에 대하여는 능동적으로 대처하는 전략적 경영을 수행하여야 한다.

산업환경에서 분석하여야 하는 주요 내용은 다음과 같다.

- 산업의 정의
- 산업의 트랜드
- 산업의 구조적 매력도
- 산업에서의 핵심성공요인
- 산업의 유통채널
- 산업의 원가구조
- 기타

② **시장규모 및 성장성**

해당사업의 사업화 가능성 및 향후 성장가능성을 확인하기 위해서는 해당산업의 시장규모 및 성장성에 대하여 조사하고 분석하여야 한다.

시장규모 등은 주관적으로 판단하기 보다는 객관적인 신뢰도를 제고하기 위하여 정부, 공공기관, 연구소, 리서치회사, 언론 등의 통계를 활용하여 분석하고 이를 제시하는 것이 바람직할 것이다.

일반적인 시장규모 및 연도별 성장성 등에 대한 자료들은 다음과 같은 곳에 구할 수 있다.

- 정부 부처: 통계청, 각 사업 해당 정부기관

- 공공기관: 정부산하 기관, 연구소 등
- 학교: 학교 등의 논문, 연구보고서
- 리서치회사의 통계자료 등
- 언론의 뉴스기사, 전문잡지 등
- 기타

③ 경쟁환경 분석

경쟁환경은 사업을 영위함에 있어 매우 중요한 환경이다. 실무에서 많은 창업자를 만나다보면 특허를 등록하였다는 이유로, 기존에 없는 사업이라는 이유로 경쟁자가 없다고 주장하는 경우를 보게 된다. 이런 경우는 사업에 대한 이해가 부족하거나, 제품중심의 사고에 빠져 비즈니스 환경의 변화를 이해하지 못하는 경우라고 볼 수 있다.

현대와 같이 복잡다단한 비즈니스 환경에서는 제품중심의 경쟁구도를 중심으로 경쟁환경을 분석해서는 안된다. 철저하게 고객지향의 사고에 기반하여 고객의 가치측면에서 경쟁을 분석하고 정의하여야 할 것이다.

따라서 실질적인 경쟁구조 및 경쟁자를 정의하기 위해서는 업종 및 시장에 대한 체계적인 분석을 통하여 경쟁수준별, 세부 업종별, 그리고 고객의 니즈측면에서 경쟁을 정의하여야 한다.

경쟁의 구도를 나누어 보면 다음과 같다.

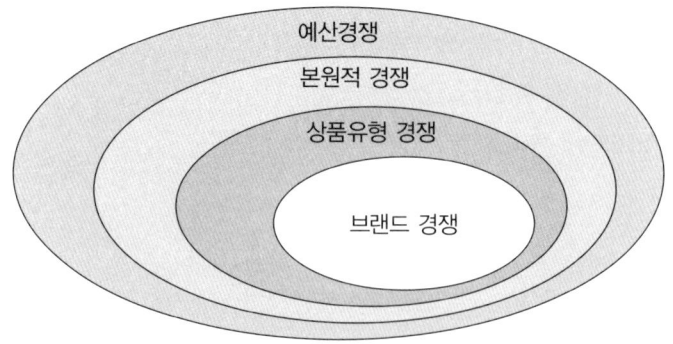

- 예산 경쟁: 고객의 예산을 누가 흡수하느냐의 경쟁
- 본원적 경쟁: 고객의 본원적 욕구를 충족시키는 상품전체의 경쟁으로 파악(고객의 수요를 어떤 상품이 흡수하느냐의 경쟁 – 먹는 것에서의 경쟁)
- 상품유형 경쟁: 구체화된 고객 동일욕구를 충족시키는 상품간의 경쟁(외식시 외식업종 간 경쟁)
- 브랜드 경쟁: 동일 업종내 각 브랜드간 경쟁으로 고객니즈를 충족시켜주는 동일상품수준의 경쟁(중국음식점간 경쟁)

협동조합 사업계획 수립을 위하여 경쟁환경분석에서 다루어야 하는 내용들은 다음과 같다.

- 경쟁의 구도 및 수준, 경쟁구도의 변화
- 핵심경쟁자와 경쟁자 세부분석: 사업, 핵심역량, 강·약점 등
- 유사 경쟁자 및 대체 경쟁자
- 잠재 진입자
- 경쟁자의 강·약점, 핵심역량
- 기타

④ **고객환경 분석**

고객환경 분석은 시장세분화를 통하여 고객이 누구인지, 고객이 기존제품을 구매하는 동기와 기존시장에서 충족되지 못한 욕구는 무엇인지를 분석하여, 협동조합의 사업에서 이를 어떻게 충족하여 고객에게 가치를 제공할 것인가를 분석하는 내용이다.

기본적인 고객환경 분석의 프로세스는 다음과 같다.

시장 세분화
- 우리 고객은 누구인가?
- 가장 수익성이 높은 고객은?
- 고객의 욕구, 구매동기, 특징 등이 어떤 기준에 의해 그룹핑되는가?
- 어떤 세분변수를 기준으로 세분화 할 것인가?

구매동기 분석
- 세분시장에서 고객이 가장 중시하는 제품·서비스의 요소는?
- 고객의 구매목적은 무엇이며, 진정으로 구매하려는 것은?
- 세분시장마다 어떤 구매동기를 중시하는가?
- 구매동기에 어떤 변화가 일어나고 있는가?

미충족 욕구분석
- 고객이 현재 사용하고 있는 제품서비스에 만족하는가? 불만족 한다면 이유는?
- 불만발생의 빈도와 심각성은 어느 정도?
- 고객이 알고 있는 미충족 욕구는? 모르는 미충족 욕구는?
- 고객의 욕구는 어떻게 변화하고 있는가?

고객 세분화의 기준은 인구통계적, 심리도식적, 지리적, 고객행동 변수 등 다양한 변수를 적용할 수 있을 것이나, 일반적으로 활용할 수 있는 변수는 다음과 같이 정리해 볼 수 있을 것이다.

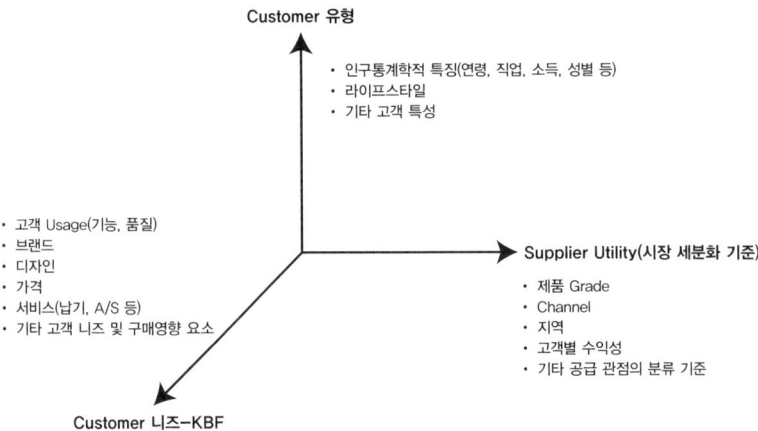

- 시장세분화와 목표시장
- 목표고객의 특성과 니즈
- 고객에게 제공하는 가치
- 목표고객의 시장규모와 예상수요
- 고객의 트랜드 및 가치 변화
- 고객 평판 및 이미지
- 기타

⑤ 내부역량 분석

사업성공을 위해서는 외부적인 환경이 가져오는 기회도 중요하지만, 내부적인 역량도 매우 중요하다. 따라서 사업계획 수립시 외부적인 사업의 기회와 더불어 내부 협동조합이 보유하고 있는 역량에 대한 객관적인 강점과 약점을 분석하여 대응하여야 할 것이다.

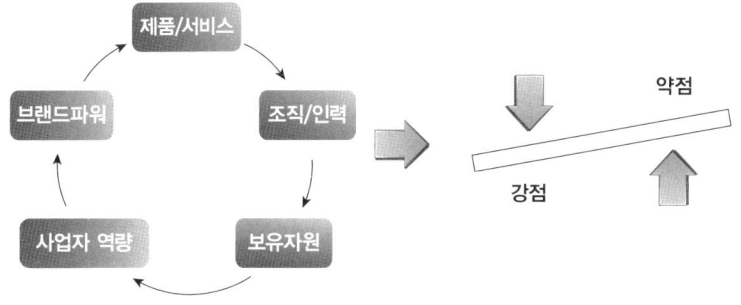

- 제품과 서비스 강점, 약점
- 조직과 인력의 강점, 약점
- 보유자원: 물적, 인적, 자금 등
- 사업자 역량
- 브랜드 파워: 인지도, 이미지 등
- 기타

내부역량 요인으로 제품과 서비스의 차별성, 브랜드 파워, 조직 및 인력의 역량, 사업자의 역량, 보유하고 있는 자원 등을 들 수 있다. 이들 내부역량의 강점과 약점을 도출하여 강점을 극대화하고, 약점을 어떻게 전략적으로 극복할 것인가에 대한 대안이 필요하다.

⑥ SWOT 분석

SWOT분석은 외부환경 분석을 통하여 도출된 기회요인과 위협요인, 내부역량 분석을 통하여 도출된 강점과 약점을 하나의 매트릭스에 일목요연하게 나타낸 것이다.

따라서 간단명료하게 외부환경과 내부환경 분석의 결과물을 정리하여 파악할 수 있어 많이 활용되고 있다.

SWOT분석을 통하여 협동조합이 수행하는 사업에 대한 외부적인 기회요인과 위협요인을 확인하고, 협동조합이 지닌 내부 역량을 활용하여 사업을 성공적으로 수행할 수 있는 전략을 제시할 수 있어야 할 것이다.

(5) 사업화 전략

① 단계별 사업화 전략

단계별 사업화 전략은 협동조합의 중장기적인 사업추진계획에 대하여 부문별, 자원별, 연도별 또는 추진단계별로 추진해야 할 사업을 체계적으로 제시하는 것이다.

이를 통하여 협동조합이 향후 추진하고자 하는 사업과 전략에 대하여 쉽게 이해할 수 있을 것이다.

단계별 사업화 전략은 서술형으로 풀어쓰기 보다는 관련 내용을 일목요연하게 확인할 수 있도록 로드맵 형태로 정리하면 바람직할 것이다.

- 연도별 사업화 전략
- 부문별 사업화 전략: 연구개발, 생산, 마케팅, 영업, 재무, 조직 및 인력
- 기타

② 사업포트폴리오 전략

사업포트폴리오전략은 협동조합의 사업이나 제품이 단일제품인 경우도 있겠지만, 다양한 제품이나 사업을 영위하는 경우도 있을 것이다.

이 경우 협동조합차원에서는 사업의 포트폴리오를 어떻게 구성하

느냐, 어떤 사업에 집중하느냐, 중장기적인 관점에서 집중 투자 또는 육성하는 사업에 대한 전략적 자원 할당 등 체계적이고 전략적인 사업포트폴리오 구축이 중요하다.

따라서 각 단계별 사업포트폴리오 전략을 수립하여 지속가능한 협동조합으로 성장·발전하기 위한 노력이 필요하다.

③ 마케팅 전략

마케팅 전략은 협동조합이 수행하는 사업의 성과창출을 위하여 시장환경 분석과 고객분석을 통하여 시장세분화, 목표시장 설정, 시장에서의 차별화를 위한 포지셔닝 전략을 수립하고, 이를 실행하기 위한 마케팅 믹스전략(제품, 가격, 유통, 촉진)을 수립하는 것이다.

상세한 마케팅 전략은 협동조합의 마케팅 편에서 다룬다.

- 시장 세분화(Market Segmentation)
- 목표시장 설정(Targeting)
- 포지셔닝(Positioning)
- 제품계획 : 신제품 개발, 브랜드 전략, 패키징, 제품믹스 등
- 가격계획 : 가격설정, 가격차별화, 경로별 가격설정 등
- 유통계획 : 유통경로 구축, 경로별 차별화 전략, 물류전략 등
- 촉진계획 : 광고, 세일즈 프로모션, PR, 인적판매 등

④ 사업운영 전략

협동조합을 운영하기 위해서는 마케팅 외에도 다양한 조직운영 활동 및 비즈니스 활동이 필요하다. 이러한 사업운영을 위한 세부적인 내용들을 체계적으로 정리하고, 성공적인 사업수행을 위한 전략적 활동들을 제시하는 것이 사업운영전략이다.

- 연구개발
- 생산
- 인력 및 조직운영
- 재고 및 구매관리
- 품질 및 서비스 관리
- 비용관리
- 정보시스템 도입 및 운영
- 산업재산권 관리 등

⑤ **세부 실행계획 및 사업추진일정**

앞 부분에서 수립된 각 사업전략에 대한 세부적인 실행계획을 각 부문별로 구체적이고 실행가능한 계획으로 수립하여 실행을 위한 일정, 자원조달, 투입인력 등에 대하여 세부적으로 작성하여야 한다.

아울러 각 부문별 세부 사항에 대한 추진일정을 작성하여 향후 사업추진시 지침이 되도록 하여야 한다.

⑥ **위험요인 및 대응전략**

협동조합 설립 및 운영과정에 예상되는 시나리오를 그려보고 예상되는 위험요소를 추출하여 정리하고, 이에 대한 대응방안을 제시하는 것이다.

어떤 사업이던 당초 계획한 대로 순탄하게 진행되는 경우는 드물다. 따라서 초기 사업계획 수립단계에서 예상되는 위험요소를 구체적으로 분석하고 이에 대한 대응전략을 수립하는 것이 훨씬 더 현실적이고 위험도 적을 것이다.

이와 같은 위험요인을 확인하기 위하여는 시장환경에 대한 면밀하고 객관적인 분석을 통하여 향후의 환경변화 가능성과 이들이 협동조합 사업에 미칠 수 있는 위협요인을 추출하여야 한다.

(b) 재무 계획

사업을 수행함에 있어 숫자의 중요성은 두말할 나위가 없다. 많은 경우 숫자에 대한 막연한 두려움으로 재무계획이나 관리를 매우 어려워하는 것도 현실이다.

그러나 협동조합을 경영하는 경영자나 구성원은 숫자에 대하여 명확히 파악하고 친해지도록 하여야 한다. 특히 사업계획 수립단계에서는 협동조합의 사업 수행을 위한 소요자금, 소요자금 조달방안, 조합원 출자계획, 예상매출액 및 이익액의 추정 등이 필수불가결한 상황이므로 반드시 검토하고 작성하여야 한다.

사업계획 수립단계에서 체계적인 재무계획을 수립하지 못하고 주먹구구식으로 접근하여서는 제대로 된 사업을 추진하지도 못하고 중간에 좌초될 가능성이 매우 높다.

따라서 사업계획서 작성시 재무계획에 대한 충분한 이해와 학습을 통하여 보다 체계적이고 정확한 재무계획이 수립되도록 하여야 한다.

① 매출계획

매출계획은 재무계획의 기초가 되는 내용으로 앞의 시장환경 분석과 사업분석을 통하여 시장에서 협동조합이 연도별로 목표로 하는 판매금액이다.

매출계획은 협동조합의 사업단위나 제품단위, 연·월·일별, 판매수량, 판매금액 단위 등으로 계획을 수립할 수 있을 것이다.

사업의 성격이나 사업계획서의 용도에 따라 구체적인 수준을 정하여 제시하면 된다.

- 연도별 매출계획
- 월별 매출계획
- 일별 매출계획
- 사업(제품)별 매출계획
- 지역별 매출계획
- 유통채널별 매출계획
- 거래처별 매출계획
- 기타

② 소요자금 및 조달계획

소요자금은 협동조합이 사업을 추진하기 위하여 필요한 자금으로 일정기간이나 시점을 정하여 필요한 자금을 산출한다.

일반적으로 필요한 자금은 초기 준비비용, 고정자금, 운전자금 등이 있을 것이다.

자금형태	사 례
고정자금	고정자산 구입비용 - 유형자산: 토지, 건물, 구축물, 기계장치, 차량선박, 운반구, 치공구, 비품 등 - 무형자산: 영업권, 특허권, 실용신안권, 의장권, 상표권, 광업권, 어업권 등
운전자금	원재료 구입, 인건비 지급 등 사업의 일상적인 운영에 필요한 자금 - 총운전자금: 유동자산 전체(현금, 예금, 외상매출금, 유가증권, 재고자산 등) - 순운전자금: 유동자산에서 유동부채(외상매입금, 단기부채 등)를 차감한 금액
초기 준비비용	전세금, 개업비 등 고정자금 이외의 기타 초기에 필요한 비용

자금의 조달방안은 조합원의 출자금, 금융차입, 각종 지원제도 활용 등 다양한 요소가 있다.

사업계획서에서 소요자금 및 조달계획은 일정기간 필요한 소요자금의 종류와 금액을 산출하여 제시하고, 해당 자금을 어떻게 조달할 것인가에 대한 조달방안을 제시한다.

소요자금과 조달방안에 대한 예시를 들면 다음과 같다.

소 요 자 금			조 달 계 획		
용 도	내 용	금 액	조달방법	기조달액	추가조달액
운전자금	공장임차료		자 기 자 금		
	인건비/일반경비		금 융 차 입		
	원료구입비		유 상 증 자		
	소 계		소 계		
시설자금	사업장 임차보증금		자 기 자 금		
	기 계 설 비		금 융 차 입		
	기 타		유 상 증 자		
	소 계		소 계		
합 계			합 계		

③ 손익계획

손익계획은 일정기간 협동조합이 수행한 사업의 성과를 나타내는 재무지표로 주요 내용은 다음과 같다.

항 목	비 고
1. 매출액	• 판매수익금(판매계획에서 추정)
2. 매출원가	• 제품의 원가(원가계획에서 추정)
3. 매출총이익	• (매출액 – 매출원가)
4. 판매관리비	• 판매와 일반관리에 소요되는 비용(인건비, 광고선전비, 감가상각비, 기타 일반관리비 등)
5. 영업이익	• (매출 총이익 – 판매관리비)
6. 영업외수익	• 영업과 관련없이 발생하는 수익(이자수익 등)
7. 영업외비용	• 영업과 관련없이 발생하는 비용(이자비용 등)
8. 세전이익	• (영업이익+영업외수익 – 영업외비용)
9. 법인세 등	• 법인세, 주민세 등
10. 당기순이익	• (경상이익 – 법인세 등)

8) 협동조합 설립신고를 위한 사업계획서

(1) 협동조합 등 사업계획서

협동조합기본법에 의한 설립신고에 필요한 서류 중의 하나로 사업계획서와 수입·지출예산서(수지예산서)를 정하여 놓고, 시행규칙에서 해당서식을 제시하고 있다.

협동조합 등 사업계획서와 수지예산서는 사업의 목적범위 내에서 실현 가능한 사업을 구체적으로 기재하여야 하며, 사업계획과 수지예산서는 상호연계되도록 하여야 한다.

시행규칙 별지 제4호의 서식이 정하는 사업계획서의 작성내용은 조직개요, 조직 연혁, 설립목적, 의사결정기구, 조직도, 임원현황, 조합원 현황, 직원현황, 해당연도 사업계획 등으로 간단하게 작성 가능하도록 되어 있다. 실무적으로 사업계획서를 작성할 때에는 서식을 준수하되, 실질적이고 구체적인 내용이 담기도록 분량을 추가하여 작성하여도 무방할 것이다.

예시서식 24 : 협동조합 등 사업계획서

■ 협동조합기본법 시행규칙 [별지 제4호 서식]

협동조합 등 사업계획서

조직 개요	조합명(연합회명)		업종(표준산업분류번호)	
	설립연월일		업태	
	신고번호		사업자등록번호	
	연합회 가입현황(* 협동조합만 작성)			
	주소	주사무소		
		제1 지사무소		
		제2 지사무소		
	출자금		백만원	

조직연혁	연 월 일	주요 내용

설립목적	

의사결정 기구	

조직도	

임원현황	직위	성명	경력	직원 경력 여부

조합원 현황 ※ 해당유형에만 표기	생산자	소비자	직원	자원봉사자	후원자	계
	명	명	명	명	명	명

직원현황	

210mm×297mm[백상지(1종) 120g/㎡]

해당연도 사업계획	

작성방법
해당연도 사업계획란에 「협동조합기본법」 제45조에 따른 사업계획을 반드시 포함하여 적어주시기 바랍니다.

예시서식 25 : 협동조합 등 수입 · 지출 예산서

회계연도: 000년도

조직 개요	조합명(연합회명)			업종(표준산업분류번호)	
	설립연월일			업태	
	신고번호			사업자등록번호	
	연합회 가입현황(* 협동조합만 작성)				
	주 소	주사무소			
		제1 지사무소			
		제2 지사무소			
	출자금			백만원	

수입		(단위: 원)	지출		(단위: 원)
구 분		금 액	구 분		금 액
① 전기이월금			① 경상비	인건비	
② 사업수입	○○사업			운영비	
	○○사업			소계	
	○○사업		② 사업비	○○사업	
	소계			○○사업	
③ 사업외수입	기부출연금			○○사업	
	지원금			소계	
	기타		③ 사업외지출	기부출연금	
	소계			지원금	
④ 출자금				기타	
⑤ 차입금				소계	
⑥ 기타수입			④ 출자금반환		
			⑤ 차입금상환		
			⑥ 배당금		
			⑦ 기타지출		
			⑧ 차기이월금		
			합 계		

작성방법
해당연도 사업계획란에 「협동조합기본법」 제45조에 따른 사업계획을 반드시 포함하여 적어주시기 바랍니다.

(2) 사회적협동조합 등 사업계획서

사회적협동조합의 경우도 일반협동조합과 마찬가지로 협동조합기본법에 의한 설립신고에 필요한 서류 중의 하나로 사업계획서와 수입·지출예산서(**수지예산서**)를 정하여 놓고, 시행규칙에서 해당서식을 제시하고 있다.

다만 사회적협동조합 설립요건이 협동조합과 다르고 주무관청의 인가가 필요한 사항인 만큼 여기에 필요한 사항들인 사업내용을 사업계획서에 보다 상세히 기재하도록 하고 있다. 시행규칙 별지 제10호의 사회적협동조합 등 사업계획서 서식이 정하는 사업계획서의 작성내용은 조직개요, 조직연혁, 설립목적, 의사결정기구, 조직도, 임원현황, 조합원 현황, 직원현황, 해당연도 사업계획 등으로 되어 있으며, 해당연도 사업계획의 내용을 사회적협동조합의 유형(**지역사업형, 취약계층배려형, 위탁사업형, 기타 공익증진형, 혼합형**)에 따라 세부적인 내용을 작성하도록 하고 있다.

사회적협동조합 등 수입·지출예산서도 마찬가지로 유형별 사업을 고려하여 사업단위별 계획을 중심으로 작성하도록 하고 있는 점이 협동조합과 다른 점이다.

예시서식 26 : 사회적협동조합 등 사업계획서 서식

■ 협동조합기본법 시행규칙 [별지 제10호 서식]

사회적협동조합 등 사업계획서

조직 개요	조합명(연합회명)			업종(표준산업분류번호)			
	설립연월일			업태			
	신고번호			사업자등록번호			
	연합회 가입현황(* 협동조합만 작성)						
	주 소	주사무소					
		제1 사업장					
		제2 사업장					
	출자금				백만원		
	주 사업 유형	[ ] 지역사업형 [ ] 취약계층배려형 [ ] 위탁사업협 [ ] 기타공익증진형 [ ] 혼합형					

조직연혁	연 월 일	주요 내용

설립목적	

의사결정 기구	[ ] 조합원 총회 [ ] 대의원총회 [ ] 이사회 [ ] 임직원협의회 ※ 중복 체크 가능

조직도	

임원현황	직위	성명	경력	직원 경력 여부

조합원 현황 ※ 해당유형에만 표기	생산자	소비자	직원	자원봉사자	후원자	계
	명	명	명	명	명	명

직원현황	성별	남성	명	여성	명	계	명
	고용형태	정규직	명	비정규직	명	계	명
	취약계층고용	취약계층	명	비취약계층	명	계	명

210mm×297mm[백상지(1종) 120g/㎡]

해당 연도 사업계획(* 해당 내용만 작성. 다만, 혼합형은 해당 내용을 모두 작성)

① 지역사업형(판단기준: 사업비/서비스 공급 비율 중 택일)

구분		사업비(원)		서비스 공급(인원수/시간/회)	
총계(A)		직전연도 결산	해당연도 예산	직전연도 실적	해당연도 계획
지역사업	소계(B)				
	○○사업				
	□□사업				
	…				
기타사업	소계				
	○○사업				
	□□사업				
	…				
지역사업 비율(C=B/A)(%)					

② 취약계층배려형(판단기준: 인건비/직원수/서비스 공급 비율 중 택일)

구분	인건비(원)		직원수(명)		서비스 공급(인원수/시간/회)	
	직전연도 결산	해당연도 예산	직전연도 결산	해당연도 예산	직전연도 실적	해당연도 계획
총계(A)						
취약계층(B)						
기타						
취약계층비율 (C=B/A) (%)						

③ 위탁사업형(판단기준: 사업비 비율)

구분		사업비(원)	
		직전연도 결산	해당연도 예산
총계(A)			
위탁사업	소계(B)		
	○○사업(위탁기관)		
	□□사업(위탁기관)		
	…		
자체사업	소계(B)		
	○○사업(위탁기관)		
	□□사업(위탁기관)		
	…		
위탁사업비율(C=B/A) (%)			

④ 기타 공익증진형(판단기준: 사업비/서비스 공급 비율 중 택일)

구분		사업비(원)		서비스 공급(인원/시간/회)	
		직전연도 결산	해당연도 예산	직전연도 실적	해당연도 계획
총계(A)					
위탁사업	소계(B)				
	○○사업				
	□□사업				
	…				
자체사업	소계				
	○○사업				
	□□사업				
	…				
위탁사업비율(C=B/A) (%)					

⑤ 혼합형(판단기준: ①+②+③+④ 비율의 합계)

구분	비율		내용
	직전연도 실적	해당연도 계획	
총계(A)			
① 지역사업 비율			
② 취약계층배려형 사업 비율			
③ 위탁사업 비율			
④ 기타 공익증진형 사업 비율			
위탁사업비율(C=B/A) (%)			

예시서식 27 : 사회적협동조합 등 수입·지출 예산서

- 협동조합기본법 시행규칙 [별지 제9호 서식]

사회적협동조합 등 수입·지출 예산서

회계연도: ○○○년도

조직 개요	조합명(연합회명)		업종(표준산업분류번호)	
	설립연월일		업태	
	인가번호		사업자등록번호	
	주　소			
	출자금		백만원	
	주 사업 유형	[ ]지역사업형 [ ]취약계층배려형 [ ]위탁사업형 [ ]기타 공익증진형 [ ]혼합형		

수입		(단위: 원)	지출		(단위: 원)
구　분	금　액	구성비(%)	구　분	금　액	구성비(%)
① 주 사업	○○사업		① 주 사업		
	〃				
	〃				
	〃				
② 기타 사업	○○사업		② 기타 사업		
	〃				
	〃				
	〃				
③ 사업비 합계			③ 사업비 합계		
④ 사업외 수입	이자수익		④ 경상비 (판매비와 관리비)	인건비	
	후원금 등			취약계층 인건비	
	〃			운영비 등	
	〃			〃	
⑤ 출자금			⑤ 사업외 비용	이자비용	
⑥ 차입금				잡손실 등	
〃				〃	
〃			⑥ 출자금 반환		
〃			⑦ 차입금 상환		
〃			⑧ 예비비 등		
합　계			합　계		

작성방법

1. 예시된 항목 외의 수입 또는 지출항목이 있을 경우 모두 적습니다.
2. 사회적협동조합이 「협동조합기본법」 제12조 제1항 제3호가목에 따라 전체 인건비 총액 중 취약계층인 직원에게 지급한 인건비가 40% 이상일 것을 판단 기준으로 하는 경우 인건비와 취약계층 인건비 항목을 구분하여 작성하시기 바랍니다.

210mm×297mm[백상지 80g/㎡(재활용품)]

03 협동조합의 경영전략 수립

1) 협동조합 경영전략 수립의 필요성

협동조합도 하나의 조직으로 올바른 방향성과 전략적인 경영이 뒤따르지 않는다면 설립은 하더라도 지속 가능한 조직으로 유지하기 어려울 것이다. 따라서 초기 설립단계는 물론 환경변화에 따라 지속적인 환경분석과 이를 통한 체계적이고 정밀한 경영전략의 수립이 필요할 것이다.

모든 협동조합은 설립 시 명확한 목표와 방향이 필요하다. 만약 목표와 방향성이 불분명하다면 조합의 존재이유가 불명확할 것이고, 여기에 참여하는 구성원들이 단합된 힘을 발휘하기 어려울 것이다. 따라서 성공하는 협동조합이 되기 위해서는 명확한 목표와 경영전략의 수립과 실행이 필요하다.

유명한 경영학자인 피터 드러커(P.F. Drucker)는 전략에 대하여 '전략은 현재의 위치를 바탕으로 미래에 도달하려고 하는 위치와 어떻게 하면 그곳에 도달할 수 있는지에 대하여 이해하는 것'이라고 정의하였다. 이와 같이 협동조합도 명확한 설립목표와 이를 달성하기 위한 체계적인 환경분석과 경영전략의 수립이 필요하며, 이를 통하여 협동조합의 존재이유와 설립목표인 비전을 지속적으로 달성하기 위한 전략을 수립하고 실행하여야 한다.

2) 협동조합 경영전략 내용과 수립 프로세스

협동조합 경영전략 수립을 위한 프로세스는 사업환경분석 → 전략과제 도출 → 미션 및 비전 수립 → 경영전략 수립 → 세부 실행계획 수립 등의 프로세스를 거친다.

경영전략이 포함해야 할 내용은 사업영역, 조합의 목표, 자원배분, 지속적 경쟁우위 요인 파악, 시너지 창출효과 등에 대한 부분이다.

사업영역의 범위	• 사업영역 범위: 수행할·해야할 산업, 제품라인, 세분시장의 수와 형태 • 사업범위 결정은 조합원들의 협의를 통한 전략의도를 반영
기업의 목표	• 해당 시장에서 일정기간동안 성취해야 할 구체적인 성과를 명시
자원분배	• 제한된 재무·인적자원을 각 사업단위, 제품단위로 어떻게 배분할 것인지?
지속적 경쟁 우위의 파악	• 각 시장에서 어떻게 경쟁할 것인지를 구체화: 차별적 우위획득, 유지방안 • 시장기회와 자사 핵심역량에 대한 파악 선행 필요
시너지 효과	• 시너지: 한 부분이 다른 부분과 연관을 통하여 더 높은 경영성과 발생 • 각 사업, 제품시장, 핵심역량이 서로 보완·강화 되어야

환경분석 (• 외부환경 • 내부환경 • SWOT분석) → 전략과제 도출 (• CSF확인 • 전략과제 도출) → 전략수립 (• 미션/비전 • 경영전략 • 세부실행 계획)

(1) 사업환경 분석

협동조합 경영전략을 수립하기 위해서는 먼저 사업환경에 대한 체계적이고 객관적인 분석이 선행되어야 한다.

사업의 환경은 외부환경과 내부환경으로 구성되며, 외부환경에는 거시환경, 산업환경, 경쟁환경, 고객환경으로 이들 환경이 사업에 미치는 기회요인과 위협요인을 분석하고 확인하는 것이 환경분석의 목적이다.

강점	약점
• 핵심 경쟁우위 요인은? • 조합의 핵심역량은? • 사업 아이템 or 모델의 차별성은? • 조합의 독점적인 역량은?(모방불가) • 약점을 극복할 수 있는 강점은?	• 경쟁아이템(사업)대비 약점은? • 강점보다 크게 작용하는 약점은? • 경쟁사업 대비 열위요소와 그 이유는? • 과거의 강점 중 현재 약점이 된 것은? • 약점으로 바뀐 이유?
기회	위협
• 산업측면(트랜드, 구조)에서의 기회요인? • 경쟁관계의 기회요인 • 소비자 니즈 변화와 기회요인 • 사업추진과 관련된 정책적 기회요인 • 기타 기회요인	• 산업측면(트랜드, 구조)에서의 위협요인? • 경쟁관계의 위협요인

아울러 사업수행에 중요한 것이 협동조합의 내부역량이 될 것이므로, 협동조합이 보유하고 있는 자원과 역량에 대한 강점과 약점을 객관적으로 분석하여야 한다.

(2) 전략과제 도출

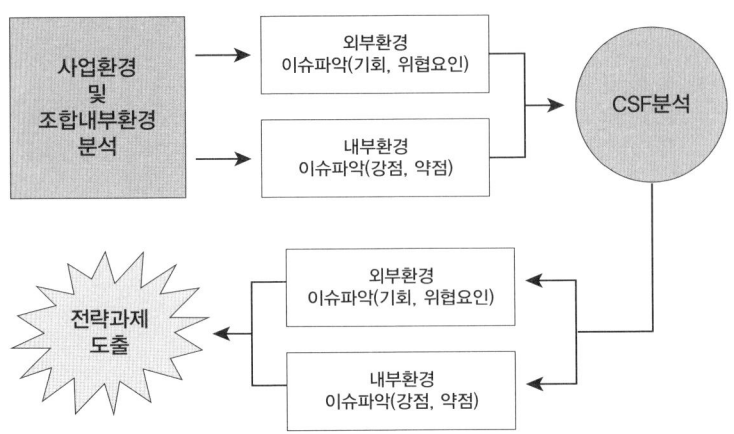

사업수행에 필요한 환경분석을 통하여 환경이 주는 기회요인과 위협요인을 분석하고, 협동조합 내부역량의 강점과 약점분석을 통하여 해당산업에서 성공하기 위한 핵심성공요인(CSF: Critical Success Factor)을 확인하여야 한다. 이를 통하여 해당 협동조합의 성과창출을 위한 전략과제를 도출하고, 이를 반영한 전략을 수립하여야 한다.

(3) 미션과 비전의 수립

협동조합의 미션(Mission)은 협동조합의 존재이유, 나아가야 할 방향으로 협동조합설립 및 존재이유이다. 미션이 중요한 이유는 명확한 존재이유가 조직구성원들에게 전파되어야 조합원들의 연대, 소통, 사회기여 등 협동조합의 기본정신을 구현할 수 있기 때문이다.

비전(Vision)은 협동조합 경영을 통하여 달성하고자 하는 중장기적인 목표로 이를 통하여 협동조합의 구체적인 사업의 방향성과 세부 실행계획을 수립할 수 있는 것이다.

(4) 경영전략과 실행계획의 수립

주요 경영전략은 협동조합 경영과 관련된 다양한 요소를 포괄할 수 있을 것이다.

- 사업포트폴리오 전략
- 마케팅전략
- 인사, 조직전략
- 재무전략
- 연구개발, 생산계획 등

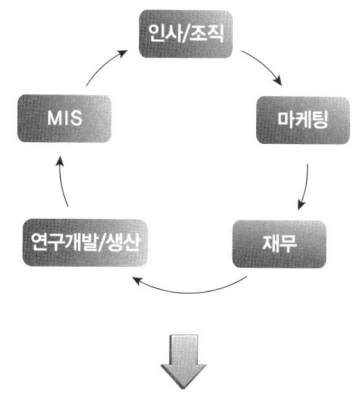

경영전략 실행을 위한 세부적인 실행계획은 구체적인 대안과 실행 가능성을 고려하여 수립되어야 하며, 세부적인 실행이 이루어질 수 있도록 하고 이를 확인할 수 있어야 한다.

04 협동조합의 마케팅

1) 협동조합에도 마케팅이 필요한가?

　협동조합은 조합원의 권익향상과 지역사회에 기여하면 되지, 별도의 마케팅이 필요한가? 라는 의문이 제기될 수 있다. 협동조합기본법의 시행에 따라 우려되는 것은 협동조합의 기본취지에 동조하여 다수의 협동조합이 설립되더라도 수익모델의 발굴이나 마케팅의 실패에 의해 많은 협동조합이 존립에 실패하는 사례가 발생할 가능성이 높다.
　따라서 협동조합도 변화하는 환경에서 영리기업과 치열한 경쟁상황을 극복하고 고객에게 차별화된 가치를 줄 수 있도록 철저하게 준비하고 경쟁역량을 강화해야 할 것이다. 즉, 협동조합의 경우에도 명분이나 사회적 가치도 중요하지만 명확한 고객의 설정은 물론 고객의 요구에 부응하는 차별화된 가치제공을 통하여 고객의 선택을 받아야 한다.
　마케팅은 과거 연구개발이나 생산을 통하여 기업이 만든 제품을 많이 파는 영업이라고 생각된 적도 있었지만 마케팅은 체계적인 시장과 고객분석을 통하여 목표고객을 설정하고 이들 고객이 원하는 차별화된 제품이나 서비스를 경쟁기업보다 더 우수하게 제공하여 시장에서 경쟁우위를 차지하는 것이라는 점에서 영업과 차이가 있다.

협동조합의 경우에도 협동조합의 사업기획이나 제품기획단계에서 명확한 고객을 설정하고 이들 고객이 타 경쟁기업으로부터 충족하지 못한 니즈(needs)를 발견하고 이를 제공함으로써 시장에서 고객들의 선택을 받아야 한다.

2) 마케팅의 기본은 '고객지향의 사고'

마케팅의 기본은 바로 마케팅이라는 용어에서 의미하는 바와 같이 시장중심, 고객중심의 사고이다. 과거는 물론 현재에도 많은 기업들은 제품중심이나 영업중심의 사고에 머물러있는 경우가 많다.

제품중심의 사고는 좋은 제품만 만들면 알아서 잘 팔릴 것이라는 사고이며, 영업중심의 사고는 기업에서 생산된 제품을 고객들에게 잘 어필하고 설득해서 팔면 된다는 사고이다.

반면, 고객지향의 사고, 즉 마케팅적 사고는 먼저 시장분석을 통하여 명확한 고객을 설정하고 이들 고객이 요구하는 제품이나 서비스를 만들고, 고객의 특성에 부합하는 가격 설정, 유통채널 구축, 촉진활동을 통하여 그 성과를 창출하는 것이다.

따라서 협동조합도 지역사회에 기여하는 좋은 취지의 사업을 수행하고, 이를 잘 알리기만 하면 성과가 창출될 것이라는 막연한 사고는 탈피해야 할 것이다. 협동조합의 사업도 목표고객이 누구인지, 이들 고객이 기존 사업이나 서비스에 갖고 있는 불편함이나 불만은 무엇인지, 새로운 사업이나 서비스에 요구하는 것은 무엇인지, 어떤 가치 때문에 고객이 이용할 것인지, 어느 정도 수준의 제품·가격·유통·촉진활동이 필요한 것인지에 대하여 고객지향적인 사고로 무장하고 고민해야 한다.

3) 마케팅 전략의 프레임

마케팅 전략의 프레임은 수행하고자 하는 시장에 대한 정의, 시장 환경 분석, 마케팅 목표 수립, STP 전략, 마케팅믹스 계획, 평가와 통제 순으로 구성된다.

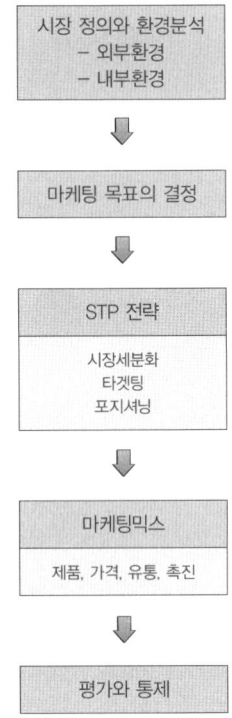

(1) 시장의 정의와 환경분석

① 시장의 정의

마케팅전략을 수립하기 위해서는 먼저 수행하는 사업에 대한 시장을 명확히 정의하여야 한다. 특히 최근에는 경쟁구조의 변화로 인하여 수행사업의 시장을 정의하는 것이 매우 중요하다.

일례로 MP3를 만드는 기업의 경우 시장을 MP3 산업으로 정의하느냐, 아니면 고객가치 측면에서 '고객에게 편리하게 음악을 즐길 수 있도록 하는 제품이나 서비스를 제공하는 사업'으로 정의하느냐에 따라 시장환경 분석 및 전략적 대응이 달라질 것이다.

따라서 제품중심적 사고에 의하여 제품중심으로 사업을 정의해서는 시장분석 및 마케팅전략이 실질적인 경쟁우위를 담보하기 힘들 것이다. 따라서 협동조합의 경우에도 고객가치 중심의 시장정의로 실질적인 고객의 니즈를 반영하여 마케팅전략의 성과와 경쟁우위를 확보하여야 할 것이다.

② **외부환경 분석**

외부환경은 협동조합이 수행하는 사업은 외부환경에 의해 다양한 기회와 위협요인이 존재하며, 그에 의해 영향을 받게 된다. 따라서 이들 외부환경요인이 협동조합이 수행하는 사업에 어떤 기회와 위협요인이 존재하는지 파악하고 대응하는 것이 중요하다.

외부환경은 거시환경, 산업환경, 경쟁환경, 고객환경으로 구성되며, 이들 환경은 사업주체가 통제하기 어려우나 사업수행에 지대한 영향을 미치게 되므로, 이 환경요인들이 협동조합의 사업에 영향을 주는 기회요인과 위협요인을 체계적이고 정확하게 파악하여야 한다.

③ **내부환경 분석**

내부환경은 사업수행을 위한 조합의 내부역량에 대한 체계적이고 객관적인 분석을 통하여 사업수행과정의 시행착오를 줄이고 사업 성공 가능성을 높여야 한다. 특히 협동조합기본법에 의한 협동조합은 자본규모나 역량이 높지 않을 가능성이 크므로 무리한 사업추진이나 역량을 무시한 마케팅은 어려움을 겪을 가능성이 높다. 따라서 조합의 내부역량에 대한 정확한 분석은 물론 역량 강화를 위한 지속적인 노력을 경주해야 할 것이다.

(2) 마케팅(STP)전략 수립

마케팅전략은 시장환경 분석을 통하여 시장에서의 기회요인과 위협요인을 분석하고, 조직이 보유하고 있는 자원과 역량을 고려하여 최대의 성과를 창출 할 수 있도록 선택과 집중, 차별화를 하는 것이다. 이와 같은 전략적 프레임을 체계적으로 정리한 것이 현대 마케팅에서 STP전략이라고 부르는 시장세분화, 목표시장 설정, 포지셔닝이다.

① 시장세분화(Market Segmentation)

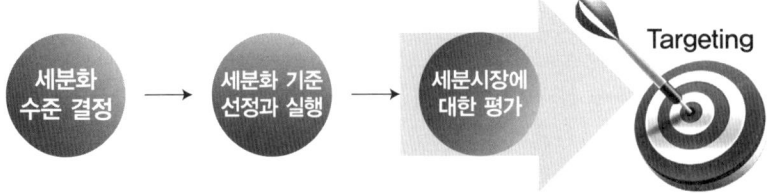

시장세분화는 다양한 니즈를 보유하고 있는 소비자로 구성된 시장을 동일한 니즈를 보유한 집단으로 세분화하여 각 세분시장의 니즈에 대응하는 서비스나 제품을 제공하게 되면 만족도가 높아질 것이라는 가정에서 출발한다.

협동조합의 경우도 명확한 목표고객을 설정하기 위해서는 시장세분화를 통하여 각 세분시장을 구분하고 분석하여야 한다.

시장세분화를 위해서는 각 세분시장이 타 시장과는 이질적이어야 하며, 해당 시장 소비자는 동질성을 보유하여야 한다. 또한 시장은 측정·접근 가능하여 하며, 일정 정도 이상의 규모를 확보하여 수익을 확보할 수 있어야 한다.

② **목표시장 설정(Targeting)**

목표시장 설정은 세분시장 중에서 협동조합이 집중적으로 공략하고자 하는 특정 시장을 정하는 것이다. 명확한 목표시장을 정해야 해당시장의 고객이 원하는 니즈를 정확하게 파악할 수 있고, 고객이 원하는 제품이나 서비스를 제공하여 고객에게 가치를 부여할 수 있을 것이다.

명확한 목표시장 설정은 성공적인 마케팅전략의 성과창출을 위한 기본 전제조건이다.

③ **포지셔닝(Positioning)**

포지셔닝은 협동조합이 제공하는 제품이나 서비스가 고객의 마음속에 차별화된 위치를 차지하도록 수행하는 제반 활동을 의미한다. 즉 고객의 마음속에 해당 조합의 제품이나 서비스만의 독특한 인식과 이미지를 구축하는 것이다.

이와 같은 차별적인 이미지 구축을 통하여 시장에서 타 경쟁제품과 서비스에 비하여 경쟁우위를 차지할 수 있는 것이다.

협동조합도 성공적인 시장창출 및 성과를 만들어내기 위해서는 고객에게 차별화되고 경쟁우위를 갖는 위치와 브랜드를 구축하여야 할 것이다.

(3) **마케팅믹스(Marketing Mix)**

마케팅전략에 의해 시장세분화, 목표시장 설정, 포지셔닝이 이루어지고 나면, 이를 실제 시장에서 구현하기 위한 마케팅믹스 전략을 수립해야 한다. 마케팅믹스는 마케팅전략을 실행하기 위한 도구로 제품(product), 가격(price), 유통(place), 촉진(promotion)으로 구성된다.

마케팅믹스 전략은 마케팅전략을 실행하기 위한 수단으로 목표고객에게 차별화된 위치를 정한 포지셔닝전략에 근거하여 제품, 가격, 유통경로 구축, 촉진전략이 일관성을 갖도록 설계되고 실행되어야 한다.

제품전략은 고객의 니즈를 반영하는 제품과 제품믹스, 브랜드전략, 디자인, 패키징, 품질, 서비스, 보증 등으로 구성되며, 고객에게 차별화된 가치를 제공하여야 한다.

가격전략은 고객이 제품이나 서비스를 구매하기 위하여 지불하는 경제적인 대가로 고객의 입장에서 가치를 획득하여야 하며, 조합의 입장에서는 수익성을 담보하고, 시장에서 경쟁우위를 확보할 수 있도록 설계되어야 한다.

유통경로전략은 생산된 제품이나 서비스가 고객에게 효율적으로 전달되도록 하는 경로로 최적의 경로가 될 수 있도록 설계되어야 한다.

촉진전략은 고객에게 제품이나 서비스를 인식시키고, 긍정적인 이미지를 구축하여 즉각적인 구매와 장기적인 관계를 구축할 수 있도록 하는 광고, 판매촉진, 인적판매, PR 등이 해당된다.

05 협동조합의 경영관리

1) 규정(규약)관리

협동조합도 하나의 조직인 만큼 조직을 운영하기 위해서 알아야 할 사항들이 적지 않다. 특히 법적이나 행정적인 문제에 있어서는 더욱 그렇다. 즉 조합설립부터 설립신고, 설립등기, 조합운영에 이르기까지 대응하고 조치해야 할 사항들이 많다. 조합운영에 필요한 제반 기준으로는 규정, 규약 및 정관이 대표적이라고 할 수 있다.

(1) 정관

'정관'은 앞에서 설명한 대로 조합의 조직 및 활동 등에 관한 기본적인 사항을 규정한 최고의 자치규범이다.

(2) 규약

협동조합 '규약'의 경우 조합의 설립 및 운영에 있어서 기준 역할을 하는데, 조직과 사업 활동에 필요한 사항에 대하여 조합의 정관에서 미처 정하지 못하였거나 정관에서 위임한 사항에 대해서 그 방법과 절차에 대한 일종의 조합 자치규범이라고 할 수 있다. 규약으로는 다음과 같은 것이 대표적이다.

- 총회 운영 규약
- 대의원 선출 규약
- 위원회 설치 및 운영규약
- 출자금 감소에 관한 규약
- 현물출자에 관한 규약
- 임원 선거 규약
- 벌칙금에 관한 규약
- 직원에 관한 규약

(3) 규정

규정은 정관, 규약에 비하여 비교적 경미한 사항을 정의한 자치법규이다. 규정의 제정 및 변경은 이사회의 결의로 가능하며, 조합 운영을 민주적으로 하기 위해서는 합의된 규정이 필요하다. 협동조합 운영에 필요한 규정으로는 다음과 같은 것이 있다.

- 이사회 운영 규정
- 감사 규정
- 직제 규정
- 인사 규정
- 근무 규정
- 보수 규정
- 회계 규정

2) 회계(예산 및 결산, 세무)관리

(1) 회계연도 및 사업계획(예산)

협동조합의 회계연도는 정관으로 정하고, 일반회계와 특별회계로 구분하되, 각 회계별 사업부문은 정관으로 정한다. 또한 매 회계연도의 사업계획서와 수지예산서를 작성하여 총회의 의결을 받아야 한다.

사업계획서는 조합의 기본 운영목표를 설정하고 이에 따른 운영방침에 따라 세부적으로 작성한다. 예산서, 즉 당해 회계연도에 따르는 예산의 편성은 관련 법규 및 조합의 정관, 예산회계 규약, 가입금 및 경비 등에 관한 규약, 기타 관련 규정에 의거하여 작성하도록 한다.

이와 관련하여 사업계획 수립 시 정관에 명시한 목적과 협동조합의 7가지 운영원칙은 중요한 지침이 된다. 이 지침에 따라 조합원과 직원의 의견을 모아 수립해야 한다. 조합원 활동 사업계획의 경우 직접 사업을 진행해 갈 조합원과 직원의 의견이 충분히 반영되어야 사업수행이 효율적일 수 있는 것이다.

또한 사업계획은 수치화된 목표와 역할분담, 자금조달, 평가방법까지 가능하도록 구체적으로 마련해야 한다.

(2) 사업보고 및 결산

사업보고서는 해당 협동조합의 현황 및 연간 사업추진 내용을 정리·작성하는 것으로 계획사업 및 비계획사업 등 조합의 업무 전반에 관한 사항을 기술하는 것이 바람직하다.

협동조합은 정기총회일 7일 전까지 결산보고서[17]를 감사에게 제출하여야 하고, 결산보고서와 감사의 의견서를 정기총회에 제출하여

---

17 사업보고서, 대차대조표, 손익계산서, 각 부속명세서, 수입·지출 예산결산 대비표, 잉여금처분안 또는 손실금처리(안) 등을 말한다.

승인을 받아야 한다.

사업보고서를 작성하는 데 있어서 특별한 서식은 없으나 다음과 같이 3가지 사항은 포함되도록 하는 것이 좋다.

- 조합의 현황을 이해시키기 위한 조직현황, 조합원의 가입·탈퇴 현황(연간), 조합원수(연도 말), 출자좌수(금액)
- 총회(대의원회가 있을 경우는 대의원회), 이사회, 각종 분과위원회 등의 의결사항, 승인, 등기 등의 일반적인 행정사항
- 조합 공동사업, 홍보 및 조사사업, 지도·교육·정보사업 등 조합이 회계연도 내에 수행한 사업추진실적

조합이 회계연도 말에 결산할 때 예산의 내용(계정과목 등)과 동일하게 작성한다.

(3) 출자(금) 관리

출자금이란 협동조합 정관에 정한 조합원의 출자금을 의미하며 출자된 출자금은 본인의 자산이며 조합을 탈퇴할 때 직전 사업연도의 결산서상 잉여금, 또는 손실분을 처분 시 청산하고 회수할 수 있다.

또한 출자되어야 조합 내에서 조합원으로서의 활동이 가능해진다. 따라서 출자금은 조합원 자격을 위한 전제조건이라 할 수 있다.

협동조합은 출자 1좌 금액을 변경할 수 있으며, 만약 출자 1좌금액의 감소를 의결하면 의결한 날부터 14일 이내에 대차대조표를 작성하여야 한다. 이와 관련하여 출자감소 의결일로부터 14일 이내에 채권자 이의가 있으면 채권자에게 30일 이상의 이의제기기간을 부여하여야 한다. 한편, 조합에서 파악하고 있는 채권자에 대하여는 개별적으로 최고(催告)하여야 한다.

그런데 채권자가 이의신청 기간에 이의를 신청하지 아니하면 출자 1좌의 금액의 감소를 승인한 것으로 보는 반면, 채권자가 이의를 신청하면 협동조합은 채무를 변제하거나 상당한 담보를 제공하여야 한다. 한편 협동조합은 조합원의 출자지분을 취득하거나 이를 질권의 목적으로 하여서는 아니 된다.

(나) 법정적립금 및 임의적립금 관리

① 적립금 적립

협동조합은 매년 회계연도 결산의 결과 잉여금이 있는 때에는 자기자본의 3배가 될 때까지 잉여금의 100분의 10 이상을 적립(**법정적립금**)하여야 한다. 또한 협동조합은 정관으로 정하는 바에 따라 사업준비금 등을 적립(**임의적립금**)할 수 있다.

법정적립금과 임의적립금은 모두 조합원에게 배당되지 않고 차기 회계연도로 이월된다는 공통점을 가지고 있다. 하지만 법정적립금은 조합원 개개인에게 분할할 수 없는 공동의 자산이지만, 임의적립금은 조합원 개개인에게 분할 가능한 조합원 지분의 합(合)이다.

따라서 일반적인 협동조합의 조합원이 탈퇴(제명)되면 출자금을 포함하여 지분을 환급해 달라고 청구할 수 있지만, 사회적협동조합은 출자금 환급만 청구할 수 있다.

잉여금 발생 시에는 이월 손실금 보전, 법정적립금, 임의적립금의 순서대로 처리한다.

다만 일반협동조합과는 달리 사회적협동조합은 잉여금의 30% 이상을 법정적립금으로 적립해야 하고, 남은 잉여금을 모두 임의적립금으로 적립하게 하여 조합원 배당을 아예 금지하고 있다.

② 적립금 사용

협동조합은 매 회계연도의 결산결과손실금(당기손실금을 말한다)이 발생하면 미처분이월금, 임의적립금, 법정적립금의 순으로 이를 보전하고, 보전 후에도 부족이 있을 때에는 이를 다음 회계연도에 이월한다. 협동조합이 손실금을 보전하고 법정적립금 및 임의적립금 등을 적립한 이후에는 정관으로 정하는 바에 따라 조합원에게 잉여금을 배당할 수 있다.

잉여금 배당의 경우 협동조합사업 이용실적에 대한 배당은 전체 배당액의 100분의 50 이상이어야 하고, 납입출자액에 대한 배당은 납입출자금의 100분의 10을 초과하여서는 아니 된다.

(5) 기타 유의사항

법정적립금 적립의무기준, 조합원 배당금지, 부과금 면제 등의 사항을 제외하고, 사업계획서·수지예산서 작성, 결산결과의 공개, 결산보고서 승인 등 재무·회계 관련 사항은 일반협동조합과 사회적협동조합이 동일하다고 보면 된다.

협동조합기본법에서 사회적협동조합에게 주는 명시적인 혜택 중 부과금 면제 규정은 주의할 필요가 있다. 국가 및 지방자치단체는 사회적협동조합의 사업과 재산에 대해 조세 외의 부과금[18]을 면제한다.

---

18 부과금은 조세와 더불어 국가 및 지방자치단체의 대표적인 재원으로, 매년 신설·폐지된다.

2) 인사와 조직관리

협동조합의 조직구성은 기본조직·의사결정기관으로서 총회(또는 대의원회)와 이사회가 있고, 업무집행기관으로는 총무부(다른 명칭 가능)와 사업부(다른 명칭 가능)로 구성될 것이다. 이외에 해당 협동조합의 필요에 따라 각종 분과위원회 등을 구성할 수 있을 것이다.

협동조합 조직유형 (예시)

총회(대의원회)	
이사장	
상임이사	
총무부	사업부
기획팀, 총무팀	영업지원팀, 프로젝트팀

협동조합은 협동조합 나름대로 정체성(Identity)을 지니고 있어야 한다. 이 정체성을 이루고 있는 협동조합의 구성요소가 협동조합의 운영원칙이다. 즉, 조합원의 가입·탈퇴의 원칙, 민주적 관리의 원칙, 조합원의 경제적 참여(이용)의 원칙, 자율 및 독립의 원칙, 교육훈련 및 정보제공의 원칙, 협동조합 간 협동의 원칙, 지역사회에 대한 관심의 원칙 등이 있다.

이러한 협동조합의 운영원칙으로 인해 협동조합이라는 조직과 인사관리에서도 일반기업 조직과는 다른 특성을 보이게 된다. 협동조합은 조합원들이 직접 관리와 운영을 하기 때문에 일반조직보다 중간관리와 경영에 투입되는 비용이 크게 줄어들게 된다는 점이다.

또한 고용불안도 해소할 수 있는 장점이 있다. 조합원들이 스스로 결정한다는 자치적인 성격이 강하기 때문에 각 협동조합이 조합운영

인력을 스스로 선발할 수 있고, 조직구성(조직체계)도 안정적으로 유지될 수 있는 특징을 갖는다.

조합의 인사관리에서 임직원 겸직은 규정 해석상으로 문제가 있다. 협동조합기본법 시행령에서는 조합원의 3분의 2 이상이 직원인 협동조합, 조합원 수가 10인 이하인 소규모 협동조합의 경우 임원 전원의 직원겸직을 허용하고 있다. 이렇게 되면 일반 협동조합 중에서 다중이해관계자협동조합의 경우 별도의 규정이 없으므로 임직원 겸직허용에 해당되지 않는다는 점을 유의해야 한다.

예를 들어, 노동자조합원이 6명, 소비자조합원이 3명, 후원자조합원이 2명인 다중이해관계자 일반 협동조합의 경우, 시행령(안) 제12호의 어느 하나에도 해당되지 않기 때문에, 직원이 임원을 겸직할 수 없게 되는 것이다.

이외에도 협동조합도 '조직'이라는 점에서는 예외가 아니라는 점을 유의해야 한다. 조합 내부관리 업무수행을 위해 조합원이 아닌 직원이 채용될 경우 근로기준법 및 노동법상 대부분의 규정의 제약을 받게 되는 것이다.

제**6**장

협동조합의 성공적 도입 및 활성화

01 협동조합 주요 도입분야

협동조합기본법의 배경과 취지, 해외의 성공사례, 기존의 협동조합의 운영과 관련된 성공과 실패를 돌이켜 볼 때, 우리나라에서 앞으로 다양한 분야에서 협동조합의 설립과 운영이 활성화될 것으로 예상된다. 특히 영세·소상공인들의 경쟁력강화를 위한 협동조합 결성움직임이 활발하게 진행되고 있고, 사회문화적 서비스와 관련해서도 협동조합에 대한 관심도가 높아질 것으로 예상된다.

협동조합은 앞에서 살펴본 바와 같이 다양한 형태로 존재할 수 있다. 스페인의 명문축구팀 '바르셀로나'를 포함해서, 'AP통신', '썬키스트', '서울우유' 등과 같이 국가도 사업영역도 다르지만, 이들은 모두 '협동조합'이거나 '협동조합 브랜드'이다.

우리나라에도 '농협(농업협동조합)', '수협(수산업협동조합)', '생협(생활협동조합)' 등의 다양한 협동조합이 조직되어 활동하고 있지만 아직은 규모 및 사업형식 등에서 협동조합이 활성화되어 있는 국가에 비해 미흡하다고 하지 않을 수 없다.

앞으로 협동조합의 활성화는 다음과 같은 분야에서 이루어질 것으로 생각된다.

① **영세·소상공인의 경쟁력 강화**

협동조합기본법 시행과 더불어 정부 차원에서 가장 먼저 지원시책을 내놓고 의욕적으로 협동조합 육성을 지원하고 있는 분야로, 2013년 소상공인 협업화지원사업을 통하여 동업종 또는 이업종 간 5인 이상이 협업을 추진하는 경우 공동 브랜드 개발, 컨설팅 등에 1억 원 한도로 사업비를 지원하고 있다.

 이와같은 지원시책과 대기업의 무분별한 골목상권 진출 등에 대응하기 위한 경쟁력 강화의 일환으로 협동조합 설립이 큰 폭으로 증가할 것으로 예상된다. 협동조합기본법 시행 이후 전통시장 상인, 편의점 사업자, 세탁사업주, 동네 제과업 등을 중심으로 협동조합 설립이 잇따르고 있다.

② 프리랜서, 서비스 노동자들의 협동조합

 기본법 시행 이후 강사, 대리운전자, 운수업, 퀵서비스, 택배업 종사자, 간병인, 간호조무사 등을 중심으로 한 협동조합이 설립되고 있다. 이들은 기존 소개업자들의 높은 소개수수료로 열악한 사업환경을 극복하고자 뭉쳐 근로조건이나 사업조건을 개선하고자 한다.

③ 공동육아, 보건의료 분야

 기존 마을기업이나 의료생활협동조합 형태의 조직이 보다 활발하게 협동조합의 형태로 설립·전환되고 있으며 활성화될 가능성이 높은 분야이다.

④ 주택, 에너지 분야 협동조합

 주택분야는 이탈리아 등에서 보는 바와 같이 주택협동조합을 통한 저렴한 가격의 분양주택이나 임대주택을 공급하거나, 인천지역에서 설립된 햇빛발전협동조합과 같은 에너지분야의 협동조합 설립도 나타날 것이다.

⑤ 로컬푸드 등 연계 친환경농산물 도농연계 협동조합

기존 생협운동과 같은 방식으로 다양한 협동조합이 나타날 것으로 예상되는 분야이다. 기존 아이쿱이나 두레생협처럼 전국단위의 협동조합 외에도 지역을 기반으로 하거나 소규모 농가협동조합과 도시지역 주민생활협동조합의 연대를 통한 다양한 형태의 협동조합이 나타날 수 있을 것이다.

⑥ 마을단위 공동체 협동조합

기존 마을기업과 유사한 형태의 조직이 협동조합의 형태로 마을의 특화자원, 무형자원 등을 활용한 공동사업 등을 영위하는 협동조합이 가능할 것이다.

⑦ 다양한 영역의 이용자협동조합

최근 설립을 준비 중인 통신소비자협동조합과 같이 다양한 서비스 영역에서 대기업이나 독과점 서비스제공기업의 서비스제공의 문제점을 개선하고자 하는 다양한 움직임이 나타나고 있으며, 앞으로 더욱 다양한 분야에서 새로운 형태의 협동조합 탄생이 가능할 것이다.

⑧ 소자본 창업/문화예술 분야 협동조합

소자본 창업분야 다양한 업종에서 협동조합 형태의 조직을 갖춘 창업이 활발하게 나타날 것이다. 초기에는 주로 경영컨설팅, 교육 등 협업을 통한 경쟁력이나 협상력 제고를 목적으로 하는 분야가 중심이 될 것이나, 중장기적으로 콘텐츠, 문화 예술 등 다양한 비즈니스 영역으로 확대될 것이다.

⑨ 공공위탁 분야 등 사회적 협동조합

공공분야 청소용역, 저소득층 자활지원, 다문화가정 지원 등 기존 공공영역에서 수행하던 사업들을 위탁 수행하는 사회적 협동조합이 확대될 것이다.

참고

2013년 소상공인협업화지원 시범사업 공고 내용

□ 사업목적
  ○ '협동조합기본법' 시행에 맞추어 다양한 형태의 협업화 지원을 통한 공감대 형성 및 자율적인 협업화를 유도하고, 업종별 특성을 고려하여 공동이익을 기반으로 소상공인 사업 인프라 구축 및 영업 활성화 지원
□ 지원규모 : 300개 협업체(협동조합 우선)
□ 신청기한 : 2013년 2월 28일(목) 18시까지
□ 지원대상 : 5인 이상(사업자)의 동업종 또는 이업종의 소상공인 협업을 통해 공동의 이익을 추구하고자 하는 자발적 협업체(협동조합 우선)
 * 지원제외대상 外 최소 80% 이상이 소상공인으로 구성되어야 함
 * 제외대상
  – 중소기업청 소관 소상공인 정책자금 지원제외 업종을 영위하고 있는 사업자(유흥향락업 및 전문업, 주점업, 입시학원업 등)
  – 프랜차이즈 본사 및 직영점, 가맹점 : 프랜차이즈란 '공정거래 위원회 정보공개서'에 등록된 프랜차이즈 본사 및 소속된 직영점, 가맹점에 한함. 단, 가맹본부가 조합인 경우 신청협업체가 소상공인 협업체(협동조합) 구성요건에 해당 시 사업신청 가능
 * 소상공인 우대업종(20개 내외)은 선정평가시 가점부여, 대기업은 동 사업 참여 배제
□ 지원내용
  ○ (예비선정) 협동조합 설립 컨설팅 및 교육지원
  ○ (최종선정) 1억 원 한도 내 공동브랜드 개발·공동구매·장비구매 등에 소요되는 비용 지원, 단 자부담금 20%는 현금 납입
    ① 공동브랜드, ② 공동구매, ③ 공동마케팅(홍보), ④ 공동장소임차, ⑤ 공동 설비, ⑥ 공동R&D, ⑦ 공동네트워크(홈페이지)구축 등
□ 사업절차
  ① (예비협업체 선정) 사업에 참여하고자 하는 5인 이상(사업자)의 자발적 예비 협업체 및 협동조합기본법에 의한 협동조합
  ② (소상공인 협업교육) 지정된 예비 협업체에 속한 소상공인에 대한 협업 관련 경영개선 교육(지역센터별 실시, 6시간 의무교육)
  ③ (협업체 진단지도) 전문 협업컨설턴트를 투입하여 협업사업 계획 및 협동조합 운영 관련 코칭 컨설팅(협업컨설턴트 100명)
  ④ (협업사업 신청 및 최종평가) 협동조합 결성 후 공동의 사업추진을 위한 사업신청 및 평가 후 소요비용 지원
    – 협동조합 설립 후, 협업교육 및 진단컨설팅 등을 토대로 마련된 사업 추진 계획서를 작성, 본격 사업추진을 위한 분야별 예산지원 신청
    – 안정된 협업체로서 체계가 갖춰진 협동조합을 선정하기 위한 현장평가 및 선정위원회 개최
  ⑤ 공동 브랜드, 공동구매, 공동설비, 공동마케팅 등에 소요되는 비용
  ⑥ 협업체 당 1억 원 한도(자부담 20% 현금 납입)
  ⑦ (진도점검 및 사후관리) 예산투입 후 사업추진 진도점검 및 애로사항 파악 등 사후관리(11개 지방중소기업청 및 62개 소상공인센터 합동)
□ 접수처 : 전국 62개 소상공인지원센터 방문접수

02 전통시장 및 소상공인 분야 도입방안

1) 전통시장 협동조합 도입 필요성

국내 전통시장의 운영주체인 상인회 조직은 기존에는 등록상인회, 상점가진흥조합, 사업조합, 사단법인, 주식회사, 임의단체 등 다양한 형태로 구성되어 있으나, 조직역량이 취약하여 전통시장 활성화를 위한 실질적인 구심점 역할을 수행하는 데 한계가 존재하였다.

전통시장 상인조직 현황

전체	법적 조직						임의단체 (번영회)	조직없음
	등록 상인회	상점가 진흥조합 (유통법)	사업조합 (중소기업 협동조합 법상)	(민법상) 사단법인	(상법상) 주식회사	주식회사		
시장수(개) 1,517	773	19	15	96	69	59	363	182
비율(%) 100.0	51	1.3	1.0	6.3	4.5	3.9	23.9	12

(자료: 시장경영진흥원, 2012. 4.)

또한 기존 상인조직은 조직구성의 문제, 운영능력의 부족, 자체 수익모델의 부재 등으로 일부가 수익사업을 추진하고 있지만 그 성과는 매우 미미하다. 일부 수익사업의 경우에도 주차장 운영관리, 배송 서비스, 광고, 특산물 판매, 식자재 납품 등 일부 한정된 영역에서 이루어지고 있다.

　전통시장 상인조합 및 사업협동조합의 경우에도 일부 수익사업을 진행하고 있으나, 대다수가 정부 및 지자체의 주차장 운영대행 등 공적지원에 대부분을 의존하고 있는 실정이다.

　따라서 이와 같은 전통시장의 한계를 극복하기 위해서는 상인조직의 역량 강화 및 자체적인 수익모델 발굴이 중요한 요소이기 때문에 새로운 조직형태인 협동조합을 전통시장에 도입하여 지역사회에 기반한 다양한 사업모델의 개발과 지역사회와 공동으로 다양한 사업 및 이벤트를 실시하여 전통시장의 활성화를 도모하는 것이 필요할 것이다.

2) 전통시장 도입방안

　현재 우리나라의 전통시장은 시설현대화 측면에서는 정부의 정책적 지원과 시장자체적인 노력으로 많은 진전이 이루어졌다고 볼 수 있다. 그러나 가격경쟁력이나 다른 마케팅적 측면에서는 여전히 낙후된 측면이 많다는 점을 부인할 수 없을 것이다.

　이렇게 열악한 경영과 운영을 개선하고 대형마트 등 신유통채널에 비해 뒤떨어지는 경쟁력을 확보하기 위해서 무엇보다 중요한 사항은 상인들의 의식혁신과 조직역량의 강화가 중요할 것이다.

　전통시장 및 상점가에 협동조합을 도입하기 위해서는 도입목적인 전통시장의 협업경영을 촉진하기 위한 목적과 실질적인 협동조합의 성과창출 가능성을 제고하기 위한 방향으로 도입을 촉진하여야 할 것이다.

전통시장 및 상점가의 협동조합 도입형태는 다음과 같은 3가지 유형으로 구분할 수 있을 것이다.

(1) 특정상품 및 사업영역의 협업경영을 위한 공동사업추진 협동조합

시장 및 상점가에 속하는 개별상인들이 특정상품 또는 특정 사업영역의 공동사업 및 공동 마케팅을 위하여 협동조합을 설립하고 사업을 추진하는 경우이다.

이 유형은 야채, 청과, 수산물, 건어물, 축산, 의류, 공산품, 반찬가게 등 특정상품군 또는 특정사업 추진을 위하여 5인 이상의 상인들이 협동조합을 설립하고 공동으로 상품을 구매하거나, 공동마케팅, 공동사업의 영위 등과 같은 상호간 시너지효과를 창출하기 위하여 협동조합을 설립할 것이다.

- 야채상인협동조합: 야채상인 5인 이상이 모여 조합을 설립하고 공동구매, 공동마케팅 실시
- 순대타운 협동조합: 순대를 취급하는 상인 5인 이상이 조합을 설립하고, 순대 원재료의 공동구매, 공동마케팅을 실시하는 경우
- 도시락 '통' 협동조합: 통인시장 도시락 '통'과 같은 형태의 공동도시락 사업을 위한 조합을 설립하고 공동사업을 운영하는 경우

공동사업추진 협동조합은 동일상품 또는 동일사업을 추진하기 위한 시장 및 상점가 상인들의 공동체로 대형마트 등과의 상품경쟁력, 서비스 경쟁력을 확보하기 위하여 상인들이 단결하여 공동대응하기 위한 것이다.

이와 같은 공동대응은 장기적으로 상품력의 개선, 구매원가의 절감으로 인한 수익증대 및 가격경쟁력의 확보, 서비스 수준의 개선

등 긍정적인 운영을 기대할 수 있다.

다만 성공적인 운영을 위해서는 조합원으로 참여하는 구성원들의 적극적인 참여노력과 구성원 개인의 장점을 극대화할 수 있는 역할 할당이 필요할 것이다.

(2) 기존 상인조직의 협동조합으로의 전환을 통한 공동사업추진 협동조합

기존 상인조직의 협동조합으로의 전환을 통하여 상인조직의 역량을 강화하고, 이를 통하여 전통시장 및 상점가의 경쟁력을 회복하기 위한 노력을 경주하는 것이다. 기존 상인회는 친목단체이거나 임의단체로 법적인 구속력이나 상인들이 적극적으로 참여하기 위한 유인 동기가 미약했다. 따라서 기존 상인회를 협동조합으로 전환하여 조직력을 강화하고, 이를 기반으로 공동매입, 공동판매, 공동마케팅, 공동물류, 공동배송 등의 다양한 활동을 할 수 있는 기반을 확보하기 위한 것이다.

- 기존 개별시장의 상인회나 번영회가 상인협동조합으로 전환: 실질적으로는 시장 전체 상인이 조합원으로 가입하여 설립

(3) 기존 다수 시장 및 상점가 상인회가 연합하여 시장간, 시장과 상점가 간 협업경영체를 구성하고 협업경영을 추진하는 경우

지역 내 대형마트, 백화점 등에 대응하기 위하여 지역 내 2개 이상의 시장 및 상점가가 연대하여 협동조합 또는 협동조합연합회를 설립하는 것이다.

- 시장간 연대조합
- 시장 및 상점가 연대조합
- 상점가간 연대조합

이와같이 협동조합 설립을 통하여 전통시장별 PB상품을 개발하고, 마케팅 대응역량을 강화할 수 있는 기반을 구축할 수 있을 것이다.

개별 전통시장 권역만으로는 시장이 너무 협소한 경우가 많으므로 전통시장 협동조합연합회를 통하여 자체 시장단위로 개발된 PB상품을 전국의 전통시장을 통하여 판매하는 사업모델을 구축할 수 있을 것이다.

앞으로 우리나라 1,500여개의 전통시장에서 부문·영역별로 다수의 협동조합이 만들어질 것으로 전망되는데, 전통시장 활성화를 이루기 위하여는 협동조합이라는 실체가 중요한 것이 아니라, 실질적인 수익모델과 공동사업모델 개발을 통하여 실질적인 수익창출과 지역사회에 기여하는 협동조합 모델이 개발되고 구축되어야 할 것이다.

협동조합기본법의 제정시행과 더불어 앞으로 전통시장 활성화를 위해 협동조합 설립 지원 등 정책적 차원에서 지원이 뒤따를 것으로 보인다. 중소기업청은 시장경영진흥원을 통하여 우선 전통시장이 자체적으로 수익사업을 추진 중이거나 계획하고 있는 경우 기존 시장상인회가 협동조합으로 전환 또는 상인들이 협업하여 협동조합을 설립하는 경우 협동조합설립·운영 컨설팅, 초기 설립·운영 자금지원, 사업모델 개발지원, 운영인력 교육, 안정적 운영을 위한 제도적 뒷받침을 마련할 것으로 보인다.

03 사회적기업분야 도입방안

1) 사회적기업의 문제점

사회적기업(Social Enterprise)이란, 1970년대 말 서유럽의 복지국가 위기론이 대두되면서 사회정책에 대한 분권화와 공공서비스 민영화, 적극적 노동정책으로의 전환 과정에서 등장한 개념이다.

우리나라의 사회적기업은 취약계층에 대한 일자리 해결문제와 사회서비스 수요에 대한 공급확대방안으로 시작되었다. 사회적기업으로 인증받기 위해서는 2007년 7월부터 시행되고 있는 사회적기업육성법에 의해 고용노동부 장관의 인증을 받아야 한다.

또한 우리나라의 사회적기업은 대부분 주식회사 형태의 법인격을 가지고 있으며, 이는 그동안 협동조합이 개별법 또는 특별법 형태로 설립되어 왔다는 법적인 한계로 기인한 바 크다. 이번에 협동조합기본법이 제정·시행됨으로써 사회적협동조합이라는 법인격이 도입되게 되어 사회적기업 분야에서도 협동조합 설립이 활발하게 진행될 것으로 예상할 수 있다.

사회적기업의 궁극적인 목적은 '공공의 이익을 지향하면서도 상업적 이윤창출을 통하여 활동의 지속성을 추구하는 것'이라고 할 수 있는데, 사회적 가치와 경제적 가치가 조화를 이루도록 하려는 시도로부터 출발했다.

위에서 언급한 대로 공적인 성격이 강한 사회적 경제영역이나 복지영역에서 사회적협동조합이 장점을 발휘 할 수 있을 것이다.

그동안 사회적기업이나 자활공동체 등이 운영상 어렵거나 애초의 기대만큼 활성화되지 못한 것은, 협동조합이라는 법적 근거가 없어서가 아니고 정부의 지원이 없어서 그런 것도 아니다.

오히려 전문성 부족과 경영의 미숙, 그리고 각 분야에서 사업이 활성화되기 위한 시장이 형성되지 않았거나, 사회적기업이 일반기업 등 기존의 영리법인들과의 시장경쟁에서 경쟁력이 떨어졌기 때문이라고 보는 것이 더 부합할 것이다.

2) 사회적기업의 새로운 방향 - 사회적협동조합

협동조합기본법이 시행됨에 따라 지금까지 주식회사 형태로 운영되던 사회적기업이 사회적협동조합으로 전환되는 경향을 보일 것으로 전망된다.

최근에는 취업지원이라는 측면이 강조되기는 하지만 사회적기업에 대한 논의 확산, 사회적기업육성법 제정 등 노동자협동조합과 관련된 사회적 토대가 점차 만들어지고 있다.

노동자협동조합은 아직 사회적 인지도가 낮은 상황이지만, 사회적기업과 연계되어 그 활동영역이 점차 확대되어갈 가능성은 높다. 노동자협동조합운동을 주도하는 활동가들도 대안기업, 사회적기업 등의 개념으로 접근하고 있기도 하다. 이는 우리나라의 고용여건이 갈수록 악화되고 있는 상황에서 사회서비스업이나 청소업, 재활용업 등 노동자협동조합이 민간기업에 비해 강점을 가지고 있는 영역이 점차 확대되고 있기 때문이다.

이처럼 사회적기업에 대한 법적 근거가 마련되고 공감대가 확대될 뿐만 아니라 다양한 연구·지원체계가 정비되어 가고 있지만, 노동자협동조합에 대한 제도적 장치는 아직 매우 미흡하다고 할 수 있다.

선진국의 경우 노동통합적 사회적기업은 복지정책과 노동시장정책에서 소외된, 그리고 매우 제한적이고 특정한 사회적 배제집단을 대상으로 하고 있다. 이에 비해 한국에서는 사회적기업이 광범위한 취약계층을 대상으로 하고 있다. 그 이유는 한국의 복지정책과 노동시장정책이 취약계층에 제대로 전달되지 못하기 때문이다. 이에 복지정책과 노동시장정책의 정비가 우선으로 필요하다.

사회적협동조합은 법규에서 규정한 다음 4가지 사업 중 1개 이상을 주요 사업으로 해야 한다.

① 지역사회 재생, 지역경제 활성화, 지역 주민의 권익·복리 증진 및 그 밖에 지역사회가 당면한 문제 해결에 기여하는 사업
② 취약계층에게 복지·의료·환경 등의 분야에서 사회서비스 또는 일자리를 제공하는 사업
③ 국가, 지방자치단체로부터 위탁받는 사업
④ 기타 공익증진에 이바지하는 사업

이와 같이 다양한 사회적협동조합이 가능하므로 자발적 경쟁력 강화를 위하여 영세상인 및 소상공인, 방문교사 및 택시기사 등 노동권의 사각지대에 있는 특수고용직 노동자, 청년 등의 초기 자본 동원이 어려운 사람들, 낙후지역 등의 주민이 스스로 사회안전망 구축과 지역개발 활성화를 위해 협동조합을 적극적으로 활용할 수 있다.

04 소비자분야 도입방안

1) 기존 생협의 상황

우리나라의 소비자 생활협동조합(생협)은 시민들이 자발적으로 만든 협동조합이라는 점이 주요 특징이다. 농협을 비롯한 대부분의 다른 협동조합은 조합원들의 필요에 의해서가 아니라 정부의 필요에 따라 만들어졌기 때문이다. 유럽에서 협동조합이 시작될 때에는 그 나라의 경제적 상황과 역사적 경험을 바탕으로 만들어졌다.

지금과 같은 국내산 친환경농산물을 중심으로 취급하는 소비자협동조합은 1980년대 중반 이후부터이다. 명칭도 소비조합 또는 소비자협동조합에서 소비자생활협동조합(약칭 '생협')으로 바뀌었다.

과거 생활협동조합의 주체는 주로 전업주부였지만, 현재 생협 운동의 새로운 주체는 시장경제와 상품경제로부터 소외된 계층의 사람들과 그로부터 스스로 부분적, 전체적으로 이탈한 사람들이다.

과거 생협의 영역은 의식적으로는 생활 전반이었지만, 실제로는 먹을거리의 소비영역에 머물러 있었다. 결국 우리나라의 생협은 가정주부를 중심으로 한 친환경 먹거리사업 위주였다고 할 수 있다.

2) 신개념 소비자협동조합

생활의 모든 영역에서 경제의 세계화로 인한 무한경쟁 속 생존의 위기에 직면한 지금, 소비자협동조합운동이 아직 구체화시키지 못한 새롭고 다양한 활동 소재, 즉 노동, 육아, 교육, 돌봄, 주택 등의 영역으로 확대·확산되어야 할 필요성에 직면해 있다.

생협은 공급자 시장중심의 경제와 정부주도의 경제 체제가 갖는 한계를 보완해 소비자인 조합원들이 공동으로 재화와 용역을 구매하거나 생산·판매·제공한다. 따라서 협동조합은 투자자가 아니라 소비자(이용자)가 소유하게 되는 만큼 소비자의 이익을 최대한 배려할 수 있어야 한다.[19] 또한, 기존의 친환경 먹거리 중심의 소비자협동조합에서 벗어나 2·3차 산업의 유통 및 금융·의료서비스 등을 주요 사업 활동 영역으로 확대하는 소비생활 실천운동을 새롭게 전개되어야 할 것이다.

따라서 위에서 언급한 바와 같은 비전과 당위성을 감안할 때 상부상조의 정신으로 조합원의 소비생활 향상과 소비자 권익을 증진한다는 '비전과 목표'를 구현할 필요성이 절실하다.

새로운 소비자생활협동조합은 다음과 같이 다섯 가지 관점에서 기존 생협과 차별화될 수 있도록 추진되어야 한다.[20]

---

19 유럽과 일본에서는 상당히 활성화된 협동조합 조직형태로 유명한 스페인의 몬드라곤·FC바르셀로나 구단 등과 같이 한국소비자생활협동조합연합회(한소연)도 우리나라에서 소비자조합그룹으로 성장해 한국의 '몬드라곤'으로 발전할 원대한 비전을 가지고 있다.

20 자료: 금융소비자연맹, 뉴스와이어(www.newswire.co.kr) 배포(2012. 2. 21.)
(한국소비자생활협동조합연합회(한소연)은 법률 제10173호 '소비자생활협동조합법'에 의해 상부상조의 정신을 바탕으로 소비자들이 자주, 자립, 자치적인 소비활동을 촉진하기 위해 공정거래위원회 인가(제6호 2012. 1. 4.)에 의해 설립되어 조합원이 함께 소유하고 경영에 모두가 참여하는 비영리 소비자 단체임.)

첫째, 금융소비 혁신사업으로

우량 금융상품 공동구매 실시, 소액주주권익확보를 위한 공동투자 클럽운영, 상호부조, 사업 자금지원 추진

둘째, 의료 소외계층 복지지원 사업으로

저소득층, 독거노인 등 의료혜택 소외계층 의료복지 지원, 아토피 예방 등 조합원 삶의 질 향상(Well Being) 추구

셋째, 우량 중소기업 활성화 지원 사업으로

'중소기업 살리기 운동'에 적극 동참, 품질이 좋고 가격이 싼 우량 제품을 조합원 공동구매로 공급, 상품 판로가 취약한 농어촌 생산자를 지원하여 특산물 직거래, 조합원 전용 쇼핑몰운영 활성화 사업을 전개[21]

넷째, 일거리·일자리 창출사업으로

조합원의 사업아이디어를 제안받아 심사·채택하고, 채택된 사업에 대해서 필요한 자금, 사무실, 매장, 인력 등을 지원하여 사업화를 지원, 사업제안자는 경영 또는 관리에 직접 참여

다섯째, 친환경 살리기 사업으로

유기농, 친환경 상품 공급 활성화, 친환경 농어촌 및 현장 어린이 체험학습 프로그램 운영, 친환경 전문 인력 교육·양성·취업 지원

---

21 한국소비자생활협동조합연합회(한소연)은 출범기념 이벤트로 국내 우량 중소기업을 지원하기 위해 국내산 32인치 LED TV를 조합원 공동구매로 기존 최저가보다 20% 떨어트린 399,000원에 공급하여 국내 최저가를 경신하는 기록을 세우기도 하였다.

05 협동조합 성공도입 및 활성화 포인트

각 영역에서 협동조합이 성공적으로 도입되고 안착되기 위해서는 조합원, 정부, 지자체, 지원기관 등 관련되는 이해관계자의 적극적인 지원과 함께 조합원과 주체들의 적극적인 노력이 필요할 것이다.

도입 시 유의해야 할 포인트는 다음과 같다.

(1) 조합원들의 자발적인 노력과 전략적 조합모델 구축

협동조합 활성화를 위한 주체는 어디까지나 조합원이다. 따라서 협동조합의 경우에도 성공적인 조합결성 및 활성화를 위한 조직역량 강화의 대안으로 협동조합을 선택하고, 이를 적극적이고 전략적으로 활용해야 할 것이다.

협동조합 설립은 각 전통시장, 농업, 사회적기업 영역 등이 안고 있는 여건을 고려하여 조합사업의 강점을 극대화하고 약점을 극복하기 위한 대안으로 협동조합 설립유형을 결정하고, 해당 협동조합이 실질적인 성과를 창출할 수 있도록 참여하고, 조합원들끼리 인식의 공유, 혁신과 도전하고자 하는 의지, 설립 후 목표와 비전 등이 공유되어야 할 것이다. 또한, 설립과정에서는 체계적인 내부경영시스템과 사업모델의 개발 등에 만전을 기해야 할 것이다.

(2) 전문성과 열정을 보유한 리더의 존재

어떤 조직이든지 조직을 이끌고 가는 리더의 중요성을 부인할 수 없을 것이다. 협동조합의 경우에도 참여하는 조합원들을 단결시키고 공동의 목표를 향하여 한 목소리를 낼 수 있게 하는 원동력은 뛰어난 리더의 리더십과 비전 제시능력이 될 것이다.

또한 해당 사업에 대한 전문성과 사업모델 개발 역량, 전략적 마케팅 역량, 조직관리 역량 등 리더의 전문성이 협동조합의 성과를 좌우할 수 있을 것이다.

(3) 자체사업 수행을 위한 자본금의 확보

초기 협동조합 출발 및 조기 사업모델 개발 및 안착을 위해서는 일정규모 이상의 자본금이 필요하다. 이를 조달할 수 있는 대안은 조합원의 출자금이 된다. 따라서 협동조합의 안정적인 출발과 사업 추진을 위해서는 일정수준 이상의 안정적인 자본금을 조합원들로부터 조달하여야 한다.

협동조합을 전통시장 등 사회 취약영역에 도입하고자 하는 이유는 구성원들이 결집된 역량을 발휘할 수 있도록 자본을 출자하고 공동구매, 공동마케팅 등을 수행하여 민간영역 등과의 경쟁역량을 확보하는 데 있다. 초기 자본금을 조달하지 못하면 실질적인 공동사업을 추진하기 어려워 당초 협동조합 설립 취지를 살리기 어려운 것이 현실이다.

(4) 조기 수익모델의 확보를 통한 안정적인 현금흐름 확보

기존 전통시장 상인회, 사회적기업 등의 가장 큰 문제는 독자적인 수익모델을 확보하지 못해 자체적으로 사업을 수행할 수 있는 재원이 조달되지 못한다는 점이다. 이처럼 협동조합의 지속가능한 기업

으로서의 성패는 안정적인 현금흐름을 유지하는 데 있으므로, 조기 수익모델 확보를 위한 전략적 프로그램이 존재해야 할 것이다.

(5) 지역사회에 기반한 관계 구축

협동조합은 하나의 공동체로 지역사회와 분리하기 어려운 속성을 가진다. 따라서 이를 의무로 받아들이기보다는 전략적으로 지역사회와의 커뮤니티 형성, 지역사회와의 공동운명체로 접근하여 실질적인 관계를 구축하는 노력을 해야 할 것이다.

(6) 새로운 사업모델의 개발과 마케팅역량의 제고

전통시장, 사회적기업, 농업 등에 협동조합을 접목하여 경쟁역량을 강화하고자 하는 이유는 조직역량 제고를 통하여 민간 영리기업과의 경쟁역량을 강화하고자 하는 데 있다. 따라서 구성원과 리더의 전략적 사고와 마케팅역량을 제고하여 실질적인 성과를 창출하는 데 도움이 되어야 할 것이다.

참고문헌

- 기획재정부, 「협동조합 업무지침」, 2012.
- 기획재정부, 「아름다운 협동조합 만들기」, 2013.
- 기획재정부, 「협동조합법 주요내용 및 후속과제」, 2012.
- 기획재정부, 「협동조합기본법 시행령 및 시행규칙」, 2012.
- 김현대, 하종란, 차형석, 『협동조합, 참 좋다』, 푸른지식, 2012.
- 스테파노 자마니, 베라 자마니(2012), 송성호·김현대 역,『협동조합으로 기업하라』, 한국협동조합연구소.
- 김기섭, 『깨어나라! 협동조합』, 도서출판 들녘, 2012.
- 김종한 외 5인 공저(2011),『협동조합을 통한 일자리창출』, 경성대 산업개발연구소.
- 법제처, 국가법령정보센터 홈페이지(http://www.law.go.kr)
- 서울우유협동조합 홈페이지
- 세계협동조합의 해, 「협동조합기본법 제정기념 토론회 자료집」, 2012. 3.
- 시장경영진흥원, 「지역상권 활성화를 위한 상권관리조직 운영방안」, 2005.
- 시장경영진흥원, 「지역상권 개발을 위한 재원조달방안」, 2008.
- 시장경영진흥원, 「공익기능을 활용한 전통시장 활성화 방안 연구」, 2010.
- 시장경영진흥원, 「전통시장 협동조합도입방안 연구」, 2012.
- 이상옥, 「한국재래시장의 변천과 유통근대화에 관한 연구」, 단국대학교 박사학위 논문, 1994.

참고문헌

- 장세룡·류지석, 「스페인 몬드라곤 협동조합 복합체의 로컬리티와 글러컬리티」, 역사학연구 제39집, 2012.
- 전성군, 「최신 협동조합론」, 한국학술정보㈜, 2008.
- 조완형, 「생활협동운동과 생활협동조합활동」, 모시와살림포럼 발표문, 2010.
- 중소기업연구원, 「협동조합 해외 선진사례 및 도입방안 연구」, 2009.
- 중소기업협동조합중앙회, 『협동조합운영실무』, 2003.
- 중소기업협동조합중앙회, 『협동조합성공사례집 – 함께 뛰면 위기가 희망이 된다』, 2007.
- 중소기업협동조합중앙회, 『중소기업협동조합 설립 안내』, 2008.
- 중소기업협동조합중앙회, 『협동조합지원사업 안내』, 2011.
- 중소기업협동조합중앙회 홈페이지(http://johap.kbiz.or.kr)
- 존스턴 버챌(2011), 장승권 외 6인 공역, 『사람중심 비즈니스』, 한울.
- 전북발전연구원, 「협동조합을 통한 사회적경제의 준비와 실천」, 2012.
- 충남발전연구원, 「충남 사회적경제 정책과 협동조합」, 2012.
- 한국협동조합연구소 홈페이지(www.coops.or.kr)
- Co-operatives UK, "The UK co-operative economy: A review of co-operative enterprise 2010", 2010.

부록

일반협동조합 표준정관례
사회적협동조합 표준정관계
협동조합기본법
협동조합기본법 시행령
협동조합기본법 시행규칙

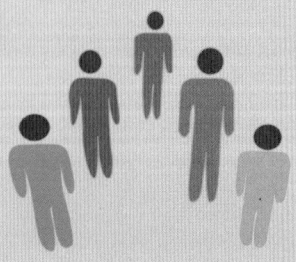

I. 일반협동조합 표준정관례

■는 선택기재 조항, 나머지는 필수기재 조항

제1조(설립과 명칭) 이 조합은 협동조합기본법에 의하여 설립하며, ○○협동조합이라 한다.
제2조(목적) ○○협동조합(이하 '조합'이라 한다)은 자주적·자립적·자치적인 협동조합 활동을 통하여 구성원의 복리증진과 상부상조 및 국민경제의 균형 있는 발전에 기여함을 목적으로 한다.

〈소비자협동조합 정관례〉 제2조를 다음과 같이 규정한다.
제2조(목적) ○○협동조합(이하 '조합'이라 한다)은 자주적·자립적·자치적인 협동조합 활동을 통하여 구성원의 복리증진과 상부상조 및 국민경제의 균형 있는 발전에 기여하기 위하여 조합원이 필요로 하는 물품을 공동으로 구매하거나 조합이 공동으로 구성한 서비스를 공동으로 이용하는 것을 목적으로 한다.
  [비고] '산악장비', '육아 용품' 등 조합이 공동으로 구매하는 물품을 구체적으로 명시하거나 '주택임대', '공동육아' 등 조합이 공동으로 구성한 서비스를 구체적으로 명시할 수도 있다.

〈사업자협동조합 정관례〉 제2조를 다음과 같이 규정한다.
제2조(목적) ○○협동조합(이하 '조합'이라 한다)은 자주적·자립적·자치적인 협동조합 활동을 통하여 구성원의 복리증진과 상부상조 및 국민경제의 균형 있는 발전에 기여하기 위하여 ○○○업(혹은 ○○지역의 ○○업, ○○시장 등 조합원 구성에 적합한 문구를 적시)의 건전한 발전을 목적으로 한다.

〈직원협동조합 정관례〉 제2조를 다음과 같이 규정한다.
제2조(목적) ○○협동조합(이하 '조합'이라 한다)은 자주적·자립적·자치적인 협동조합 활동을 통하여 구성원의 복리증진과 상부상조 및 국민경제의 균형 있는 발전에 기여하기 위하여 직원이 함께 조합을 소유하고 관리하며, 안정적인 일자리를 늘려나가는 것을 목적으로 한다.
  [비고] 조합원의 3분의 2 이상이 직원이고, 조합원인 직원이 전체 직원의 3분의 2 이상인 협동조합을 직원협동조합이라고 함

〈다중이해관계자협동조합 정관례〉 제2조를 다음과 같이 규정한다.
제2조(목적) ○○협동조합(이하 '조합'이라 한다)은 자주적·자립적·자치적인 협동조합 활동을 통하여 구성원의 복리증진과 상부상조 및 국민경제의 균형 있는 발전에 기여하기 위하여 둘 이상 유형의 조합원들이 모여 조합원의 경영 개선 및 생활 향상을 목적으로 한다.
제3조(조합의 책무) ① 조합은 조합원 등의 권익 증진을 위하여 교육·훈련 및 정보 제공 등의 활동을 적극적으로 수행한다.
② 조합은 다른 협동조합, 다른 법률에 따른 협동조합, 외국의 협동조합 및 관련 국제기구 등과의 상호 협력, 이해 증진 및 공동사업 개발 등을 위하여 노력한다.
제4조(사무소의 소재지) 조합의 주된 사무소는 ○○시·도 ○○시·군·구 ○○읍·면·동 ○○리에 두며, 규정에 따라 필요한 곳에 지사무소를 둘 수 있다.

제5조(공고방법) ① 조합의 공고는 주된 사무소의 게시판(지사무소의 게시판을 포함한다)에 게시하고, 필요하다고 인정하는 때에는 ㅇㅇ특별시·광역시·특별자치시·도·특별자치도에서 발간되는 일간신문 및 중앙일간지에 게재할 수 있다.
② 제1항의 공고기간은 7일 이상으로 하며, 조합원의 이해에 중대한 영향을 미칠 수 있는 내용에 대하여는 공고와 함께 서면으로 조합원에게 통지하여야 한다.
(■)제6조(통지 및 최고방법) 조합원에 대한 통지 및 최고는 조합원명부에 기재된 주소지로 하고, 통지 및 최고기간은 7일 이상으로 한다. 다만, 조합원이 따로 연락받을 연락처를 지정하였을 때에는 그곳으로 한다.
제7조(공직 선거 관여 금지) ① 조합은 공직 선거에 있어서 특정 정당을 지지·반대하거나 특정인을 당선되도록 하거나 당선되지 아니하도록 하는 일체의 행위를 하여서는 아니 된다.
② 누구든지 조합을 이용하여 제1항에 따른 행위를 하여서는 아니 된다.
제8조(규약 또는 규정) 조합의 운영 및 사업 실시에 관하여 필요한 사항으로서 이 정관으로 정한 것을 제외하고는 규약 또는 규정으로 정할 수 있다.
제9조(조합원의 자격) 조합의 설립목적에 동의하고 조합원으로서의 의무를 다하고자 하는 자는 조합원이 될 수 있다.

〈직원협동조합 정관례〉 제9조를 다음과 같이 규정한다.
제9조(조합원의 자격) 조합의 설립목적에 동의하고 조합원으로서의 의무를 다하고자 하는 자는 조합원이 될 수 있다. 다만, 이 조합의 직원은 ㅇ개월 이상 계속 근무할 경우 조합원이 될 수 있다.
[비고] 직원의 조합원 가입은 이 조합에 정규 직원으로 채용되는 것을 의미하므로 수습기간이 필요함

〈다중이해관계자협동조합 정관례〉 제9조를 다음과 같이 규정한다.
제9조(조합원의 자격 및 유형) ① 조합의 설립목적에 동의하고 조합원으로서의 의무를 다하고자 하는 자는 조합원이 될 수 있다.
② 조합원의 유형은 다음 각 호와 같다.
  1. 생산자조합원: 조합의 생산활동 등에 함께 참여하는 자
  2. 소비자조합원: 조합의 재화나 서비스를 이용하는 자
  3. 직원조합원: 조합에 고용된 자
  4. 자원봉사자조합원: 조합에 무상으로 필요한 서비스 등을 제공하는 자
  5. 후원자조합원: 조합에 필요한 물품 등을 기부하거나 자금 등을 후원하는 자
  [비고] 다중이해관계자협동조합은 위 5가지 중 2 이상의 다양한 유형의 조합원으로 구성되어야 한다.

제10조(조합원의 가입) ① 조합원의 자격을 가진 자가 조합에 가입하고자 할 때에는 가입신청서를 제출하여야 한다.
② 조합은 제1항에 따른 신청서가 접수되면 신청인의 자격을 확인하고 가입의 가부를 결정하여 신청서를 접수한 날부터 2주 이내에 신청인에게 서면 또는 전화 등의 방법으로 통지하여야 한다.
③ 제2항의 규정에 따라 가입의 통지를 받은 자는 조합에 가입할 자격을 가지며 납입하기로 한 출자좌수에 대한 금액 중 제1회의 금액을 지정한 기일 내에 조합에 납부함으로써 조합원이 된다.
④ 조합은 정당한 사유없이 조합원의 자격을 갖추고 있는 자에 대하여 가입을 거절하거나 가입에 관하여 다른 조합원보다 불리한 조건을 붙일 수 없다.
  [비고] 협동조합의 설립 목적 및 특성에 부합되는 자로 조합원의 자격을 정관으로 제한할 수 있다.
(■)제11조(조합원의 고지의무) 조합원은 제10조 제1항에 따라 제출한 가입신청서의 기재사항에 변경이 있을 때

또는 조합원으로서의 자격을 상실하였을 때에는 지체없이 조합에 이를 고지하여야 한다.
제12조(조합원의 책임) 조합원의 책임은 납입한 출자액을 한도로 한다.
제13조(탈퇴) ① 조합원은 예고하고 조합을 탈퇴할 수 있다.
② 조합원은 다음 각 호의 어느 하나에 해당하는 때에는 당연히 탈퇴된다.
　1. 조합원 지위의 양도 등 조합원으로서의 자격을 상실한 경우
　2. 사망한 경우
　3. 파산한 경우
　4. 금치산선고를 받은 경우
　5. 조합원인 법인이 해산한 경우
　[비고] 그 밖에 필요에 따라 제13조 제2항의 사유를 정관에 정할 수 있다.
제14조(제명) ① 조합은 조합원이 다음 각 호의 어느 하나에 해당하면 총회의 의결을 얻어 제명할 수 있다.
　1. ○년 이상 계속해서 조합의 시설 또는 사업을 이용하지 아니한 경우
　2. 출자금 및 경비의 납입 등 조합에 대한 의무를 이행하지 아니한 경우
　3. 조합의 목적사업과 관련된 법령·행정처분·정관 및 규정을 위반한 경우
　4. 고의 또는 중대한 과실로 조합의 사업을 방해하거나 신용을 상실하게 하는 행위를 한 경우

〈직원협동조합 정관례〉 다음과 같이 제14조 제1항 제5호를 추가한다.
　5. ○년 이상 계속해서 조합의 활동에 참여하지 아니한 경우
　[비고] 조합의 성질을 고려하여 그 밖에 제명 사유를 추가하여 정할 수 있다.

② 조합은 제1항에 따라 조합원을 제명하고자 할 때에는 총회 개최 10일 전에 그 조합원에게 제명의 사유를 알리고 총회에서 의견을 진술할 기회를 주어야 한다.
③ 제2항에 따른 의견진술의 기회를 주지 아니하고 행한 총회의 제명 의결은 해당 조합원에게 효력이 없다.
④ 조합은 제명결의가 있었을 때에 제명된 조합원에게 제명이유를 서면으로 통지하여야 한다.
제15조(탈퇴·제명조합원의 지분환급청구권) ① 조합을 탈퇴하거나 조합으로부터 제명된 조합원은 다음 각 호의 정하는 바에 따라 지분의 환급을 청구할 수 있다.
　1. 제13조의 규정에 의한 탈퇴의 경우에는 탈퇴조합원의 출자금에 해당하는 금액
　2. 제14조 제1항의 1호 및 2호의 규정에 의한 제명의 경우에는 제명조합원의 출자금에 해당하는 금액
② 제1항의 지분은 제명 또는 탈퇴한 회계연도 말의 조합의 자산과 부채에 따라 정한다.
③ 조합은 탈퇴 조합원이 조합에 대한 채무를 다 갚을 때까지는 제1항에 따른 지분의 환급을 정지할 수 있다.
④ 조합은 탈퇴하거나 제명된 조합원이 조합에 대하여 채무가 있을 때에는 제1항에 따른 환급금과 상계할 수 있다.
⑤ 제1항에 따른 청구권은 탈퇴하거나 제명된 날부터 2년간 행사하지 아니하면 소멸된다.
⑥ 제1항에 따른 청구권은 탈퇴하거나 제명된 당시의 회계연도의 다음 회계연도부터 청구할 수 있다. 다만, 이사회의 승인이 있을 경우 탈퇴 또는 제명 당시에 바로 지급할 수 있다.
제16조(탈퇴조합원의 손실액 부담) ① 탈퇴한 조합원의 지분 환급분을 계산할 때 이 조합의 재산으로 그 채무를 다 갚을 수 없는 경우에는 탈퇴한 조합원은 납입의무를 이행하지 아니한 출자액의 범위에서 그가 부담하여야 할 손실액을 납입한다.
② 제1항에 따른 손실액의 납입 청구에 관하여는 제15조제5항을 준용한다.
제17조(출자) ① 조합원은 1좌 이상의 출자를 하여야 하며 출자 1좌의 금액은 ○○○원으로 한다.
② 한 조합원의 출자좌수는 총 출자좌수의 100분의 30을 넘어서는 아니 된다.

[비고] 100분의 30의 범위 안에서 정관으로 정할 수 있다.
③ 출자금은 일시에 납입한다. 다만, 불가피할 경우에는 2회로 나누어 납입할 수 있다.
④ 제3항 단서의 경우 출자 제1회의 납입금액은 출자금액의 2분의 1로 하고, 제2회 납입일자는 제1회 출자납입일로부터 6개월 이내로 한다.
⑤ 조합에 납입할 출자금은 조합에 대한 채권과 상계하지 못한다.
⑥ 출자는 현물로도 할 수 있고, 현물출자의 경우 규약이 정하는 바에 따라 출자액을 계산한다. 이 경우 현물출자자는 출자의 납입기일에 출자의 목적인 재산의 전부를 조합 또는 조합에서 지정한 장소에 납입하여야 한다.

(■)제18조(출자증서 등의 교부) ① 조합의 이사장은 조합원이 제17조의 규정에 의하여 최초 출자금을 납입한 때 및 조합원이 요구할 때에는 다음 각 호의 사항을 적은 출자증서 또는 출자를 확인할 수 있는 증표에 기명날인하여 조합원에게 발급하여야 한다.

1. 조합의 명칭
2. 조합원의 성명 또는 명칭
3. 조합 가입 연월일
4. 출자금의 납입 연월일
5. 출자금액 또는 출자좌수
6. 발행 연월일

② 조합의 이사장은 매년 정기총회 7일 전까지 조합원의 출자금액 변동상황을 조합원에게 알려주어야 한다. 이 경우 우편, 전자메일, 팩시밀리, 휴대폰 문자 등을 이용하여 통지할 수 있다.

제19조(지분 등의 양도와 취득금지) ① 조합원 지위의 양도 또는 조합원 지분의 양도는 총회의 의결을 받아야 한다.
② 조합원이 아닌 자가 지분을 양수하려고 할 때에는 가입의 예에 따른다.
③ 지분의 양수인은 그 지분에 관하여 양도인의 권리의무를 승계한다.
④ 조합원은 지분을 공유하지 못한다.
⑤ 조합은 조합원의 출자지분을 취득하거나 이를 질권의 목적으로 하여서는 아니 된다.

(■)제20조(경비의 부과 및 징수) ① 조합은 조합의 사업 및 그 사업에 부대하는 사업에 필요한 경비를 충당하기 위하여 조합원에게 경비를 부과 및 징수할 수 있다.
[비고] 조합이 경비를 징수하는 경우에는 그 명목을 구체적으로 명시하여야 한다.
② 제1항에 따른 경비의 부과금액, 부과방법, 징수시기와 징수방법은 이사회에서 정한다.
[비고] 서비스를 이용하는 소비자협동조합의 경우에는 경비가 조합원의 조합 이용에 있어 중요한 사항이므로 '경비의 부과금액, 부과방법, 징수시기와 징수방법을 규약으로 정하고, 회계연도 중 시급한 조정이 필요한 경우에는 이사회에서 조정 후 임시총회를 소집하여 사후 추인을 받아야 한다'고 규정할 필요 있음
③ 조합원은 제1항에 따른 경비를 납입할 때 조합에 대한 채권과 상계할 수 없다.
④ 제2항의 부과금에 있어서 조합원에 대한 부과금액의 산정기준 사항에 변경이 있어도 이미 부과한 금액은 변경하지 못한다.

(■)제21조(사용료 및 수수료) ① 이 조합은 조합의 사업을 이용하는 자에 대하여 사용료나 수수료를 부과할 수 있다.
② 이 조합이 계약을 체결함에 있어 계약당사자의 위임에 따라 운송·보관 그 밖의 행위를 대행하는 경우에는 이 조합은 그 대행에 필요한 부대비를 징수한다.
③ 제1항에 따른 조합원의 사용료나 수수료 납입을 조합에 대한 채권과 상계할 수 없다.
④ 제1항의 부과에 관한 사항은 규약으로 정한다.

(■)제22조(과태금) ① 조합은 조합원이 출자금 또는 경비 등의 납입의무를 그 기한까지 이행하지 아니하는 경

우에는 과태금을 징수할 수 있다.
  [비고] 조합이 징수할 수 있는 과태금의 명목을 구체적으로 명시하여야 한다.
② 조합원은 제1항에 따른 과태금을 조합에 대한 채권과 상계할 수 없다.
③ 과태금의 금액 및 징수방법은 규약으로 정한다.
제23조(총회) ① 조합은 총회를 둔다.
② 총회는 정기총회와 임시총회로 구분한다.
③ 총회는 이사장과 조합원으로 구성하며, 이사장이 그 의장이 된다.
제24조(대의원총회) ① 조합원의 수가 200인을 초과하는 경우 총회에 갈음할 대의원 총회를 둘 수 있다.
② 대의원은 조합원 중에서 선출한다.

〈다중이해관계자협동조합 정관례〉 제24조 제2항을 다음과 같이 규정한다.
② 대의원은 조합원 중에서 제9조 제2항의 조합원 유형에 따라 각각 선출한다. 다만, 선출할 대의원 수는 이사회에서 정한다.
  [비고] 대의원은 조합원 유형에 따라 2 이상의 유형으로 구성하여야 한다.
③ 대의원의 의결권 및 선거권은 대리인으로 하여금 행사하게 할 수 없다.
④ 대의원의 정수는 ○○명 이상으로 하며 임기는 ○년으로 한다.
  [비고] 대의원의 정수는 50명 이상으로 하며, 임기는 4년 이내로 하여야 한다.
⑤ 결원으로 인하여 선출된 대의원의 임기는 전임자 임기의 남은 기간으로 한다.
⑥ 대의원은 조합원의 선거를 통하여 선출하며, 선거방법에 관한 사항은 선거관리규약으로 정한다.
⑦ 대의원총회에 관하여는 총회에 관한 사항을 준용하며, 이 경우 "조합원"은 "대의원"으로 본다.
⑧ 대의원총회는 조합의 합병, 분할 및 해산에 관한 사항은 의결할 수 없다.
(■)제25조(대의원의 의무 및 자격상실) ① 대의원은 성실히 대의원총회에 출석하고, 그 의결에 참여하여야 한다.
② 대의원총회는 대의원이 다음 각 호의 어느 하나에 해당하는 행위를 할 때에는 그 의결로 대의원자격을 상실하게 할 수 있다. 이 경우 해당 대의원에게 서면으로 자격상실 이유를 의결일 7일 전까지 통지하고, 총회 또는 대의원총회에서 의견을 진술할 기회를 주어야 한다.
  1. 대의원총회 소집통지서를 받고 정당한 사유 없이 계속하여 3회 이상 출석하지 아니하거나 대의원총회에 출석하여 같은 안건에 대한 의결에 2회 이상 참가하지 아니한 경우
  2. 부정한 방법으로 대의원총회의 의사를 방해한 경우
  3. 고의 또는 중대한 과실로 이 조합의 명예 또는 신용을 훼손시킨 경우
제26조(선거운동의 제한) ① 누구든지 자기 또는 특정인을 조합의 임원 또는 대의원으로 당선되도록 하거나 당선되지 아니하도록 할 목적으로 다음 각 호의 어느 하나에 해당하는 행위를 할 수 없다.
  1. 조합원(협동조합에 가입신청을 한 자를 포함한다. 이하 이 조에서 같다)이나 그 가족 또는 조합원이나 그 가족이 설립·운영하고 있는 기관·단체·시설에 대한 다음 각 목의 어느 하나에 해당하는 행위
    가. 금전·물품·향응이나 그 밖의 재산상의 이익을 제공하는 행위
    나. 공사의 직을 제공하는 행위
    다. 금전·물품·향응, 그 밖의 재산상의 이익이나 공사의 직을 제공하겠다는 의사표시 또는 그 제공을 약속하는 행위
  2. 후보자가 되지 못하도록 하거나 후보자를 사퇴하게 할 목적으로 후보자가 되려는 사람이나 후보자에게 제1호 각 목에 규정된 행위를 하는 행위
  3. 제1호 또는 제2호의 이익이나 직을 제공받거나 그 제공의 의사표시를 승낙하는 행위 또는 그 제공을 요구하거나 알선하는 행위

② 임원 또는 대의원이 되려는 사람은 후보자등록마감일의 다음 날부터 선거일 전일까지의 선거운동기간을 제외하고는 선거운동을 위하여 조합원을 호별로 방문하거나 특정 장소에 모이게 할 수 없다.
③ 누구든지 협동조합의 임원 또는 대의원 선거와 관련하여 연설·벽보, 그 밖의 방법으로 거짓의 사실을 공표하거나 공연히 사실을 적시하여 후보자를 비방할 수 없다.
④ 누구든지 임원 또는 대의원 선거와 관련하여 다음 각 호의 방법 이외의 선거운동을 할 수 없다.
　1. 선전 벽보의 부착
　2. 선거 공보의 배부
　3. 소형 인쇄물의 배부
　4. 합동 연설회 또는 공개 토론회의 개최
　5. 전화·컴퓨터통신을 이용한 지지 호소

제27조(선거관리위원회의 구성·운영) ① 조합의 임원 및 대의원 선거사무를 공정하게 관리하기 위하여 본 조합에 선거관리위원회(이하 "위원회"라 한다)를 둘 수 있다.
② 위원회는 조합원(대의원을 포함한다) 중에서 이사회의 의결을 거쳐 이사장이 위촉하는 ㅇ명 이내의 위원으로 구성한다. 이 경우 당해 선거에 임원으로 후보등록한 자는 위원이 될 수 없다.
③ 위원회는 다음 각 호의 사무를 관장한다.
　1. 후보자의 자격심사
　2. 선거인 명부의 확정
　3. 후보자 추천의 유·무효 판정
　4. 선거공보의 작성과 선거운동방법 결정 및 계도
　5. 선거관리, 투표관리 및 개표관리
　6. 투표의 유·무효의 이의에 대한 판정
　7. 선거 관련 분쟁의 조정
　8. 선거운동 제한규정 위반 여부 심사 및 조치
　9. 당선인의 확정
　10. 그 밖에 선거에 필요한 사항
④ 그 밖에 위원회의 구성·운영 등에 관하여 필요한 사항은 선거관리규약으로 정한다.

제28조(정기총회) 정기총회는 매년 1회 회계연도 종료 후 3개월 이내에 이사장이 소집한다.

제29조(임시총회) ① 임시총회는 다음 각 호의 어느 하나에 해당하는 경우에 이사장이 소집한다.
　1. 이사장 및 이사회가 필요하다고 인정할 때
　2. 조합원이 조합원 5분의 1 이상의 동의를 받아 소집의 목적과 이유를 적은 서면을 제출하여 이사장에게 소집을 청구한 때
　[비고] 직원 협동조합의 경우 조합의 원활한 운영을 위해 조합원의 동의 비율을 3분의 1 이상 등으로 조정할 수 있다.
　3. 감사가 조합의 재산상황이나 업무집행에 부정한 사실이 있는 것을 발견하고 그 내용을 총회에 신속히 보고할 필요가 있다고 인정하여 이사장에게 소집을 청구한 때
② 이사장은 제1항 제2호(제48조 규정에 따른 해임 요구를 포함한다) 및 제3호의 청구를 받으면 정당한 사유가 없는 한 2주 이내에 소집절차를 밟아야 한다.
③ 제1항 제2호 및 제3호의 규정에 의하여 총회의 소집을 청구하였으나 총회를 소집할 자가 없거나 그 청구가 있은 날부터 2주 이내에 이사장이 총회의 소집절차를 밟지 아니한 때에는 감사가 7일 이내에 소집절차를 밟아야 한다. 이 경우 감사가 의장의 직무를 수행한다.
④ 감사가 제3항의 기한 이내에 총회의 소집절차를 밟지 아니하거나 소집할 수 없는 경우에는 제1항 제2호의

규정에 의하여 총회의 소집을 청구한 조합원의 대표가 이를 소집한다. 이 경우 조합원의 대표가 의장의 직무를 수행한다.

제30조(총회의 소집절차) ① 이사장은 총회 개최 7일 전까지 회의목적·안건·일시 및 장소를 정하여 우편 또는 전자메일 등으로 각 조합원에게 통지하여야 한다.

② 이사장이 궐위 또는 부득이한 사유로 총회를 소집할 수 없는 때에는 제50조에서 정하고 있는 순으로 이를 소집한다.

제31조(총회의 의결사항) 다음 각 호의 사항은 총회의 의결을 얻어야 한다.
　1. 정관의 변경
　2. 규약의 제정과 변경 또는 폐지
　3. 임원의 선출과 해임
　4. 사업계획 및 예산의 승인
　5. 대차대조표, 수지계산서, 결산보고서의 승인과 잉여금의 처분 및 손실금의 처리
　6. 감사보고서의 승인
　7. 조합의 합병·분할·해산 또는 휴업
　8. 조합원의 제명
　9. 그 밖에 이사장 또는 이사회가 필요하다고 인정하는 사항
[비고] 조합은 법령에 반하지 않는 범위에서 총회의결사항을 추가적으로 규정할 수 있다.

제32조(총회의 의사) ① 총회의 의사는 법령상 다른 규정이 있는 경우를 제외하고는 총 조합원 과반수의 출석으로 개회하고 출석조합원 과반수의 찬성으로 의결한다.

② 제1항의 규정에 의한 총회의 개의 정족수 미달로 총회가 유회된 때에는 이사장은 20일 이내에 다시 총회를 소집하여야 한다.

③ 총회는 제30조에 따라 미리 통지한 사항에 한하여 의결할 수 있다. 다만, 긴급을 요하여 총 조합원의 3분의 2 이상의 출석과 출석조합원 3분의 2 이상의 찬성이 있는 때에는 그러하지 아니하다.

④ 총회에서 조합과 조합원 간의 이익이 상반되는 사항에 대하여 의결을 행할 때에는 해당 조합원은 의결에 참가하지 못한다.

제33조(합병·분할 및 해산 등의 의결) 다음 각 호의 사항은 조합원 과반수의 출석과 출석조합원 3분의 2 이상의 찬성으로 의결한다.
　1. 정관의 변경
　2. 조합의 합병·분할·해산 또는 휴업
　3. 조합원의 제명

제34조(의결권 및 선거권) ① 조합원은 출자좌수에 관계없이 각각 1개의 의결권과 선거권을 갖는다.

② 조합원은 대리인으로 하여금 의결권 및 선거권을 행사하게 할 수 있다. 이 경우 그 조합원은 출석한 것으로 본다.

③ 제35조의 자격을 갖춘 대리인이 의결권 또는 선거권을 행사할 때에는 대리권을 증명하는 서면을 의결권 또는 선거권을 행사하기 전에 조합이 정하는 양식에 따라 미리 조합에 제출하여야 한다.

제35조(대리인이 될 자격) 전조 제2항에 따른 대리인은 다른 조합원 또는 본인과 동거하는 가족(조합원의 배우자, 조합원 또는 그 배우자의 직계 존속·비속과 형제자매, 조합원의 직계 존속·비속 및 형제자매의 배우자를 말한다. 이하 같다)이어야 하며, 대리인이 대리할 수 있는 조합원의 수는 1인에 한한다.

제36조(총회의 의사록) ① 총회의 의사에 관하여 의사록을 작성하여야 한다.

② 의사록에는 의사의 진행 상황과 그 결과를 적고 의장과 총회에서 선출한 조합원 3인 이상이 기명날인하거나 서명하여야 한다.

(■)제37조(총회의 운영규약) 정관에 규정하는 외에 총회의 운영에 관하여 필요한 사항은 총회운영규약으로 정한다.
(■)제38조(총회의 회기연장) ① 총회의 회기는 총회의 결의에 의하여 연장할 수 있다.
② 제1항의 규정에 의하여 속행된 총회는 제30조 제1항의 규정을 적용하지 아니한다.
제39조(이사회) ① 조합에 이사회를 두고, 이사회는 조합의 업무집행을 결정한다.
② 이사회는 이사로서 구성하고 이사장 1인 외 부이사장, 전무이사, 상무이사 등을 둘 수 있다.
[비고] 이사의 종류 및 명칭은 필요에 따라 달리 정할 수 있다.
③ 이사장은 이사회를 소집하고 그 의장이 된다.
④ 이사회의 소집은 회의일 7일 전까지 회의의 목적사항, 일시 및 장소를 기재한 서면을 각 이사에게 통지하여야 한다. 다만 긴급을 요하여 이사회 구성원 과반수의 동의가 있을 때에는 소집절차를 생략할 수 있다.
⑤ 이사 3분의 1 이상 또는 감사 전원이 회의목적 사항과 회의 소집이유를 기재한 서류를 제출하고 이사회의 소집을 요구할 수 있다.
⑥ 이사장은 제5항의 요구가 있는 때에는 7일 이내에 이사회를 소집하여야 한다.
제40조(이사회의 의결사항) ① 이사회는 다음 각 호의 사항을 의결한다.
  1. 조합의 재산 및 업무집행에 관한 사항
  2. 총회의 소집과 총회에 상정할 의안
  3. 규정, 규칙 등의 제정과 변경 및 폐지
  4. 사업계획 및 예산안 작성
  5. 간부 직원의 임면 승인
  6. 기본자산의 취득과 처분
  7. 그 밖에 조합의 운영에 중요한 사항
  8. 이사장이 부의하는 사항
  [비고] 협동조합기본법 제29조에 규정된 필요적 총회의결 사항은 이사회에 위임할 수 없다.
  [비고] 조합은 법령에 반하지 않는 범위에서 조합의 업무집행을 위하여 필요한 사항을 추가적으로 규정할 수 있다.
② 이사회는 제55조 각 호의 사업을 수행하기 위하여 필요한 위원회를 설치 운영할 수 있다.
③ 제2항의 위원회 구성 및 운영에 관하여는 별도 규약으로 정한다.
제41조(이사회의 의사) ① 이사회는 구성원 과반수의 출석으로 개회하고 출석이사 과반수의 찬성으로 의결한다.
② 이사장은 의결에 참가하지 아니하며, 가부동수일 때에는 결정권을 갖는다.
③ 이사의 개인 이익과 조합의 이익이 상반되는 사항이나 신분에 관련되는 사항에 관하여는 당해 이사는 이사회의 의결에 관여할 수 없다.
제42조(이사회의 의사록) 이사회의 의사에 관하여는 의사의 경과와 그 결과를 기재한 의사록을 작성하고 참석 이사 전원이 이에 기명날인하거나 서명하여야 한다.
제43조(임원의 정수) ① 조합의 임원으로 이사장 1명을 포함한 3명 이상 ○○명 이내의 이사와 1명 이상의 감사를 둔다.

〈다중이해관계자협동조합 정관례〉 제43조 제1항을 다음과 같이 규정한다.
① 조합의 임원으로 이사장 1명을 포함한 3명 이상 ○○명 이내의 이사와 1명 이상의 감사를 둔다. 다만, 이사는 다양한 이해관계자들로 구성하여야 한다.
② 제1항의 임원 중 이사회의 호선에 의해 상임 임원을 둘 수 있다.
제44조(임원의 선임) ① 이사 및 감사는 총회가 조합원 중에서 선출한다. 다만, 이사는 정수의 5분의 1의 범위

내에서, 감사는 2분의 1의 범위 내에서 이사회의 추천에 따라 조합원 외의 자를 선출할 수 있다.
② 이사장은 이사 중에서 총회에서 선출하고, 부이사장, 전무이사 및 상무이사 등은 이사회가 이사 중에서 호선한다.
[비고] 임원의 직책은 조합의 필요에 따라 달리 정할 수 있다.
③ 제1항, 제2항의 선거 방법, 절차 등에 관하여는 별도의 선거관리규약으로 정한다.
제45조(임원의 결격사유) ① 다음 각 호의 어느 하나에 해당하는 자는 이 조합의 임원이 될 수 없다.
　1. 금치산자
　2. 한정치산자
　3. 파산선고를 받고 복권되지 아니한 사람
　4. 금고 이상의 실형을 선고받고 그 집행이 끝나거나(집행이 끝난 것으로 보는 경우를 포함한다) 집행이 면제된 날부터 3년이 지나지 아니한 사람
　5. 금고 이상의 형의 집행유예를 선고받고 그 유예기간 중에 있거나 유예기간이 끝난 날부터 2년이 지나지 아니한 사람
　6. 금고 이상의 형의 선고유예를 받고 그 선고유예기간 중에 있는 사람
　7. 법원의 판결 또는 다른 법률에 따라 자격이 상실 또는 정지된 사람
② 제1항 각 호의 사유가 발생하면 해당 임원은 당연히 퇴직된다.
③ 제2항에 따라 퇴직된 임원이 퇴직 전에 관여한 행위는 그 효력을 상실하지 아니한다.
제46조(임원의 임기) ① 임원의 임기는 ○년으로 한다.
[비고] 임원의 임기는 4년의 범위 내에서 정관으로 정해야 한다.
② 임원은 연임할 수 있다. 다만, 이사장은 2차에 한하여 연임할 수 있다.
③ 결원으로 인하여 선출된 임원의 임기는 전임자의 임기종료일까지로 한다.
제47조(임원의 의무와 책임) ① 임원은 법령과 조합의 정관, 규약, 규정 및 총회와 이사회의 의결을 준수하고 조합을 위하여 성실히 그 직무를 수행하여야 한다.
② 임원이 법령 또는 정관을 위반하거나 그 임무를 게을리하여 조합에 손해를 가한 때에는 연대하여 그 손해를 배상하여야 한다.
③ 임원이 고의 또는 중대한 과실로 그 임무를 게을리하여 제3자에게 손해를 끼친 때에는 제3자에게 연대하여 그 손해를 배상하여야 한다.
④ 제2항 및 제3항의 행위가 이사회의 의결에 의한 것일 때에는 그 의결에 찬성한 이사도 제2항 및 제3항의 책임이 있다.
⑤ 제4항의 의결에 참가한 이사로서 명백한 반대의사를 표시하지 아니한 자는 그 의결에 찬성한 것으로 본다.
⑥ 제2항부터 제5항까지의 규정에 따른 구상권의 행사는 감사 및 이사에 대하여는 이사장이, 이사장에 대하여는 감사가, 전체 임원에 대하여는 조합원 5분의 1 이상의 동의를 받은 조합원 대표가 한다.
제48조(임원의 해임) ① 조합원은 조합원 5분의 1 이상의 동의로 총회에 임원의 해임을 요구할 수 있다. 이 경우 해임의 사유를 서면으로 조합에 제출하여야 한다.
② 조합은 제1항에 따른 서면 제출이 있을 때에는 총회 개최 10일 전에 해당 임원에게 해임 이유를 서면으로 통보하고, 총회에서 의견을 진술할 기회를 주어야 한다.
(■)제49조(임원의 보수 등) ① 임원에 대하여 규정이 정하는 바에 따라 여비 등 조합업무와 관련된 비용을 실비 범위 내에서 지급할 수 있다.
② 상임 임원에 대하여는 규정이 정하는 바에 따라 보수를 지급할 수 있다.
제50조(이사장 및 이사의 직무) ① 이사장은 이사회의 결정에 따라 조합의 업무를 집행하고 조합을 대표한다.
② 이사는 이사장을 보좌하며 조합의 업무를 집행한다.

③ 이사장이 사고가 있을 때에는 부이사장, 전무이사, 상무이사, 이사, 감사의 순으로 그 직무를 대행하고 해당자가 2인 이상일 경우에는 연장자순으로 한다.
④ 제3항의 경우와 이사장이 권한을 위임한 경우를 제외하고는 이사장이 아닌 이사는 조합을 대표할 수 없다.
제51조(감사의 직무) ① 감사는 연 ○회 이상 조합의 업무집행 상황, 재산상태, 장부 및 서류 등을 감사하여 총회에 보고하여야 한다. 반기별 감사보고서는 이사회에, 반기별 감사보고서를 종합한 종합감사보고서는 정기총회에 각각 제출하여야 한다.
② 감사는 예고 없이 조합의 장부나 서류를 대조 확인할 수 있다.
③ 감사는 이사장 및 이사가 법령·정관·규약·규정 또는 총회의 의결에 반하여 업무를 집행한 때에는 이사회에 그 시정을 요구하여야 한다.
④ 감사는 총회 또는 이사회에 출석하여 의견을 진술할 수 있다.
⑤ 제1항 및 제2항의 감사보고서 제출에 있어서 감사가 2인 이상인 경우 감사의 의견이 일치하지 아니할 경우에는 각각 의견을 제출할 수 있다.
제52조(감사의 대표권) 조합이 이사장을 포함한 이사와 소송, 계약 등의 법률행위를 하는 때에는 감사가 조합을 대표한다.
제53조(임직원의 겸직금지) ① 이사장은 다른 조합의 이사장을 겸직할 수 없다.
② 이사장을 포함한 이사와 직원은 감사를 겸직할 수 없다.
③ 임원은 이 조합의 직원을 겸직할 수 없다. 다만, 조합원의 수가 10인 이하인 조합은 해당 기간 동안 그러하지 아니하다.

〈직원협동조합 정관례〉 제53조 내용 중 제3항을 삭제하고 규정함
(■)제54조(직원의 임면 등) ① 직원은 이사장이 임면한다. 다만, 간부직원은 이사회의 결의를 거쳐 이사장이 임면한다.
② 직원의 임면, 급여, 기타 직원에 관하여 필요한 사항은 규정으로 정한다.
제55조(사업의 종류) ① 이 조합은 그 목적을 달성하기 위하여 다음 각 호의 사업을 할 수 있다.
 1. 조합원과 직원에 대한 상담, 교육·훈련 및 정보제공
 2. 조합 간 협력을 위한 사업
 3. 조합의 홍보 및 지역사회를 위한 사업
 4. ○○○ 사업
 5. ○○○ 사업
 [비고] 사업의 종류 중에서 제1호부터 제3호까지의 사업은 반드시 포함되어야 하고, 그 밖의 사업은 조합의 설립목적을 달성하기 위하여 필요한 사업을 정관으로 정한다.
 〈예시〉
 1. 국가·지방자치단체 또는 연합회나 전국연합회로부터 위탁받은 사업
 2. 제1호부터 제3호까지의 사업과 관련된 부대사업
 3. 제1호부터 제3호까지의 사업을 생산자, 생산자단체 및 문화단체와 공동으로 추진하는 사업
 4. 정부, 지방자치단체 및 「공공기관의 운영에 관한 법률」 제4조에 따른 공공기관과 공동으로 추진하는 사업
 5. 소비자협동조합의 경우 '조합원이 필요로 하는 물품의 공동구매 사업', '돌봄서비스 사업', '임대사업', '사업자문 및 컨설팅 사업' 등을 규정할 수 있다.
 6. 생산자협동조합의 경우 '조합원에게 필요한 자재의 공동구매 사업', '조합원 생산품의 공동판매 사업', '공동브랜드 개발 및 판촉 사업' 등을 규정할 수 있다.
 7. 다중이해관계자협동조합의 경우 '친환경농산물 꾸러미 사업', '지역클러스터 등 상호 협력하는 회원제 사업'

등을 규정할 수 있다.
② 제1항에도 불구하고 조합은 「통계법」 제22조 제1항에 따라 통계청장이 고시하는 한국표준산업분류에 의한 금융 및 보험업을 영위할 수 없다.

제56조(사업의 이용) 조합은 조합원이 아닌 자에게 조합의 사업을 이용하게 하여서는 아니 된다. 다만, 다음 각 호의 경우에는 조합원이 아닌 자도 사업을 이용할 수 있다.
1. 조합이 재고로 보유하고 있는 물품으로서 부패 또는 변질의 우려가 있어 즉시 유통되지 아니하면 제품의 품질을 유지하기 어려운 물품을 처리하기 위한 경우
2. 조합원으로 가입하도록 홍보하기 위하여 견본품을 유상 또는 무상으로 공급하는 경우. 다만, 조합이 「사회서비스 이용 및 이용권 관리에 관한 법률」 제2조 제4호에 따른 사회서비스 제공자인 경우는 제외한다.
3. 공공기관·사회단체 등이 공익을 목적으로 주최하는 행사에 참여하는 경우
4. 조합이 정부, 지방자치단체 및 「공공기관 운영에 관한 법률」 제4조에 따른 공공기관과 공동으로 추진하는 사업에서 일반 국민이 해당 사업의 목적에 따라 사업을 이용하는 경우
5. 다른 법령에서 조합원이 아닌 자에게 의무적으로 물품을 공급하게 하거나 용역을 제공하도록 규정하는 경우
6. 천재지변이나 그 밖에 이와 유사한 긴급한 상황일 때 공중(公衆)에게 생활필수품 또는 용역을 공급하는 경우
7. 학교를 사업구역으로 하는 조합이 그 사업구역에 속하는 학생·교직원 및 학교 방문자를 상대로 물품을 공급하거나 용역을 제공하는 경우
8. 조합(「사회서비스 이용 및 이용권 관리에 관한 법률」 제2조 제4호에 따른 사회서비스 제공자에 해당하는 협동조합은 제외한다)이 가입을 홍보하기 위하여 시·도지사에게 신고하는 기간(이하 이 호에서 '홍보기간'이라 함. 그 기간은 1년에 3개월을 넘지 못한다) 동안 전년도 총공급고(總供給高)의 100분의 5 범위에서 물품을 유상 또는 무상으로 공급하는 경우. 다만, 조합이 설립신고필증을 받은 날부터 1년(단위매장의 경우에는 매장 개장일부터 1년) 동안은 홍보기간이 6개월을 넘지 아니하는 범위에서 총공급고에 대한 제한 없이 물품을 유상 또는 무상으로 공급할 수 있다.
9. 조합원과 같은 가구에 속하는 자가 조합의 사업을 이용하는 경우
[비고] 조합은 조합의 종류에 따라 해당성이 있는 조항을 선택·명시하여야 한다.

〈직원협동조합 정관례〉 제56조를 다음과 같이 규정한다.
제56조(사업의 이용) 조합은 조합원이 아닌 자를 직원으로 고용해서는 아니 된다. 다만, 다음 각 호의 경우에는 조합원이 아닌 자를 고용할 수 있다.
1. 전체 직원의 3분의 1을 넘지 아니하는 범위에서 조합원이 아닌 자를 고용하는 경우
2. 조합이 정부, 지방자치단체 및 「공공기관의 운영에 관한 법률」 제4조에 따른 공공기관과 공동으로 추진하는 사업에서 일반 국민을 해당 사업의 목적에 따라 고용하는 경우
[비고] 직원협동조합의 경우 사업의 이용은 다른 협동조합과 달리 직원을 고용하는 것을 말한다.

제57조(사업계획과 수지예산) ① 이사회는 매 회계연도 경과 후 3개월 이내에 해당 연도의 사업계획을 수립하고 동 계획의 집행에 필요한 수지예산을 편성하여 총회의 의결을 받아야 한다.
② 제1항에 따른 사업계획과 예산이 총회에서 확정될 때까지는 전년도 예산에 준하여 가예산을 편성하여 집행할 수 있다. 이 경우 총회의 사후 승인을 받아야 한다.
③ 이사회가 총회에서 확정된 사업계획과 예산을 변경한 때에는 차기 총회에서 사후 변경승인을 받아야 한다.
제58조(회계연도 등) ① 조합의 회계연도는 매년 ○월 ○일부터 ○월 ○일까지로 한다.

② 조합의 회계는 일반회계와 특별회계로 구분하되, 당해 조합의 주 사업은 일반회계로 하고 그 외의 사업은 특별회계로 한다.
[비고] 각 회계별 사업구분을 정하여 정관에 규정한다.
(■)제59조(특별회계의 설치) 특별회계는 조합의 주 사업 외의 특정사업을 운영할 때, 특정자금을 보유하여 운영할 때, 기타 일반회계와 구분 경리할 필요가 있을 때 설치한다.
제60조(운영의 공개) ① 이사장은 결산결과의 공고 등 운영사항을 적극 공개하여야 한다.
② 이사장은 정관·규약·규정과 총회·이사회의 의사록, 회계장부 및 조합원 명부를 주된 사무소에 비치하여야 한다.
③ 결산보고서는 정기총회 7일 전까지 주된 사무소에 비치하여야 한다.
④ 조합원과 조합의 채권자는 이사장에게 제2항 및 제3항의 서류의 열람 또는 그 사본을 청구할 수 있다.
[비고] 조합은 조합원의 개인정보보호 등 정당한 사유로 서류의 사본청구를 제한하는 규정을 둘 수 있다.
⑤ 이사장은 제4항의 청구가 있을 때에는 정당한 이유 없이 이를 거부하지 못한다.
⑥ 이사장은 결산일로부터 3개월 이내에 설립신고를 한 ○○특별시·광역시·특별자치시·도·특별자치도 또는 협동조합연합회의 홈페이지에 다음 각 호의 자료를 게재하여야 한다.
1. 정관, 규약, 규정
2. 사업계획서
3. 결산서
4. 조합원·직원 등에 대한 교육·홍보 실적
5. 총회, 대의원총회, 이사회의 활동 상황
[비고] 조합원 수가 200인 이상인 협동조합이거나 정기총회의 승인을 받은 직전 사업연도의 결산보고서에 적힌 자기자본이 30억 원 이상인 협동조합은 제6항의 자료를 게재하여야 함
제61조(법정적립금) ① 조합은 매 회계연도 결산의 결과 잉여금이 있는 때에는 자기자본의 3배가 될 때까지 잉여금의 100분의 10 이상을 적립하여야 한다.
[비고] 잉여금의 최저비율은 100분의 10으로 되어 있으나, 정관에서 그 이상으로 정할 수 있다.
② 제1항의 법정적립금은 손실금의 보전에 충당하거나 해산하는 경우 외에는 사용하여서는 아니 된다.
제62조(임의적립금) ① 조합은 매 회계연도의 잉여금에서 제61조에 따른 법정적립금을 빼고 나머지가 있을 때에는 총회에서 결정하는 바에 따라 매 회계연도 잉여금의 ○○분의 ○이상을 임의적립금으로 적립할 수 있다.
② 임의적립금은 총회에서 결정하는 바에 따라 사업준비금, 사업개발비, 교육 등 특수목적을 위하여 지출할 수 있다.
제63조(손실금의 보전) 조합은 매 회계연도의 결산 결과 손실금(당기손실금을 말한다)이 발생하면 미처분이월금, 임의적립금, 법정적립금 순으로 이를 보전하고, 보전 후에도 부족이 있을 때에는 이를 다음 회계연도에 이월한다.
제64조(잉여금의 배당 및 이월) ① 조합은 제63조에 따른 손실금의 보전과 제61조 및 제62조의 법정적립금 및 임의적립금 등을 적립한 후에 잔여가 있을 때에는 총회의 결의로 조합원에게 잉여금을 배당할 수 있다.
② 제1항의 배당 시 조합원별 배당금의 계산은 조합사업의 이용실적 또는 조합원이 납입한 출자액의 비율에 따라 이를 행한다. 이 경우 잉여배당금은 다음 각 호의 원칙을 준수하여야 한다.
1. 이용실적에 대한 배당은 전체 배당액의 100분의 50 이상이어야 한다.
2. 납입출자액에 대한 배당은 납입출자금의 100분의 10을 초과하여서는 아니 된다.
[비고] 이용실적 또는 조합원이 납입한 출자액 비율 이외에 인적배당 등 배당금 지급기준을 추가로 규정할 수 있다.

③ 잉여금배당의 방법, 절차 등은 규약으로 정한다.
④ 조합은 제63조에 따른 보전과 제61조 및 제62조에 따른 적립금 적립 및 제1항에 따른 배당을 실시한 후에 잔여가 있을 때에는 총회의 결의로 잉여금을 다음 회계연도에 이월할 수 있다.

제65조(출자금액의 감소의결) ① 조합은 부득이한 사유가 있을 때에는 조합원의 신청에 의하여 출자좌수를 감소할 수 있다.
② 조합은 출자 1좌의 금액 또는 출자좌수의 감소(이하 "출자감소"라 한다)를 총회에서 의결한 경우에는 그 의결을 한 날부터 14일 이내에 대차대조표를 작성한다.
③ 조합은 제1항에 따른 의결을 한 날부터 14일 이내에 채권자에 대하여 이의가 있으면 조합의 주된 사무소에 이를 서면으로 진술하라는 취지를 공고하고, 이미 알고 있는 채권자에게는 개별적으로 최고하여야 한다.
④ 제3항에 따른 이의신청 기간은 30일 이상으로 한다.
⑤ 그 밖의 출자좌수의 감소 절차와 방법에 관하여는 별도의 규약으로 정할 수 있다.

제66조(출자감소 의결에 대한 채권자의 이의) ① 채권자가 제65조의 이의신청 기간에 출자감소에 관한 의결에 대하여 이의를 신청하지 아니하면 출자 1좌 금액의 감소를 승인한 것으로 본다.
② 채권자가 이의를 신청하면 조합은 채무를 변제하거나 상당한 담보를 제공하여야 한다.

제67조(결산 등) ① 조합은 정기총회일 7일 전까지 결산보고서(사업보고서, 대차대조표, 손익계산서, 잉여금처분안 또는 손실금처리안 등을 말한다)를 감사에게 제출하여야 한다.
② 조합은 제1항에 따른 결산보고서와 감사의 의견서를 정기총회에 제출하여 승인을 받아야 한다.

제68조(합병과 분할) ① 조합은 합병계약서 또는 분할계획서를 작성한 후 총회의 의결을 얻어 합병 또는 분할할 수 있다.
② 합병 또는 분할로 인하여 존속 또는 새로 설립되는 조합은 합병 또는 분할로 인하여 소멸되는 조합의 권리·의무를 승계한다.

제69조(해산) ① 조합은 다음 각 호의 어느 하나에 해당하는 사유가 발생하였을 때에는 해산하고 해산절차는 민법 등 관련 법령에 의한다.
 1. 총회의 의결
 2. 합병·분할 또는 파산
 [비고] 필요한 해산사유를 정관으로 정한다.
② 이사장은 조합이 해산한 때에는 지체없이 조합원에게 통지하고 공고하여야 한다.

제70조(청산인) ① 조합이 해산한 때에는 파산으로 인한 경우를 제외하고는 이사장이 청산인이 된다. 다만, 총회에서 다른 사람을 청산인으로 선임하였을 경우에는 그에 따른다.
② 청산인은 취임 후 지체없이 재산상태를 조사하고 재산목록과 대차대조표를 작성하여 재산처분의 방법을 정하여 총회의 승인을 얻어야 한다.
③ 청산사무가 종결된 때에는 청산인은 지체 없이 결산보고서를 작성하여 총회의 승인을 얻어야 한다.
④ 제2항 및 제3항의 경우에 총회를 2회 이상 소집하여도 총회가 구성되지 아니할 때에는 출석 조합원 3분의 2 이상의 찬성이 있으면 총회의 승인이 있은 것으로 본다.

제71조(청산 잔여재산의 처리) ① 조합이 해산 후 채무를 변제하고 청산잔여재산이 있을 때에는 출자좌수의 비율에 따라 총회가 정한 산정방법에 의하여 이를 조합원에게 분배한다.
② 조합의 청산잔여재산은 총회에서 정하는 바에 따라 이 조합과 유사한 목적을 가진 비영리법인에 증여할 수 있다.

부칙
이 정관은 ○○○시·도지사의 신고서류 수리가 완료된 날부터 시행한다.

2. 사회적협동조합 표준정관례

■는 선택기재 조항, 나머지는 필수기재 조항

제1조(설립과 명칭) 이 조합은 협동조합기본법에 의하여 설립하며, ○○사회적협동조합이라 한다.
제2조(목적) ○○협동조합(이하 '조합'이라 한다)은 자주적·자립적·자치적인 협동조합 활동을 통하여 구성원의 복리증진과 상부상조 및 국민경제의 균형 있는 발전에 기여하기 위하여 둘 이상 유형의 조합원들이 모여 조합원의 경영 개선 및 생활 향상과 지역사회 발전을 목적으로 한다.

〈보건의료사회적협동조합 정관례〉 제2조를 다음과 같이 규정한다.
제2조(목적) ○○보건의료사회적협동조합(이하 '조합'이라 한다)은 자주적·자립적·자치적인 협동조합 활동을 통하여 구성원의 복리증진과 상부상조 및 국민경제의 균형 있는 발전에 기여하기 위하여 2명 이상의 서로 다른 이해관계자들이 모여 구성원의 건강증진 및 사회복지 향상과 지역사회 발전을 목적으로 한다.
제3조(조합의 책무) ① 조합은 조합원 등의 권익 증진을 위하여 교육·훈련 및 정보 제공 등의 활동을 적극적으로 수행한다.
② 조합은 다른 협동조합, 다른 법률에 따른 협동조합, 외국의 협동조합 및 관련 국제기구 등과의 상호 협력, 이해 증진 및 공동사업 개발 등을 위하여 노력한다.
제4조(사무소의 소재지) 조합의 주된 사무소는 ○○시·도 ○○시·군·구 ○○읍·면·동 ○○리에 두며, 규정에 따라 필요한 곳에 지사무소를 둘 수 있다.
제5조(공고방법) ① 조합의 공고는 주된 사무소의 게시판(지사무소의 게시판을 포함한다)에 게시하고, 필요하다고 인정하는 때에는 ○○특별시·광역시·특별자치시·도·특별자치도에서 발간되는 일간신문 또는 중앙일간지에 게재할 수 있다.
② 제1항의 공고기간은 7일 이상으로 하며, 조합원의 이해에 중대한 영향을 미칠 수 있는 내용에 대하여는 공고와 함께 서면으로 조합원에게 통지하여야 한다.
(■)제6조(통지 및 최고방법) 조합원에 대한 통지 및 최고는 조합원명부에 기재된 주소지로 하고, 통지 및 최고기간은 7일 이상으로 한다. 다만, 조합원이 따로 연락받을 연락처를 지정하였을 때에는 그곳으로 한다.
제7조(공직 선거 관여 금지) ① 조합은 공직 선거에 있어서 특정 정당을 지지·반대하거나 특정인을 당선되도록 하거나 당선되지 아니하도록 하는 일체의 행위를 하여서는 아니 된다.
② 누구든지 조합을 이용하여 제1항에 따른 행위를 하여서는 아니 된다.

제8조(규약 또는 규정) 조합의 운영 및 사업 실시에 관하여 필요한 사항으로서 이 정관으로 정한 것을 제외하고는 규약 또는 규정으로 정할 수 있다.
제9조(조합원의 자격 및 유형) ① 조합의 설립목적에 동의하고 조합원으로서의 의무를 다하고자 하는 자는 조합원이 될 수 있다.
② 조합원의 유형은 다음 각 호와 같다.
  1. 생산자조합원: 조합의 생산활동 등에 함께 참여하는 자
  2. 소비자조합원: 조합의 재화나 서비스를 이용하는 자

    3. 직원조합원: 조합에 고용된 자
    4. 자원봉사자조합원: 조합에 무상으로 필요한 서비스 등을 제공하는 자
    5. 후원자조합원: 조합에 필요한 물품 등을 기부하거나 자금 등을 후원하는 자
    [비고] 위 5가지 중 2 이상의 다양한 유형의 조합원으로 구성되어야 한다.

〈보건의료사회적협동조합 정관례〉 제9조를 다음과 같이 규정한다.
제9조(조합원의 자격 및 유형) ① 조합의 설립목적에 동의하고 조합원으로서의 의무를 다하고자 하는 자는 조합원이 될 수 있다.
② 조합원의 유형은 다음 각 호와 같다.
    1. 소비자조합원: 조합이 제공하는 보건의료서비스를 이용하는 자
    2. 직원조합원: 조합에 고용된 자.
    3. 자원봉사자조합원: 조합에 무상으로 필요한 서비스 등을 제공하는 자
    4. 후원자조합원: 조합에 필요한 물품 등을 기부하거나 자금 등을 후원하는 자
제10조(조합원의 가입) ① 조합원의 자격을 가진 자가 조합에 가입하고자 할 때에는 가입신청서를 제출하여야 한다.
② 조합은 제1항에 따른 신청서가 접수되면 신청인의 자격을 확인하고 가입의 가부를 결정하여 신청서를 접수한 날부터 2주 이내에 신청인에게 서면 또는 전화 등의 방법으로 통지하여야 한다.
③ 제2항의 규정에 따라 가입의 통지를 받은 자는 조합에 가입할 자격을 가지며 납입하기로 한 출자좌수에 대한 금액 중 제1회의 금액을 지정한 기일내에 조합에 납부함으로써 조합원이 된다.

〈보건의료사회적협동조합 정관례〉 제10조 제3항을 다음과 같이 규정한다.
③ 제2항의 규정에 따라 가입의 통지를 받은 자는 조합에 가입할 자격을 가지며 납입하기로 한 출자좌수에 대한 금액을 지정한 기일내에 조합에 납부함으로써 조합원이 된다.
    [비고] 보건의료사회적협동조합은 출자금 분납불가
④ 조합은 정당한 사유 없이 조합원의 자격을 갖추고 있는 자에 대하여 가입을 거절하거나 가입에 관하여 다른 조합원보다 불리한 조건을 붙일 수 없다.
    [비고] 협동조합의 설립 목적 및 특성에 부합되는 자로 조합원의 자격을 정관으로 제한할 수 있다.
(■)제11조(조합원의 고지의무) 조합원은 제10조 제1항에 따라 제출한 가입신청서의 기재사항에 변경이 있을 때 또는 조합원의 자격을 상실하였을 때에는 지체없이 조합에 이를 고지하여야 한다.
제12조(조합원의 책임) 조합원의 책임은 납입한 출자액을 한도로 한다.
제13조(탈퇴) ① 조합원은 예고하고 조합을 탈퇴할 수 있다.
② 조합원은 다음 각 호의 어느 하나에 해당하는 때에는 당연히 탈퇴된다.
    1. 조합원 지위의 양도 등 조합원으로서의 자격을 상실한 경우
    2. 사망한 경우
    3. 파산한 경우
    4. 금치산선고를 받은 경우
    5. 조합원인 법인이 해산한 경우
    [비고] 그 밖에 필요에 따라 제13조 제2항의 사유를 정관에 정할 수 있다.
제14조(제명) ① 조합은 조합원이 다음 각 호의 어느 하나에 해당하면 총회의 의결을 얻어 제명할 수 있다.
    1. ○년 이상 계속해서 조합의 시설 또는 사업을 이용하지 아니한 경우
    2. 출자금 및 경비의 납입 등 조합에 대한 의무를 이행하지 아니한 경우

3. 조합의 목적사업과 관련된 법령·행정처분·정관 및 규정을 위반한 경우
　　4. 고의 또는 중대한 과실로 조합의 사업을 방해하거나 신용을 상실하게 하는 행위를 한 경우
　　[비고] 조합의 성질을 고려하여 그 밖에 제명 사유를 추가하여 정할 수 있다.
② 조합은 제1항에 따라 조합원을 제명하고자 할 때에는 총회 개최 10일 전에 그 조합원에게 제명의 사유를 알리고 총회에서 의견을 진술할 기회를 주어야 한다.
③ 제2항에 따른 의견진술의 기회를 주지 아니하고 행한 총회의 제명 의결은 해당 조합원에게 효력이 없다.
④ 조합은 제명결의가 있었을 때에 제명된 조합원에게 제명이유를 서면으로 통지하여야 한다.
제15조(탈퇴·제명조합원의 지분환급청구권) ① 조합을 탈퇴하거나 조합으로부터 제명된 조합원은 다음 각 호의 정하는 바에 따라 지분의 환급을 청구할 수 있다.
　　1. 제13조의 규정에 의한 탈퇴의 경우에는 탈퇴조합원의 출자금에 해당하는 금액
　　2. 제14조 제1항의 1호 및 2호의 규정에 의한 제명의 경우에는 제명조합원의 출자금에 해당하는 금액
② 제1항의 지분은 제명 또는 탈퇴의 회계연도 말의 조합의 자산과 부채에 따라 정한다.
③ 조합은 탈퇴 조합원이 조합에 대한 채무를 다 갚을 때까지는 제1항에 따른 지분의 환급을 정지할 수 있다.
④ 조합은 탈퇴하거나 제명된 조합원이 조합에 대하여 채무가 있을 때에는 제1항에 따른 환급금과 상계할 수 있다.
⑤ 제1항에 따른 청구권은 탈퇴하거나 제명된 날부터 2년간 행사하지 아니하면 소멸된다.
⑥ 제1항에 따른 청구권은 탈퇴하거나 제명된 당시의 회계연도의 다음 회계연도부터 청구할 수 있다. 다만, 이사회의 승인이 있을 경우 탈퇴 또는 제명 당시에 바로 지급할 수 있다.
제16조(탈퇴조합원의 손실액 부담) ① 탈퇴한 조합원의 지분 환급분을 계산할 때 이 조합의 재산으로 그 채무를 다 갚을 수 없는 경우에는 탈퇴조합원은 납입의무를 이행하지 아니한 출자액의 범위에서 그가 부담하여야 할 손실액을 납입한다.
② 제1항에 따른 손실액의 납입 청구에 관하여는 제15조 제5항을 준용한다.
제17조(출자) ① 조합원은 1좌 이상의 출자를 하여야 하며 출자 1좌의 금액은 ○○○원으로 한다.
② 한 조합원의 출자좌수는 총 출자좌수의 100분의 30을 넘어서는 아니 된다.
③ 출자금은 일시에 납입한다. 다만, 불가피할 경우에는 2회로 나누어 납입할 수 있다.
④ 제3항 단서의 경우 출자 제1회의 납입금액은 출자금액의 2분의 1로 하고, 제2회 납입일자는 제1회 출자납입일로부터 6개월 이내로 한다.
⑤ 조합에 납입할 출자금은 조합에 대한 채권과 상계하지 못한다.
⑥ 출자는 현물로도 할 수 있고, 현물출자의 경우 규약이 정하는 바에 따라 출자액을 계산한다. 이 경우 현물출자자는 출자의 납입기일에 출자의 목적인 재산의 전부를 조합 또는 조합에서 지정한 장소에 납입하여야 한다.

〈보건의료사회적협동조합 정관례〉 제17조를 다음과 같이 규정한다.
　제17조(출자) ① 조합원은 1좌 이상의 출자를 하여야 하고, 출자 1좌의 금액은 ○○○원으로 하며, 조합원 1인당 최저출자금은 5만원 이상이어야 한다. 다만, 다음 각 호에 해당하는 자는 제외한다.
　　1. 「의료급여법」 제3조에 따른 수급권자
　　2. 「장애인고용촉진 및 직업재활법」 제2조 제1호에 따른 장애인
　　3. 「한부모가족지원법」 제5조 및 제5조의 2에 따른 보호대상자
　　4. 「재한외국인 처우 기본법」 제2조 제3호에 따른 결혼이민자
　　5. 보건복지부장관이 정하여 고시하는 희귀난치성 질환을 가진 자
　　6. 조합원과 같은 가구에 속하는 자

② 한 조합원의 최고출자금은 출자금 납입총액의 10퍼센트 이내여야 한다. 다만, 2인 이상의 조합원이 6촌 이내의 혈족, 4촌 이내의 인척, 배우자(사실상의 혼인관계에 있는 자 포함)일 경우에는 그 2인 이상의 조합원 출자금 총액이 총 출자금 납입총액의 10퍼센트 이내여야 한다.
③ 조합에 납입할 출자금은 조합에 대한 채권과 상계하지 못한다.
④ 출자는 현물로도 할 수 있고, 현물출자의 경우 규약이 정하는 바에 따라 출자액을 계산한다. 이 경우 현물출자자는 출자의 납입기일에 출자의 목적인 재산의 전부를 조합 또는 조합에서 지정한 장소에 납입하여야 한다.
⑤ 출자금 납입총액이 1억 원 이상이면서 총자산 대비 100분의 50 이상이어야 한다.
  [비고] 인가관청의 승인을 받은 경우 총자산 대비 출자금 납입총액의 비율을 100분의 50 미만으로 할 수 있다.

(■)제18조(출자증서 등의 교부) ① 조합의 이사장은 조합원이 제17조의 규정에 의하여 최초 출자금을 납입한 때 및 조합원이 요구할 때에는 다음 각 호의 사항을 적은 출자증서 또는 출자를 확인할 수 있는 증표에 기명날인하여 조합원에게 발급하여야 한다.
  1. 조합의 명칭
  2. 조합원의 성명 또는 명칭
  3. 조합 가입 연월일
  4. 출자금의 납입 연월일
  5. 출자금액 또는 출자좌수
  6. 발행 연월일
② 조합의 이사장은 매년 정기총회 7일 전까지 조합원의 출자금액 변동상황을 조합원에게 알려주어야 한다. 이 경우 우편, 전자메일, 팩시밀리, 휴대폰 문자 등을 이용하여 통지할 수 있다.

제19조(지분 등의 양도와 취득금지) ① 조합원 지위의 양도 또는 조합원 지분의 양도는 총회의 의결을 받아야 한다.
② 조합원이 아닌 자가 지분을 양수하려고 할 때에는 가입의 예에 따라야 한다.
③ 지분의 양수인은 그 지분에 관하여 양도인의 권리의무를 승계한다.
④ 조합원은 지분을 공유하지 못한다.
⑤ 조합은 조합원의 출자지분을 취득하거나 이를 질권의 목적으로 하여서는 아니 된다.

(■)제20조(경비의 부과 및 징수) ① 조합은 조합의 사업 및 그 사업에 부대하는 사업에 필요한 경비를 충당하기 위하여 조합원에게 경비를 부과 및 징수할 수 있다.
  [비고] 조합이 경비를 징수하는 경우에는 그 명목을 구체적으로 명시하여야 한다.
② 제1항에 따른 경비의 부과금액, 부과방법, 징수시기와 징수방법은 이사회에서 정한다.
③ 조합원은 제1항에 따른 경비를 납입할 때 조합에 대한 채권과 상계할 수 없다.
④ 제2항의 부과금에 있어서 조합원에 대한 부과금액의 산정기준 사항에 변경이 있어도 이미 부과한 금액은 변경하지 못한다.

(■)제21조(사용료 및 수수료) ① 이 조합은 조합의 사업을 이용하는 자에 대하여 사용료나 수수료를 부과할 수 있다.
② 이 조합이 계약을 체결함에 있어 계약당사자의 위임에 따라 운송·보관 그 밖의 행위를 대행하는 경우에는 이 조합은 그 대행에 필요한 부대비를 징수한다.
③ 제1항에 따른 조합원의 사용료나 수수료 납입을 조합에 대한 채권과 상계할 수 없다.
④ 제1항의 부과에 관한 사항은 규약으로 정한다.

(■)제22조(과태금) ① 조합은 조합원이 출자금 또는 경비 등의 납입의무를 그 기한까지 이행하지 아니하는 경우에는 과태금을 징수할 수 있다.

[비고] 조합이 징수할 수 있는 과태금의 명목을 구체적으로 명시하여야 한다.
② 조합원은 제1항에 따른 과태금을 조합에 대한 채권과 상계할 수 없다.
③ 과태금의 금액 및 징수방법은 규약으로 정한다.
제23조(총회) ① 조합은 총회를 둔다.
② 총회는 정기총회와 임시총회로 구분한다.
③ 총회는 이사장과 조합원으로 구성하며, 이사장이 그 의장이 된다.
제24조(대의원총회) ① 조합원의 수가 200인을 초과하는 경우 총회에 갈음할 대의원 총회를 둘 수 있다.

〈보건의료사회적협동조합 정관례〉 제24조 제1항을 다음과 같이 규정한다.
① 조합은 총회에 갈음할 대의원 총회를 둘 수 있다.
② 대의원은 조합원 중에서 제9조 제2항의 조합원 유형에 따라 각각 선출한다. 다만, 선출할 대의원 수는 이 사회에서 정한다.
  [비고] 대의원은 조합원 유형에 따라 2 이상의 유형으로 구성하여야 한다.
③ 대의원의 의결권 및 선거권은 대리인으로 하여금 행사하게 할 수 없다.
④ 대의원의 정수는 ㅇㅇ명 이상으로 하며 임기는 ㅇ년으로 한다.
  [비고] 대의원의 정수는 50명 이상으로 하며, 임기는 4년 이내로 하여야 한다.
⑤ 결원으로 인하여 선출된 대의원의 임기는 전임자 임기의 남은 기간으로 한다.
⑥ 대의원은 조합원의 선거를 통하여 선출하며, 선거방법에 관한 사항은 선거관리규약으로 정한다.
⑦ 대의원총회에 관하여는 총회에 관한 사항을 준용하며, 이 경우 "조합원"은 "대의원"으로 본다.
⑧ 대의원총회는 조합의 합병, 분할 및 해산에 관한 사항은 의결할 수 없다.
(■)제25조(대의원의 의무 및 자격상실) ① 대의원은 성실히 대의원회에 출석하고, 그 의결에 참여하여야 한다.
② 대의원회는 대의원이 다음 각 호의 어느 하나에 해당하는 행위를 할 때에는 그 의결로 대의원자격을 상실하게 할 수 있다. 이 경우 해당 대의원에게 서면으로 자격상실 이유를 의결일 7일 전까지 통지하고, 총회 또는 대의원회에서 의견을 진술할 기회를 주어야 한다.
  1. 대의원총회 소집통지서를 받고 정당한 사유 없이 계속하여 3회 이상 출석하지 아니하거나 대의원총회에 출석하여 같은 안건에 대한 의결에 2회 이상 참가하지 아니한 경우
  2. 부정한 방법으로 대의원총회의 의사를 방해한 경우
  3. 고의 또는 중대한 과실로 이 조합의 명예 또는 신용을 훼손시킨 경우
제26조(선거운동의 제한) ① 누구든지 자기 또는 특정인을 조합의 임원 또는 대의원으로 당선되도록 하거나 당선되지 아니하도록 할 목적으로 다음 각 호의 어느 하나에 해당하는 행위를 할 수 없다.
  1. 조합원(협동조합에 가입신청을 한 자를 포함한다. 이하 이 조에서 같다)이나 그 가족 또는 조합원이나 그 가족이 설립·운영하고 있는 기관·단체·시설에 대한 다음 각 목의 어느 하나에 해당하는 행위
    가. 금전·물품·향응이나 그 밖의 재산상의 이익을 제공하는 행위
    나. 공사의 직을 제공하는 행위
    다. 금전·물품·향응, 그 밖의 재산상의 이익이나 공사의 직을 제공하겠다는 의사표시 또는 그 제공을 약속하는 행위
  2. 후보자가 되지 못하도록 하거나 후보자를 사퇴하게 할 목적으로 후보자가 되려는 사람이나 후보자에게 제1호 각 목에 규정된 행위를 하는 행위
  3. 제1호 또는 제2호의 이익이나 직을 제공받거나 그 제공의 의사표시를 승낙하는 행위 또는 그 제공을 요구하거나 알선하는 행위
② 임원 또는 대의원이 되려는 사람은 후보자등록마감일의 다음 날부터 선거일 전일까지의 선거운동기간을

제외하고는 선거운동을 위하여 조합원을 호별로 방문하거나 특정 장소에 모이게 할 수 없다.
③ 누구든지 협동조합의 임원 또는 대의원 선거와 관련하여 연설·벽보, 그 밖의 방법으로 거짓의 사실을 공표하거나 공연히 사실을 적시하여 후보자를 비방할 수 없다.
④ 누구든지 임원 또는 대의원 선거와 관련하여 다음 각 호의 방법 이외의 선거운동을 할 수 없다.
  1. 선전 벽보의 부착
  2. 선거 공보의 배부
  3. 소형 인쇄물의 배부
  4. 합동 연설회 또는 공개 토론회의 개최
  5. 전화·컴퓨터통신을 이용한 지지 호소

제27조(선거관리위원회의 구성·운영) ① 조합의 임원 및 대의원 선거사무를 공정하게 관리하기 위하여 본 조합에 선거관리위원회(이하 "위원회"라 한다)를 둘 수 있다.
② 위원회는 조합원(대의원을 포함한다) 중에서 이사회의 의결을 거쳐 이사장이 위촉하는 ㅇ명 이내의 위원으로 구성한다. 이 경우 당해 선거에 임원으로 후보등록한 자는 위원이 될 수 없다.
③ 위원회는 다음 각 호의 사무를 관장한다.
  1. 후보자의 자격심사
  2. 선거인 명부의 확정
  3. 후보자 추천의 유·무효 판정
  4. 선거공보의 작성과 선거운동방법 결정 및 계도
  5. 선거관리, 투표관리 및 개표관리
  6. 투표의 유·무효의 이의에 대한 판정
  7. 선거 관련 분쟁의 조정
  8. 선거운동 제한규정 위반 여부 심사 및 조치
  9. 당선인의 확정
  10. 그 밖에 선거에 필요한 사항
④ 그 밖에 위원회의 구성·운영 등에 관하여 필요한 사항은 선거관리규약으로 정한다.

제28조(정기총회) 정기총회는 매년 1회 회계연도 종료 후 3개월 이내에 이사장이 소집한다.
제29조(임시총회) ① 임시총회는 다음 각 호의 어느 하나에 해당하는 경우에 이사장이 소집한다.
  1. 이사장 및 이사회가 필요하다고 인정할 때
  2. 조합원이 조합원 5분의 1 이상의 동의를 받아 소집의 목적과 이유를 적은 서면을 제출하여 이사장에게 소집을 청구한 때
  3. 감사가 조합의 재산상황이나 업무집행에 부정한 사실이 있는 것을 발견하고 그 내용을 총회에 신속히 보고할 필요가 있다고 인정하여 이사장에게 소집을 청구한 때
② 이사장은 제1항 제2호(제48조 규정에 따른 해임 요구를 포함한다) 및 제3호의 청구를 받으면 정당한 사유가 없는 한 2주 이내에 소집절차를 밟아야 한다.
③ 제1항 제2호 및 제3호의 규정에 의하여 총회의 소집을 청구하였으나 총회를 소집할 자가 없거나 그 청구가 있은 날부터 2주 이내에 이사장이 총회의 소집절차를 밟지 아니한 때에는 감사가 7일 이내에 소집절차를 밟아야 한다. 이 경우 감사가 의장의 직무를 수행한다.
④ 감사가 제3항의 기한 이내에 총회의 소집절차를 밟지 아니하거나 소집할 수 없는 경우에는 제1항 제2호의 규정에 의하여 총회의 소집을 청구한 조합원의 대표가 이를 소집한다. 이 경우 조합원의 대표가 의장의 직무를 수행한다.

제30조(총회의 소집절차) ① 이사장은 총회 개최 7일 전까지 회의목적·안건·일시 및 장소를 정하여 우편 또는

전자메일 등으로 각 조합원에게 통지하여야 한다.
② 이사장이 궐위 또는 부득이한 사유로 총회를 소집할 수 없는 때에는 제50조에서 정하고 있는 순으로 이를 소집한다.
제31조(총회의 의결사항) 다음 각 호의 사항은 총회의 의결을 얻어야 한다.
 1. 정관의 변경
 2. 규약의 제정과 변경 또는 폐지
 3. 임원의 선출과 해임
 4. 사업계획 및 예산의 승인
 5. 대차대조표, 수지계산서, 결산보고서의 승인과 잉여금의 처분 및 손실금의 처리
 6. 감사보고서의 승인
 7. 조합의 합병, 분할, 해산 또는 휴업
 8. 조합원의 제명
 9. 그 밖에 이사장 또는 이사회가 필요하다고 인정하는 사항

〈보건의료사회적협동조합 정관례〉 제31조 제10항을 다음과 같이 추가한다.
10. 차입금의 최고한도 결정
 [비고] 조합은 법령에 반하지 않는 범위에서 총회의결사항을 추가적으로 규정할 수 있다.
제32조(총회의 의사) ① 총회의 의사는 법령상 다른 규정이 있는 경우를 제외하고는 총 조합원 과반수의 출석으로 개회하고 출석조합원 과반수의 찬성으로 의결한다.
② 제1항의 규정에 의한 총회의 개의 정족수 미달로 총회가 유회된 때에는 이사장은 20일 이내에 다시 총회를 소집하여야 한다.
③ 총회는 제30조에 따라 미리 통지한 사항에 한하여 의결할 수 있다. 다만, 긴급을 요하여 총 조합원의 3분의 2 이상의 출석과 출석조합원 3분의 2 이상의 찬성이 있는 때에는 그러하지 아니하다.
④ 총회에서 조합과 조합원 간의 이익이 상반되는 사항에 대하여 의결을 행할 때에는 해당 조합원은 의결에 참가하지 못한다.
제33조(합병·분할 및 해산 등의 의결) 다음 각 호의 사항은 조합원 과반수의 출석과 출석조합원 3분의 2 이상의 찬성으로 의결한다.
 1. 정관의 변경
 2. 조합의 합병·분할·해산 또는 휴업
 3. 조합원의 제명
제34조(의결권 및 선거권) ① 조합원은 출자좌수에 관계없이 각각 1개의 의결권과 선거권을 갖는다.
② 조합원은 대리인으로 하여금 의결권 및 선거권을 행사하게 할 수 있다. 이 경우 그 조합원은 출석한 것으로 본다.
③ 제35조의 자격을 갖춘 대리인이 의결권 또는 선거권을 행사할 때에는 대리권을 증명하는 서면을 의결권 또는 선거권을 행사하기 전에 조합이 정하는 양식에 따라 미리 조합에 제출하여야 한다.
제35조(대리인이 될 자격) 전조 제2항에 따른 대리인은 다른 조합원 또는 본인과 동거하는 가족(조합원의 배우자, 조합원 또는 그 배우자의 직계 존속·비속과 형제자매, 조합원의 직계 존속·비속 및 형제자매의 배우자를 말한다. 이하 같다) 이어야 하며, 대리인이 대리할 수 있는 조합원의 수는 1인에 한한다.
제36조(총회의 의사록) ① 총회의 의사에 관하여 의사록을 작성하여야 한다.
② 의사록에는 의사의 진행 상황과 그 결과를 적고 의장과 총회에서 선출한 조합원 3인 이상이 기명날인하거나 서명하여야 한다.

(■)제37조(총회의 운영규약) 정관에 규정하는 외에 총회의 운영에 관하여 필요한 사항은 총회운영규약으로 정한다.
(■)제38조(총회의 회기연장) ① 총회의 회기는 총회의 결의에 의하여 연장할 수 있다.
② 제1항의 규정에 의하여 속행된 총회는 제30조 제1항의 규정을 적용하지 아니한다.
제39조(이사회) ① 조합에 이사회를 두고, 이사회는 조합의 업무집행을 결정한다.
② 이사회는 이사로서 구성하고 이사장 1인 외 부이사장, 전무이사, 상무이사 등을 둘 수 있다.
   [비고] 이사의 종류 및 명칭은 필요에 따라 달리 정할 수 있다.
③ 이사장은 이사회를 소집하고 그 의장이 된다.
④ 이사회의 소집은 회의일 7일 전까지 회의의 목적사항, 일시 및 장소를 기재한 서면을 각 이사에게 통지하여야 한다. 다만 긴급을 요하여 이사회 구성원 과반수의 동의가 있을 때에는 소집절차를 생략할 수 있다.
⑤ 이사 3분의 1 이상 또는 감사 전원이 회의목적 사항과 회의 소집이유를 기재한 서류를 제출하고 이사회의 소집을 요구할 수 있다.
⑥ 이사장은 제5항의 요구가 있는 때에는 7일 이내에 이사회를 소집하여야 한다.
제40조(이사회의 의결사항) ① 이사회는 다음 각 호의 사항을 의결한다.
   1. 조합의 재산 및 업무집행에 관한 사항
   2. 총회의 소집과 총회에 상정할 의안
   3. 규정, 규칙 등의 제정과 변경 및 폐지
   4. 사업계획 및 예산안 작성
   5. 간부 직원의 임면 승인
   6. 기본자산의 취득과 처분
   7. 그 밖에 조합의 운영에 중요한 사항
   8. 이사장이 부의하는 사항
   [비고] 협동조합기본법 제29조에 규정된 필요적 총회의결 사항은 이사회에 위임할 수 없다.
   [비고] 조합은 법령에 반하지 않는 범위에서 조합의 업무집행을 위하여 필요한 사항을 추가적으로 규정할 수 있다.
② 이사회는 제55조 각 호의 사업을 수행하기 위하여 필요한 위원회를 설치 운영할 수 있다.
③ 제2항의 위원회 구성 및 운영에 관하여는 별도 규약으로 정한다.
제41조(이사회의 의사) ① 이사회는 구성원 과반수의 출석으로 개회하고 출석이사 과반수의 찬성으로 의결한다.
② 이사장은 의결에 참가하지 아니하며, 가부동수일 때에는 결정권을 갖는다.
③ 이사의 개인 이익과 조합의 이익이 상반되는 사항이나 신분에 관련되는 사항에 관하여는 당해 이사는 이사회의 의결에 관여할 수 없다.
제42조(이사회의 의사록) 이사회의 의사에 관하여는 의사의 경과와 그 결과를 기재한 의사록을 작성하고 참석이사 전원이 이에 기명날인하거나 서명하여야 한다.
제43조(임원의 정수) ① 조합의 임원으로 이사장 1명을 포함한 3명 이상 ○○명 이내의 이사와 1명 이상의 감사를 둔다. 다만, 이사는 제9조 제2항의 조합원 유형에 따라 다양한 이해관계자들로 구성하여야 한다.
② 제1항의 임원중 이사회의 호선에 의해 상임임원을 둘 수 있다.
제44조(임원의 선임) ① 이사 및 감사는 총회가 조합원 중에서 선출한다. 다만, 이사는 정수의 5분의 1의 범위 내에서, 감사는 2분의1의 범위 내에서 이사회의 추천에 따라 조합원 외의 자를 선출할 수 있다.
② 이사장은 이사 중에서 총회에서 선출하고, 부이사장, 전무이사 및 상무이사는 이사회가 이사 중에서 호선한다.
③ 제1항, 제2항의 선거 방법, 절차 등에 관하여는 별도의 선거관리규약으로 정한다.

제45조(임원의 결격사유) ① 다음 각 호의 어느 하나에 해당하는 자는 이 조합의 임원이 될 수 없다.
1. 금치산자
2. 한정치산자
3. 파산선고를 받고 복권되지 아니한 사람
4. 금고 이상의 실형을 선고받고 그 집행이 끝나거나(집행이 끝난 것으로 보는 경우를 포함한다) 집행이 면제된 날부터 3년이 지나지 아니한 사람
5. 금고 이상의 형의 집행유예를 선고받고 그 유예기간 중에 있거나 유예기간이 끝난 날부터 2년이 지나지 아니한 사람
6. 금고 이상의 형의 선고유예를 받고 그 선고유예기간 중에 있는 사람
7. 법원의 판결 또는 다른 법률에 따라 자격이 상실 또는 정지된 사람

② 제1항 각 호의 사유가 발생하면 해당 임원은 당연히 퇴직된다.
③ 제2항에 따라 퇴직된 임원이 퇴직 전에 관여한 행위는 그 효력을 상실하지 아니한다.

제46조(임원의 임기) ① 임원의 임기는 ○년으로 한다.
[비고] 임원의 임기는 4년의 범위 내에서 정관으로 정해야 한다.
② 임원은 연임할 수 있다. 다만, 이사장은 2차에 한하여 연임할 수 있다.
③ 결원으로 인하여 선출된 임원의 임기는 전임자의 임기종료일까지로 한다.

제47조(임원의 의무와 책임) ① 임원은 법령과 조합의 정관, 규약, 규정 및 총회와 이사회의 의결을 준수하고 조합을 위하여 성실히 그 직무를 수행하여야 한다.
② 임원이 법령 또는 정관을 위반하거나 그 임무를 게을리하여 조합에 손해를 가한 때에는 연대하여 그 손해를 배상하여야 한다.
③ 임원이 고의 또는 중대한 과실로 그 임무를 게을리하여 제3자에게 손해를 끼친 때에는 제3자에게 연대하여 그 손해를 배상하여야 한다.
④ 제2항 및 제3항의 행위가 이사회의 의결에 의한 것일 때에는 그 의결에 찬성한 이사도 제2항 및 제3항의 책임이 있다.
⑤ 제4항의 의결에 참가한 이사로서 명백한 반대의사를 표시하지 아니한 자는 그 의결에 찬성한 것으로 본다.
⑥ 제2항부터 제5항까지의 규정에 따른 구상권의 행사는 감사 및 이사에 대하여는 이사장이, 이사장에 대하여는 감사가, 전체 임원에 대하여는 조합원 5분의 1 이상의 동의를 받은 조합원 대표가 한다.

제48조(임원의 해임) ① 조합원은 조합원 5분의 1 이상의 동의로 총회에 임원의 해임을 요구할 수 있다. 이 경우 해임의 사유를 서면으로 조합에 제출하여야 한다.
② 조합은 제1항에 따른 서면 제출이 있을 때에는 총회 개최 10일 전에 해당 임원에게 해임 이유를 서면으로 통보하고, 총회에서 의견을 진술할 기회를 주어야 한다.

(■)제49조(임원의 보수 등) ① 임원에 대하여 규정이 정하는 바에 따라 여비 등 조합업무와 관련된 비용을 실비 범위 내에서 지급할 수 있다.
② 상임 임원에 대하여는 규정이 정하는 바에 따라 보수를 지급할 수 있다.

제50조(이사장 및 이사의 직무) ① 이사장은 이사회의 결정에 따라 조합의 업무를 집행하고 조합을 대표한다.
② 이사는 이사장을 보좌하며 조합의 업무를 집행한다.
③ 이사장이 사고가 있을 때에는 부이사장, 전무이사, 상무이사, 이사, 감사의 순으로 그 직무를 대행하고 해당자가 2인 이상일 경우에는 연장자순으로 한다.
④ 제3항의 경우와 이사장이 권한을 위임한 경우를 제외하고는 이사장이 아닌 이사는 조합을 대표할 수 없다.

제51조(감사의 직무) ① 감사는 연 ○회 이상 조합의 업무집행 상황, 재산상태, 장부 및 서류 등을 감사하여 총회에 보고하여야 한다. 반기별 감사보고서는 이사회에, 반기별 감사보고서를 종합한 종합감사보고서는 정

기총회에 각각 제출하여야 한다.
② 감사는 예고 없이 조합의 장부나 서류를 대조 확인할 수 있다.
③ 감사는 이사장 및 이사가 법령·정관·규약·규정 또는 총회의 의결에 반하여 업무를 집행한 때에는 이사회에 그 시정을 요구하여야 한다.
④ 감사는 총회 또는 이사회에 출석하여 의견을 진술할 수 있다.
⑤ 제1항 및 제2항의 감사보고서 제출에 있어서 감사가 2인 이상인 경우 감사의 의견이 일치하지 아니할 경우에는 각각 의견을 제출할 수 있다.

제52조(감사의 대표권) 조합이 이사장을 포함한 이사와 소송, 계약 등의 법률행위를 하는 때에는 감사가 조합을 대표한다.

제53조(임직원의 겸직금지) ① 이사장은 다른 조합의 이사장을 겸직할 수 없다.
② 이사장을 포함한 이사와 직원은 감사를 겸직할 수 없다.
③ 임원 총수의 3분의 1을 초과하여 임원은 이 조합의 직원을 겸직할 수 없다. 다만, 조합원의 수가 10인 이하인 조합은 해당 기간 동안 그러하지 아니하다.

[비고] 사회적협동조합 중 조합원의 3분의 2 이상이 직원이고, 조합원인 직원이 전체 직원의 3분의 2 이상인 협동조합인 경우 제53조 제3항을 삭제하고 규정할 수 있다.

(■)제54조(직원의 임면 등) ① 직원은 이사장이 임면한다. 다만, 간부직원은 이사회의 결의를 거쳐 이사장이 임면한다.
② 직원의 임면, 급여, 기타 직원에 관하여 필요한 사항은 규정으로 정한다.

제55조(사업의 종류) ① 이 조합은 그 목적을 달성하기 위하여 다음 각 호의 사업 중 하나 이상을 주 사업으로 하여야 하고, 주 사업은 협동조합 전체 사업량의 100분의 40 이상이어야 한다.

1. ○○○ 사업
2. ○○○ 사업
3. ○○○ 사업

[비고] 주 사업은 지역사회 재생, 지역경제 활성화, 지역 주민들의 권익·복리 증진 및 그 밖에 지역사회가 당면한 문제 해결에 기여하는 사업, 취약계층에게 복지·의료·환경 등의 분야에서 사회서비스 또는 일자리를 제공하는 사업, 국가·지방자치단체로부터 위탁받은 사업, 그 밖에 공익증진에 이바지하는 사업 등이 될 수 있다.

〈지역사회 재생 및 지역경제의 활성화에 기여하는 사업 예시〉
1. 지역특산품·자연자원 활용사업
2. 전통시장·상가 활성화 사업
3. 농산물·임산물·축산물·수산물의 생산 및 유통에 관한 사업

〈지역주민의 권익과 복리를 증진시키는 사업 예시〉
1. 지역주민의 생활환경 개선사업
2. 지역의 공중접객업소 위생 개선 사업
3. 지역의 감염병 또는 질병 예방에 관한 사업
4. 지역의 재해, 화재 또는 안전사고의 예방에 관한 사업
5. 지역주민들의 고충상담을 위한 사업
6. 지역주민에게 사회서비스를 제공하는 사업

〈취약계층에게 사회서비스 또는 일자리를 제공하는 사업 예시〉
1. 교육·보건·의료, 사회복지, 환경 및 문화 분야의 관련 사업
2. 보육, 간병 및 가사 지원 서비스를 제공하는 사업

3. 「직업안정법」 제2조의 2 제9호에 따른 고용서비스를 제공하는 사업
4. 예술·관광 및 운동 분야의 사업
5. 산림 보전 및 관리 서비스를 제공하는 사업
6. 문화재 보존 또는 활용과 관련된 사업
7. 청소 등 사업시설 관리 사업
8. 범죄 예방 및 상담치료 관련 사업

② 이 조합은 그 목적을 달성하기 위하여 다음 각 호의 사업을 기타 사업으로 할 수 있다.
1. ○○○ 사업
2. ○○○ 사업
3. ○○○ 사업

[비고] 기타 사업은 조합원에 대한 소액대출 사업, 조합원에 대한 상호부조 사업, 조합원과 직원에 대한 상담, 교육·훈련 및 정보제공 사업, 조합 간 협력을 위한 사업, 조합의 홍보 및 지역사회를 위한 사업 등이 될 수 있다.

③ 이 조합은 주 사업의 목적 및 판단 기준을 적용하기 위하여 수행할 사업방식은 ○○로 한다.

[비고] 주 사업의 목적 및 판단 기준은 아래 내용 중 정관으로 정한다.
1. 목적사업이 '지역사회 재생, 지역경제 활성화, 지역 주민들의 권익·복리 증진 및 그 밖에 지역사회가 당면한 문제 해결에 기여하는 사업' 또는 '그 밖에 공익증진에 이바지 하는 사업'에 해당하는 경우 '수입·지출 예산서상 전체 사업비의 100분의 40 이상을 주 사업 목적으로 지출할 것' 또는 '사업계획서 상 주 사업에 해당하는 서비스 대상인원, 시간, 횟수 등이 전체 서비스의 100분의 40 이상일 것'으로 한다.
2. 목적사업이 '취약계층에게 복지·의료·환경 등의 분야에서 사회서비스를 제공하는 사업'에 해당하는 경우 '사업계획서상 취약계층에게 제공된 사회서비스 대상인원, 시간, 횟수 등이 전체 사회서비스의 100분의 40 이상일 것'으로 한다.
3. 목적사업이 '취약계층에게 복지·의료·환경 등의 분야에서 일자리를 제공하는 사업'에 해당하는 경우 '수입·지출 예산서상 전체 인건비 총액 중 취약계층인 직원에게 지급한 인건비 총액이 차지하는 비율이 100분의 40 이상일 것' 또는 '사업계획서상 전체 직원 중 취약계층인 직원이 차지하는 비율이 100분의 40 이상일 것'으로 한다.
4. 목적사업이 '국가·지방자치단체로부터 위탁받은 사업'에 해당하는 경우 '수입·지출 예산서상 전체 사업비의 100분의 40 이상이 국가 및 지방자치단체로부터 위탁받은 사업의 예산일 것'으로 한다.
5. 목적사업이 위 '제1호부터 제4호까지의 사업에 중복'하여 해당하는 경우 '목적사업이 제1호부터 제4호까지의 사업에 해당하는 비율의 합이 100분의 40 이상일 것'으로 한다.

④ 이 경우 주 사업 및 기타 사업은 구분하여 따로 회계처리되어야 한다.
⑤ 조합의 사업구역은 ○○○로 한다.

[비고] 사업구역에 대한 제한은 없으나, 필요 시 정관으로 정할 수 있다.

제56조(소액대출) ① 조합은 상호복리 증진을 위하여 제55조의 주 사업 이외의 사업으로 조합원을 대상으로 납입 출자금 총액의 3분의 2를 초과하지 않는 범위에서 소액대출을 할 수 있다.

[비고] 소액대출 총액은 출자금 총액의 3분의 2를 초과할 수 없다.

② 조합원 가입 후 ○개월이 경과한 조합원에 한해서 대출자격을 가진다.

[비고] 조합의 설립취지 등에 부합하는 조합원 활동을 충족한 자에 대해서 대출 제공

③ 제1항에 따른 소액대출을 할 때 조합원 1인당 한도는 ○○○원으로 한다.

[비고] 조합원당 소액대출 한도는 출자금 총액의 3분의 1 범위 내에서 조합이 정관에 정한다.

④ 소액대출 이자율은 ○○으로 한다.

[비고] 소액대출 이자율은 기획재정부장관이 고시하는 최고 한도(5%) 내에서 조합이 정관에 정한다.
⑤ 소액대출 연체이자율은 ○○으로 한다.
　[비고] 소액대출 연체이자율은 해당 대출에 적용된 이자율의 1.5배를 최고 한도로 조합이 정관에 정한다. 다만, 연체이자율의 최고한도는 「이자제한법」 제2조 제1항에 따른 최고이자율(연 30%)을 초과할 수 없다.
⑥ 대출 종류, 대출 종류별 이자율 및 연체이자율, 대출절차와 상환 등 소액대출 사업 운영에 대한 세부 사항은 별도의 규약으로 정한다.
⑦ 조합은 정기적으로 대출 조합원의 채무상환능력과 금융거래내용 등을 감안하여 적정한 수준의 대손충당금을 적립·유지하여야 하며, 대손충당의 구체적 적립수준 등에 관해서는 별도의 규약으로 정한다.
⑧ 소액대출 사업은 제55조에 따른 주 사업 및 기타 사업과 구분하여 따로 회계처리되어야 한다.

제57조(상호부조) ① 조합은 조합원 간 상부상조를 목적으로 조합원들이 각자 나눠낸 상호부조회비를 기금으로 적립하여 그 기금으로 상호부조회비를 낸 조합원에게 혼례, 사망, 질병 등의 사유가 생긴 경우 일정 금액의 상호부조금을 지급한다.
　[비고] 조합은 상호부조사업의 여부 및 상호부조의 조건에 해당하는 혼례, 사망, 질병 등을 정관으로 정할 수 있다.
② 조합원 가입 후 ○개월이 경과한 조합원 가운데 심사위원회의 승인을 얻은 조합원에 한해서 상호부조사업 참여자격을 가진다.
　[비고] 조합의 설립취지 등에 부합하는 조합원 활동을 충족한 자에 대해서 사업 참여
③ 조합원 1인당 상호부조의 범위는 ○○○원 이내로 한다.
　[비고] 상호부조의 범위는 납입 출자금 총액의 한도에서 정관으로 정한다.
④ 제1항의 상호부조회비는 ○○원으로 한다. 상호부조 사업에 참여하는 조합원은 상호부조 회비를 매월 납부하여야 한다.
⑤ 상회부조 계약은 조합의 상호부조사업부 또는 계약사업부와 조합원 간에 직접 이루어지도록 해야 하며, 제3의 판매조직이나 금융기관과의 제휴를 통한 계약은 허용되지 않는다.
⑥ 상호부조 회비 적립금의 운영은 지나친 위험에 노출되지 않도록 하여야 한다. 이를 위해 예금 및 국공채 이외의 주식, 회사채, 여타 시장성 증권에 투자하여서는 아니 된다.
⑦ 상호부조계약의 양식, 상호부조 회비의 사용, 상호부조 회비의 환급 등 사업 운영에 대한 세부 사항은 별도의 규약으로 정한다.
⑧ 상호부조 사업은 제55조에 따른 주 사업 및 기타 사업과 구분하여 따로 회계처리되어야 한다.

제58조(사업의 이용) ① 조합은 조합원이 아닌 자에게 조합의 사업을 이용하게 하여서는 아니 된다. 다만, 조합원이 이용하는데 지장이 없는 범위에서 다음 각 호의 경우에는 조합원이 아닌 자도 사업을 이용할 수 있다.
1. 조합이 재고로 보유하고 있는 물품으로서 부패 또는 변질의 우려가 있어 즉시 유통되지 아니하면 제품의 품질을 유지하기 어려운 물품을 처리하기 위한 경우
2. 조합원으로 가입하도록 홍보하기 위하여 견본품을 유상 또는 무상으로 공급하는 경우. 다만, 조합이 「사회서비스 이용 및 이용권 관리에 관한 법률」 제2조 제4호에 따른 사회서비스 제공자인 경우는 제외한다.
3. 공공기관·사회단체 등이 공익을 목적으로 주최하는 행사에 참여하는 경우
4. 조합이 정부, 지방자치단체 및 「공공기관 운영에 관한 법률」 제4조에 따른 공공기관과 공동으로 추진하는 사업에서 일반 국민이 해당 사업의 목적에 따라 사업을 이용하는 경우
5. 다른 법령에서 조합원이 아닌 자에게 의무적으로 물품을 공급하게 하거나 용역을 제공하도록 규정하는 경우
6. 천재지변이나 그 밖에 이와 유사한 긴급한 상황일 때 공중(公衆)에게 생활필수품 또는 용역을 공급하는 경우

7. 학교를 사업구역으로 하는 조합이 그 사업구역에 속하는 학생·교직원 및 학교 방문자를 상대로 물품을 공급하거나 용역을 제공하는 경우
8. 조합이 법령에 따라 국가나 공공단체로부터 위탁받은 사회서비스를 제공하거나 취약계층의 일자리 창출을 위한 사업을 하는 경우
9. 조합(「사회서비스 이용 및 이용권 관리에 관한 법률」제2조 제4호에 따른 사회서비스 제공자에 해당하는 협동조합은 제외한다)이 가입을 홍보하기 위하여 기획재정부장관에게 신고하는 기간(이하 이 호에서 '홍보기간'이라 하며, 그 기간은 1년에 3개월을 넘지 못한다) 동안 전년도 총공급고(總供給高)의 100분의 5 범위에서 물품을 유상 또는 무상으로 공급하는 경우. 다만, 조합이 설립인가를 받은 날부터 1년(단위매장의 경우에는 매장 개장일부터 1년) 동안은 홍보기간이 6개월을 넘지 아니하는 범위에서 총공급고에 대한 제한 없이 물품을 유상 또는 무상으로 공급할 수 있다.
10. 조합원과 같은 가구에 속하는 자가 조합의 사업을 이용하는 경우

〈보건의료사회적협동조합 정관례〉 제58조를 다음과 같이 규정한다.
제58조(사업의 이용) ① 조합은 조합원이 아닌 자에게 조합의 사업을 이용하게 하여서는 아니 된다. 다만, 조합원이 이용하는데 지장이 없는 범위에서 다음 각 호의 경우에는 조합원이 아닌 자도 사업을 이용할 수 있다.
1. 조합이 재고로 보유하고 있는 물품으로서 부패 또는 변질의 우려가 있어 즉시 유통되지 아니하면 제품의 품질을 유지하기 어려운 물품을 처리하기 위한 경우
2. 공공기관·사회단체 등이 공익을 목적으로 주최하는 행사에 참여하는 경우
3. 조합이 정부, 지방자치단체 및 「공공기관 운영에 관한 법률」제4조에 따른 공공기관과 공동으로 추진하는 사업에서 일반 국민이 해당 사업의 목적에 따라 사업을 이용하는 경우
4. 다른 법령에서 조합원이 아닌 자에게 의무적으로 물품을 공급하게 하거나 용역을 제공하도록 규정하는 경우
5. 천재지변이나 그 밖에 이와 유사한 긴급한 상황일 때 공중(公衆)에게 생활필수품 또는 용역을 공급하는 경우
6. 학교를 사업구역으로 하는 조합이 그 사업구역에 속하는 학생·교직원 및 학교 방문자를 상대로 물품을 공급하거나 용역을 제공하는 경우
7. 조합이 법령에 따라 국가나 공공단체로부터 위탁받은 사회서비스를 제공하거나 취약계층의 일자리 창출을 위한 사업을 하는 경우
8. 조합원과 같은 가구에 속하는 자가 조합의 사업을 이용하는 경우
② 제1항에도 불구하고 조합은 총 공급고의 100분의 50의 범위에서 조합원이 아닌 자 중 다음 각 호에 해당하는 사람에 대하여 보건의료서비스를 제공할 수 있다.
1. 「응급의료에 관한 법률」제2조 제1호에 따른 응급환자
2. 「의료급여법」제3조에 따른 수급권자
3. 「장애인고용촉진 및 직업재활법」제2조 제1호에 따른 장애인
4. 「한부모가족 지원법」제5조 및 제5조의 2에 따른 보호대상자
5. 「재한외국인 처우 기본법」제2조 제3호에 따른 결혼이민자
6. 보건복지부장관이 정하여 고시하는 희귀난치성 질환을 가진 자
7. 조합(「사회적기업 육성법」제7조에 따른 사회적기업의 인증을 받은 사회적협동조합에 한한다)이 개설한 의료기관이 소재하는 시·도의 관할 구역에 주소·거소·사업장 또는 근무지가 있는 자
8. 조합원과 같은 가구에 속하는 자
③ 조합의 공급고의 산정기준은 직전 연도 매출액 또는 서비스 이용인원으로 한다. 이 경우 제2항 제8호에 해

당하는 자에게 보건·의료 서비스를 제공하는 경우 해당 조합원이 이사회의 승인을 받으면 그 조합원이 이용한 것으로 보아 공급고를 산정한다.

[비고] 조합의 공급고 산정기준은 직전 연도 매출액 또는 서비스 이용인원 중 정관에서 기준을 선택할 수 있다.

제59조(사업계획과 수지예산) ① 이사회는 매 회계연도 경과 후 3개월 이내에 해당 연도의 사업계획을 수립하고 동 계획의 집행에 필요한 수지예산을 편성하여 총회의 의결을 받아야 한다.

② 제1항에 따른 사업계획과 예산이 총회에서 확정될 때까지는 전년도 예산에 준하여 가예산을 편성하여 집행할 수 있다. 이 경우 총회의 사후 승인을 받아야 한다.

③ 이사회가 총회에서 확정된 사업계획과 예산을 변경한 때에는 차기 총회에서 사후 변경승인을 받아야 한다.

제60조(회계연도 등) ① 조합의 회계연도는 매년 ○월 ○일부터 ○월 ○일까지로 한다.

② 조합의 회계는 일반회계와 특별회계로 구분하되, 당해 조합의 주 사업은 일반회계로 하고 그 외의 사업은 특별회계로 한다.

[비고] 각 회계별 사업구분을 정하여 정관에 규정한다.

(■)제61조(특별회계의 설치) 특별회계는 조합의 주 사업 외의 특정사업을 운영할 때, 특정자금을 보유하여 운영할 때, 기타 일반회계와 구분 경리할 필요가 있을 때 설치한다.

제62조(운영의 공개) ① 이사장은 결산결과의 공고 등 운영사항을 적극 공개하여야 한다. ② 이사장은 정관·규약·규정과 총회·이사회의 의사록, 회계장부 및 조합원 명부를 주된 사무소에 비치하여야 한다.

③ 결산보고서는 정기총회 7일 전까지 주된 사무소에 비치하여야 한다.

④ 조합원과 조합의 채권자는 이사장에게 제2항 및 제3항의 서류의 열람 또는 그 사본을 청구할 수 있다.

[비고] 조합은 조합원의 개인정보보호 등 정당한 사유로 서류의 사본청구를 제한하는 규정을 둘 수 있다.

⑤ 이사장은 제4항의 청구가 있을 때에는 정당한 이유 없이 이를 거부하지 못한다.

⑥ 이사장은 결산일로부터 3개월 이내에 기획재정부 또는 사회적협동조합연합회의 홈페이지에 다음 각 호의 자료를 게재하여야 한다.

1. 정관, 규약, 규정
2. 사업계획서
3. 결산서
4. 조합원·직원 등에 대한 교육·홍보 실적
5. 총회, 대의원총회, 이사회의 활동 상황
6. 수지예산서
7. 사업결과보고서
8. 소액대출 및 상호부조 사업현황

제63조(법정적립금) ① 조합은 매 회계연도 결산의 결과 잉여금이 있는 때에는 자기자본의 3배가 될 때까지 잉여금의 100분의 30 이상을 적립하여야 한다.

[비고] 잉여금의 최저비율은 100분의 30으로 되어 있으나, 정관에서 그 이상으로 정할 수 있다.

② 제1항의 법정적립금은 손실금의 보전에 충당하거나 해산하는 경우 외에는 사용하여서는 아니 된다.

제64조(임의적립금) ① 조합은 매 회계연도의 잉여금에서 제63조에 따른 법정적립금을 빼고 나머지가 있을 때에는 총회에서 결정하는 바에 따라 매 회계연도 잉여금의 ○○분의 ○이상을 임의적립금으로 적립할 수 있다.

② 임의적립금은 총회에서 결정하는 바에 따라 사업준비금, 사업개발비, 교육 등 특수목적을 위하여 지출할 수 있다.

제65조(손실금의 보전) ① 조합은 매 회계연도의 결산 결과 손실금(당기손실금을 말한다)이 발생하면 미처분이월금, 임의적립금, 법정적립금 순으로 이를 보전하고, 보전 후에도 부족이 있을 때에는 이를 다음 회계연도에 이월한다.

② 조합은 제1항에 따른 손실금을 보전하고 제63조에 따른 법정적립금 등을 적립한 이후에 발생하는 잉여금은 임의적립금으로 적립하여야 하고, 이를 조합원에게 배당할 수 없다.

제66조(출자금액의 감소의결) ① 조합은 부득이한 사유가 있을 때에는 조합원의 신청에 의하여 출자좌수를 감소할 수 있다.

② 조합은 출자 1좌의 금액 또는 출자좌수의 감소(이하 "출자감소"라 한다)를 총회에서 의결한 경우에는 그 의결을 한 날부터 14일 이내에 대차대조표를 작성한다.

③ 조합은 제1항에 따른 의결을 한 날부터 14일 이내에 채권자에 대하여 이의가 있으면 조합의 주된 사무소에 이를 서면으로 진술하라는 취지를 공고하고, 이미 알고 있는 채권자에게는 개별적으로 최고하여야 한다.

④ 제3항에 따른 이의신청 기간은 30일 이상으로 한다.

⑤ 그 밖의 출자좌수의 감소 절차와 방법에 관하여는 별도의 규약으로 정할 수 있다.

제67조(출자감소 의결에 대한 채권자의 이의) ① 채권자가 제66조의 이의신청 기간에 출자감소에 관한 의결에 대하여 이의를 신청하지 아니하면 출자 1좌 금액의 감소를 승인한 것으로 본다.

② 채권자가 이의를 신청하면 조합은 채무를 변제하거나 상당한 담보를 제공하여야 한다.

제68조(결산 등) ① 조합은 정기총회일 7일 전까지 결산보고서(사업보고서, 대차대조표, 손익계산서, 잉여금처분안 또는 손실금처리안 등을 말한다)를 감사에게 제출하여야 한다.

② 조합은 제1항에 따른 결산보고서와 감사의 의견서를 정기총회에 제출하여 승인을 받아야 한다.

제69조(합병과 분할) ① 조합은 합병계약서 또는 분할계획서를 작성한 후 총회의 의결을 받아 합병 또는 분할할 수 있다.

[비고] 조합이 합병 또는 분할할 경우 기획재정부장관의 인가를 받아야 한다.

② 합병 또는 분할로 인하여 존속 또는 새로 설립되는 조합은 합병 또는 분할로 인하여 소멸되는 조합의 권리·의무를 승계한다.

[비고] 조합은 협동조합기본법에 따른 사회적협동조합 이외의 법인, 단체 및 협동조합 등과 합병하거나 동법에 따른 사회적협동조합 이외의 법인, 단체 및 협동조합 등으로 분할할 수 없다.

제70조(해산) ① 조합은 다음 각 호의 어느 하나에 해당하는 사유가 발생하였을 때에는 해산하고 해산절차는 민법 등 관련 법령에 의한다.

1. 총회의 의결
2. 합병·분할 또는 파산
3. 설립인가의 취소

[비고] 필요한 해산사유를 정관으로 정한다.

② 이사장은 조합이 해산한 때에는 지체없이 조합원에게 통지하고 공고하여야 한다.

제71조(청산인) ① 조합이 해산한 때에는 파산으로 인한 경우를 제외하고는 이사장이 청산인이 된다. 다만, 총회에서 다른 사람을 청산인으로 선임하였을 경우에는 그에 따른다.

② 청산인은 취임 후 지체 없이 재산상태를 조사하고 재산목록과 대차대조표를 작성하여 재산처분의 방법을 정하여 총회의 승인을 얻어야 한다.

③ 청산사무가 종결된 때에는 청산인은 지체없이 결산보고서를 작성하여 총회의 승인을 얻어야 한다.

④ 제2항 및 제3항의 경우에 총회를 2회 이상 소집하여도 총회가 구성되지 아니할 때에는 출석 조합원 3분의 2 이상의 찬성이 있으면 총회의 승인이 있은 것으로 본다.

제72조(청산 잔여재산의 처리) 조합이 해산 후 채무를 변제하고 청산잔여재산이 있을 때에는 다음 각 호의 어느 하나에 귀속한다.

1. 상급 사회적협동조합연합회
2. 유사한 목적의 사회적협동조합

3. 비영리법인·공익법인
4. 국고
[비고] 제1호부터 제4호까지의 사항 중 하나를 정관으로 정한다.

부칙
이 정관은 ○○○○○장관의 인가를 받은 날부터 시행한다.

3. 협동조합기본법

제1장 총칙

제1조(목적) 이 법은 협동조합의 설립·운영 등에 관한 기본적인 사항을 규정함으로써 자주적·자립적·자치적인 협동조합 활동을 촉진하고, 사회통합과 국민경제의 균형 있는 발전에 기여함을 목적으로 한다.

제2조(정의) 이 법에서 사용하는 용어의 뜻은 다음과 같다.
1. "협동조합"이란 재화 또는 용역의 구매·생산·판매·제공 등을 협동으로 영위함으로써 조합원의 권익을 향상하고 지역 사회에 공헌하고자 하는 사업조직을 말한다.
2. "협동조합연합회"란 협동조합의 공동이익을 도모하기 위하여 제1호에 따라 설립된 협동조합의 연합회를 말한다.
3. "사회적협동조합"이란 제1호의 협동조합 중 지역주민들의 권익·복리 증진과 관련된 사업을 수행하거나 취약계층에게 사회서비스 또는 일자리를 제공하는 등 영리를 목적으로 하지 아니하는 협동조합을 말한다.
4. "사회적협동조합연합회"란 사회적협동조합의 공동이익을 도모하기 위하여 제3호에 따라 설립된 사회적협동조합의 연합회를 말한다.

제3조(명칭) ① 협동조합은 협동조합이라는 문자를, 협동조합연합회는 협동조합연합회라는 문자를, 사회적협동조합은 사회적협동조합이라는 문자를, 사회적협동조합연합회는 사회적협동조합연합회라는 문자를 각각 명칭에 사용하여야 한다.

② 이 법에 따라 설립되는 협동조합과 협동조합연합회(이하 "협동조합 등"이라 한다) 및 이 법에 따라 설립되는 사회적협동조합과 사회적협동조합연합회(이하 "사회적협동조합 등"이라 한다)는 대통령령으로 정하는 바에 따라 다른 협동조합 등 및 사회적협동조합 등의 명칭과 중복되거나 혼동되는 명칭을 사용하여서는 아니 된다.

③ 이 법에 따라 설립된 협동조합 등 및 사회적협동조합 등이 아니면 제1항에 따른 문자를 명칭에 사용할 수 없다.

제4조(법인격과 주소) ① 협동조합 등은 법인으로 한다.
② 사회적협동조합 등은 비영리법인으로 한다.
③ 협동조합 등 및 사회적협동조합 등의 주소는 그 주된 사무소의 소재지로 하고, 정관으로 정하는 바에 따라 필요한 곳에 지사무소를 둘 수 있다.

제5조(설립 목적) 협동조합 등 및 사회적협동조합 등은 구성원(협동조합의 경우 조합원을, 연합회의 경우 회원을 말한다. 이하 "조합원등"이라 한다)의 복리 증진과 상부상조를 목적으로 하며, 조합원등의 경제적·사회적·문화적 수요에 부응하여야 한다.

제6조(기본원칙) ① 협동조합 등 및 사회적협동조합 등은 그 업무 수행 시 조합원등을 위하여 최대한 봉사하여야 한다.
② 협동조합 등 및 사회적협동조합 등은 자발적으로 결성하여 공동으로 소유하고 민주적으로 운영되어야 한다.
③ 협동조합 등 및 사회적협동조합 등은 투기를 목적으로 하는 행위와 일부 조합원등의 이익만을 목적으로 하는 업무와 사업을 하여서는 아니 된다.

제7조(협동조합 등의 책무) 협동조합 등 및 사회적협동조합 등은 조합원등의 권익 증진을 위하여 교육·훈련 및 정보 제공 등의 활동을 적극적으로 수행하여야 한다.

제8조(다른 협동조합 등과의 협력) ① 협동조합 등 및 사회적협동조합 등은 다른 협동조합, 다른 법률에 따른 협동조합, 외국의 협동조합 및 관련 국제기구 등과의 상호 협력, 이해 증진 및 공동사업 개발 등을 위하여 노력하여야 한다.

② 협동조합 등 및 사회적협동조합 등은 제1항의 목적 달성을 위하여 필요한 경우에는 다른 협동조합, 다른 법률에 따른 협동조합 등과 협의회를 구성·운영할 수 있다.

제9조(공직선거 관여 금지) ① 협동조합 등 및 사회적협동조합 등은 공직선거에서 특정 정당을 지지·반대하는 행위 또는 특정인을 당선되도록 하거나 당선되지 아니하도록 하는 행위를 하여서는 아니 된다.

② 누구든지 협동조합 등 및 사회적협동조합 등을 이용하여 제1항에 따른 행위를 하여서는 아니 된다.

제10조(국가 및 공공단체의 협력 등) ① 국가 및 공공단체는 협동조합 등 및 사회적협동조합 등의 자율성을 침해하여서는 아니 된다.

② 국가 및 공공단체는 협동조합 등 및 사회적협동조합 등의 사업에 대하여 적극적으로 협조하여야 하고, 그 사업에 필요한 자금 등을 지원할 수 있다.

③ 국가 및 공공단체는 협동조합 등 및 사회적협동조합 등의 의견을 듣고 그 의견이 반영되도록 노력하여야 한다.

제11조(협동조합에 관한 정책) ① 기획재정부장관은 협동조합에 관한 정책을 총괄하고 협동조합의 자율적인 활동을 촉진하기 위한 기본계획을 수립한다.

② 기획재정부장관은 제1항에 따라 협동조합에 관한 정책을 총괄하고 기본계획을 수립함에 있어 관계 중앙행정기관의 장과 협의하여야 하고, 특별시장·광역시장·특별자치시장·도지사·특별자치도지사(이하 "시·도지사"라 한다)의 의견을 요청할 수 있다.

③ 제1항 및 제2항에 따른 협동조합에 관한 정책 총괄 및 기본계획의 수립과 인가·감독 등에 관한 사항의 협의·조정 등을 위하여 필요한 사항은 대통령령으로 정한다.

④ 기획재정부장관은 협동조합의 활동현황·자금·인력 및 경영 등에 관한 실태파악을 위하여 3년마다 실태조사를 실시한 후 그 결과를 공표하고, 국회 소관 상임위원회에 보고하여야 한다.

⑤ 관계 중앙행정기관의 장 또는 시·도지사는 제4항에 따른 실태조사를 위하여 필요한 자료를 기획재정부장관에게 제출하여야 한다.

제12조(협동조합의 날) ① 국가는 협동조합에 대한 이해를 증진시키고 협동조합의 활동을 장려하기 위하여 매년 7월 첫째 토요일을 협동조합의 날로 지정하며, 협동조합의 날 이전 1주간을 협동조합 주간으로 지정한다.

② 국가와 지방자치단체는 협동조합의 날의 취지에 적합한 행사 등 사업을 실시하도록 노력하여야 한다.

제13조(다른 법률과의 관계) ① 다른 법률에 따라 설립되었거나 설립되는 협동조합에 대하여는 이 법을 적용하지 아니한다.

② 협동조합의 설립 및 육성과 관련되는 다른 법령을 제정하거나 개정하는 경우에는 이 법의 목적과 원칙에 맞도록 하여야 한다.

③ 대통령령으로 정하는 요건에 해당하는 협동조합 등 및 사회적협동조합 등의 행위에 대하여는 「독점규제 및 공정거래에 관한 법률」을 적용하지 아니한다. 다만, 불공정거래행위 등 일정한 거래분야에서 부당하게 경쟁을 제한하는 경우에는 그러하지 아니하다.

제14조(다른 법률의 준용) ① 제4조 제1항의 협동조합 등에 관하여 이 법에서 규정한 사항 외에는 「상법」 제1편 총칙, 제2편 상행위, 제3편제3장의2 유한책임회사에 관한 규정을 준용한다. 이 경우 "상인"은 "협동조합 등"으로, "사원"은 "조합원 등"으로 본다.

② 제4조 제2항의 사회적협동조합 등에 관하여 이 법에서 규정한 사항 외에는 「민법」 제1편제3장 법인에 관

한 규정을 준용한다. 이 경우 "사단법인"은 "사회적협동조합 등"으로, "사원"은 "조합원등"으로, "허가"는 "인가"로 본다.

제2장 협동조합

제1절 설립

제15조(설립신고 등) ① 협동조합을 설립하고자 하는 때에는 5인 이상의 조합원 자격을 가진 자가 발기인이 되어 정관을 작성하고 창립총회의 의결을 거친 후 주된 사무소의 소재지를 관할하는 시·도지사에게 신고하여야 한다.
② 창립총회의 의사는 창립총회 개의 전까지 발기인에게 설립동의서를 제출한 자 과반수의 출석과 출석자 3분의 2 이상의 찬성으로 의결한다.
③ 시·도지사는 제1항에 따라 협동조합의 설립신고를 받은 때에는 즉시 기획재정부장관에게 그 사실을 통보하여야 한다.

제16조(정관) ① 협동조합의 정관에는 다음 각 호의 사항이 포함되어야 한다.
  1. 목적
  2. 명칭 및 주된 사무소의 소재지
  3. 조합원 및 대리인의 자격
  4. 조합원의 가입, 탈퇴 및 제명에 관한 사항
  5. 출자 1좌의 금액과 납입 방법 및 시기, 조합원의 출자좌수 한도
  6. 조합원의 권리와 의무에 관한 사항
  7. 잉여금과 손실금의 처리에 관한 사항
  8. 적립금의 적립방법 및 사용에 관한 사항
  9. 사업의 범위 및 회계에 관한 사항
  10. 기관 및 임원에 관한 사항
  11. 공고의 방법에 관한 사항
  12. 해산에 관한 사항
  13. 출자금의 양도에 관한 사항
  14. 그 밖에 총회·이사회의 운영 등에 필요한 사항
② 협동조합의 정관의 변경은 설립신고를 한 시·도지사에게 신고를 하여야 그 효력이 발생한다.

제17조(규약 또는 규정) 협동조합의 운영 및 사업 실시에 필요한 사항으로서 정관으로 정하는 것을 제외하고는 규약 또는 규정으로 정할 수 있다.

제18조(설립사무의 인계와 출자납입) ① 발기인은 제15조 제1항에 따라 설립신고를 하면 지체 없이 그 사무를 이사장에게 인계하여야 한다.
② 제1항에 따라 이사장이 그 사무를 인수하면 기일을 정하여 조합원이 되려는 자에게 출자금을 납입하게 하여야 한다.
③ 현물출자자는 제2항에 따른 납입기일 안에 출자 목적인 재산을 인도하고 등기·등록, 그 밖의 권리의 이전에 필요한 서류를 구비하여 협동조합에 제출하여야 한다.

제19조(협동조합의 설립) ① 협동조합은 주된 사무소의 소재지에서 제61조에 따른 설립등기를 함으로써 성립한다.
② 협동조합의 설립 무효에 관하여는 「상법」 제328조를 준용한다.

제2절 조합원

제20조(조합원의 자격) 조합원은 협동조합의 설립 목적에 동의하고 조합원으로서의 의무를 다하고자 하는 자로 한다.
제21조(가입) ① 협동조합은 정당한 사유 없이 조합원의 자격을 갖추고 있는 자에 대하여 가입을 거절하거나 가입에 있어 다른 조합원보다 불리한 조건을 붙일 수 없다.
② 협동조합은 제1항에도 불구하고 정관으로 정하는 바에 따라 협동조합의 설립 목적 및 특성에 부합되는 자로 조합원의 자격을 제한할 수 있다.
제22조(출자 및 책임) ① 조합원은 정관으로 정하는 바에 따라 1좌 이상을 출자하여야 한다. 다만, 필요한 경우 정관으로 정하는 바에 따라 현물을 출자할 수 있다.
② 조합원 1인의 출자좌수는 총 출자좌수의 100분의 30을 넘어서는 아니 된다.
③ 조합원이 납입한 출자금은 질권의 목적이 될 수 없다.
④ 협동조합에 납입할 출자금은 협동조합에 대한 채권과 상계하지 못한다.
⑤ 조합원의 책임은 납입한 출자액을 한도로 한다.
제23조(의결권 및 선거권) ① 조합원은 출자좌수에 관계없이 각각 1개의 의결권과 선거권을 가진다.
② 조합원은 대리인으로 하여금 의결권 또는 선거권을 행사하게 할 수 있다. 이 경우 그 조합원은 출석한 것으로 본다.
③ 제2항에 따른 대리인은 다른 조합원 또는 본인과 동거하는 가족(조합원의 배우자, 조합원 또는 그 배우자의 직계존속·비속과 형제자매, 조합원의 직계 존속·비속 및 형제자매의 배우자를 말한다. 이하 같다)이어야 하며, 대리인이 대리할 수 있는 조합원의 수는 1인에 한한다.
④ 제2항에 따른 대리인은 정관으로 정하는 바에 따라 대리권을 증명하는 서면을 협동조합에 제출하여야 한다.
제24조(탈퇴) ① 조합원은 정관으로 정하는 바에 따라 협동조합에 탈퇴의사를 알리고 탈퇴할 수 있다.
② 조합원이 다음 각 호의 어느 하나에 해당하면 당연히 탈퇴된다.
 1. 조합원의 자격이 없는 경우
 2. 사망한 경우
 3. 파산한 경우
 4. 금치산선고를 받은 경우
 5. 조합원인 법인이 해산한 경우
 6. 그 밖에 정관으로 정하는 사유에 해당하는 경우
③ 조합원지위의 양도 또는 조합원지분의 양도는 총회의 의결을 받아야 한다.
제25조(제명) ① 협동조합은 조합원이 다음 각 호의 어느 하나에 해당하면 해당 조합원을 제명할 수 있다.
 1. 정관으로 정한 기간 이상 협동조합의 사업을 이용하지 아니한 경우
 2. 출자 및 경비의 납입 등 협동조합에 대한 의무를 이행하지 아니한 경우
 3. 그 밖에 정관으로 정하는 사유에 해당하는 경우
② 협동조합은 제1항에 따라 조합원을 제명하고자 할 때에는 총회 개최 10일 전까지 해당 조합원에게 제명사유를 알리고, 총회에서 의견을 진술할 기회를 주어야 한다.

③ 제2항에 따른 의견진술의 기회를 주지 아니하고 행한 총회의 제명 의결은 해당 조합원에게 대항하지 못한다.

제26조(지분환급청구권과 환급정지) ① 탈퇴 조합원(제명된 조합원을 포함한다. 이하 이 조와 제27조에서 같다)은 탈퇴(제명을 포함한다. 이하 이 조와 제27조에서 같다) 당시 회계연도의 다음 회계연도부터 정관으로 정하는 바에 따라 그 지분의 환급을 청구할 수 있다.

② 제1항에 따른 지분은 탈퇴한 회계연도 말의 협동조합의 자산과 부채에 따라 정한다.

③ 제1항에 따른 청구권은 2년간 행사하지 아니하면 시효로 인하여 소멸된다.

④ 협동조합은 탈퇴 조합원이 협동조합에 대한 채무를 다 갚을 때까지는 제1항에 따른 지분의 환급을 정지할 수 있다.

제27조(탈퇴 조합원의 손실액 부담) 협동조합은 협동조합의 재산으로 그 채무를 다 갚을 수 없는 경우에는 제26조에 따른 지분의 환급분을 계산할 때 정관으로 정하는 바에 따라 탈퇴 조합원이 부담하여야 할 손실액의 납입을 청구할 수 있다. 이 경우 제26조 제3항을 준용한다.

제3절 기관

제28조(총회) ① 협동조합에 총회를 둔다.

② 총회는 이사장과 조합원으로 구성한다.

③ 이사장은 총회를 소집하며, 총회의 의장이 된다.

④ 정기총회는 매년 1회 정관으로 정하는 시기에 소집하고, 임시총회는 정관으로 정하는 바에 따라 필요하다고 인정될 때 소집할 수 있다.

⑤ 이사장은 총회 개최 7일 전까지 회의목적·안건·일시 및 장소를 정하여 정관으로 정한 방법에 따라 총회소집을 통지하여야 한다.

제29조(총회의 의결사항 등) ① 다음 각 호의 사항은 총회의 의결을 받아야 한다.

 1. 정관의 변경
 2. 규약의 제정·변경 또는 폐지
 3. 임원의 선출과 해임
 4. 사업계획 및 예산의 승인
 5. 결산보고서의 승인
 6. 감사보고서의 승인
 7. 협동조합의 합병·분할·해산 또는 휴업
 8. 조합원의 제명
 9. 총회의 의결을 받도록 정관으로 정하는 사항
 10. 그 밖에 이사장 또는 이사회가 필요하다고 인정하는 사항

② 제1항 제1호, 제7호, 제8호의 사항은 총조합원 과반수의 출석과 출석자 3분의 2 이상의 찬성으로 의결하며, 그 밖의 사항은 총조합원 과반수의 출석과 출석자 과반수의 찬성으로 의결한다.

제30조(총회의 의사록) ① 총회의 의사에 관하여 의사록을 작성하여야 한다.

② 의사록에는 의사의 진행 상황과 그 결과를 적고 의장과 총회에서 선출한 조합원 3인 이상이 기명날인하거나 서명하여야 한다.

제31조(대의원총회) ① 조합원 수가 대통령령으로 정하는 수를 초과하는 경우 총회를 갈음하는 대의원총회를 둘 수 있다.

② 대의원총회는 조합원 중에서 선출된 대의원으로 구성한다.

③ 대의원의 의결권 및 선거권은 대리인으로 하여금 행사하게 할 수 없다.
④ 대의원총회에 관하여는 총회에 관한 규정을 준용하며, 이 경우 "조합원"은 "대의원"으로 본다. 다만, 대의원총회는 협동조합의 합병·분할 및 해산에 관한 사항은 의결할 수 없다.

제32조(이사회) ① 협동조합에 이사회를 둔다.
② 이사회는 이사장 및 이사로 구성한다.
③ 이사장은 이사회를 소집하고 그 의장이 된다.
④ 이사회는 구성원 과반수의 출석과 출석원 과반수의 찬성으로 의결하며, 그 밖에 이사회의 개의 및 의결방법 등 이사회의 운영에 관하여 필요한 사항은 정관으로 정한다.

제33조(이사회의 의결사항) 이사회는 다음 각 호의 사항을 의결한다.
  1. 협동조합의 재산 및 업무집행에 관한 사항
  2. 총회의 소집과 총회에 상정할 의안
  3. 규정의 제정·변경 및 폐지
  4. 사업계획 및 예산안 작성
  5. 법령 또는 정관으로 이사회의 의결을 받도록 정하는 사항
  6. 그 밖에 협동조합의 운영에 중요한 사항 또는 이사장이 부의하는 사항

제34조(임원) ① 협동조합에 임원으로서 이사장 1명을 포함한 3명 이상의 이사와 1명 이상의 감사를 둔다.
② 이사의 정수 및 이사·감사의 선출방법 등은 정관으로 정한다.
③ 이사장은 이사 중에서 정관으로 정하는 바에 따라 총회에서 선출한다.

제35조(임원의 임기 등) ① 임원의 임기는 4년의 범위에서 정관으로 정한다.
② 임원은 연임할 수 있다. 다만, 이사장은 2차에 한하여 연임할 수 있다.
③ 결원으로 인하여 선출된 임원의 임기는 전임자의 임기종료일까지로 한다.

제36조(임원의 결격사유) ① 다음 각 호의 어느 하나에 해당하는 사람은 협동조합의 임원이 될 수 없다.
  1. 금치산자
  2. 한정치산자
  3. 파산선고를 받고 복권되지 아니한 사람
  4. 금고 이상의 실형을 선고받고 그 집행이 끝나거나(집행이 끝난 것으로 보는 경우를 포함한다) 집행이 면제된 날부터 3년이 지나지 아니한 사람
  5. 금고 이상의 형의 집행유예를 선고받고 그 유예기간 중에 있거나 유예기간이 끝난 날부터 2년이 지나지 아니한 사람
  6. 금고 이상의 형의 선고유예를 받고 그 선고유예기간 중에 있는 사람
  7. 법원의 판결 또는 다른 법률에 따라 자격이 상실 또는 정지된 사람
② 제1항 각 호의 사유가 발생하면 해당 임원은 당연히 퇴직된다.
③ 제2항에 따라 퇴직된 임원이 퇴직 전에 관여한 행위는 그 효력을 상실하지 아니한다.

제37조(선거운동의 제한) ① 누구든지 자기 또는 특정인을 협동조합의 임원 또는 대의원으로 당선되도록 하거나 당선되지 아니하도록 할 목적으로 다음 각 호의 어느 하나에 해당하는 행위를 할 수 없다.
  1. 조합원(협동조합에 가입신청을 한 자를 포함한다. 이하 이 조에서 같다)이나 그 가족 또는 조합원이나 그 가족이 설립·운영하고 있는 기관·단체·시설에 대한 다음 각 목의 어느 하나에 해당하는 행위
    가. 금전·물품·향응이나 그 밖의 재산상의 이익을 제공하는 행위
    나. 공사의 직을 제공하는 행위
    다. 금전·물품·향응, 그 밖의 재산상의 이익이나 공사의 직을 제공하겠다는 의사표시 또는 그 제공을 약속을 하는 행위

2. 후보자가 되지 못하도록 하거나 후보자를 사퇴하게 할 목적으로 후보자가 되려는 사람이나 후보자에게 제1호 각 목에 규정된 행위를 하는 행위

3. 제1호 또는 제2호의 이익이나 직을 제공받거나 그 제공의 의사표시를 승낙하는 행위 또는 그 제공을 요구하거나 알선하는 행위

② 임원 또는 대의원이 되려는 사람은 정관으로 정하는 기간 중에는 선거운동을 위하여 조합원을 호별로 방문하거나 특정 장소에 모이게 할 수 없다.

③ 누구든지 협동조합의 임원 또는 대의원 선거와 관련하여 연설·벽보, 그 밖의 방법으로 거짓의 사실을 공표하거나 공연히 사실을 적시하여 후보자를 비방할 수 없다.

④ 누구든지 임원 또는 대의원 선거와 관련하여 다음 각 호의 방법 중 정관으로 정하는 행위 외의 선거운동을 할 수 없다.

1. 선전 벽보의 부착
2. 선거 공보의 배부
3. 소형 인쇄물의 배부
4. 합동 연설회 또는 공개 토론회의 개최
5. 전화·컴퓨터통신을 이용한 지지 호소

제38조(선거관리위원회의 구성·운영) ① 협동조합은 임원 및 대의원 선거를 공정하게 관리하기 위하여 선거관리위원회를 구성·운영할 수 있다.

② 선거관리위원회의 기능·구성 및 운영 등에 관하여 필요한 사항은 정관으로 정할 수 있다.

제39조(임원의 의무와 책임) ① 임원은 이 법, 이 법에 따른 명령, 정관·규약·규정 및 총회와 이사회의 의결을 준수하고 협동조합을 위하여 성실히 그 직무를 수행하여야 한다.

② 임원이 법령 또는 정관을 위반하거나 그 임무를 게을리하여 협동조합에 손해를 가한 때에는 연대하여 그 손해를 배상하여야 한다.

③ 임원이 고의 또는 중대한 과실로 그 임무를 게을리하여 제3자에게 손해를 끼친 때에는 제3자에게 연대하여 그 손해를 배상하여야 한다.

④ 제2항 및 제3항의 행위가 이사회의 의결에 의한 것일 때에는 그 의결에 찬성한 이사도 제2항 및 제3항의 책임이 있다.

⑤ 제4항의 의결에 참가한 이사로서 명백한 반대의사를 표시하지 아니한 자는 그 의결에 찬성한 것으로 본다.

제40조(임원의 해임) ① 조합원은 조합원 5분의 1 이상의 동의로 총회에 임원의 해임을 요구할 수 있다.

② 임원의 해임을 의결하려면 해당 임원에게 해임의 이유를 알리고, 총회에서 의견을 진술할 기회를 주어야 한다.

제41조(이사장 및 이사의 직무) ① 이사장은 협동조합을 대표하고 정관으로 정하는 바에 따라 협동조합의 업무를 집행한다.

② 이사는 정관으로 정하는 바에 따라 협동조합의 업무를 집행하고, 이사장이 사고가 있을 때에는 정관으로 정하는 순서에 따라 그 직무를 대행한다.

③ 제2항의 경우와 이사장이 권한을 위임한 경우를 제외하고는 이사장이 아닌 이사는 협동조합을 대표할 수 없다.

제42조(감사의 직무) ① 감사는 협동조합의 업무집행상황, 재산상태, 장부 및 서류 등을 감사하여 총회에 보고하여야 한다.

② 감사는 예고 없이 협동조합의 장부나 서류를 대조·확인할 수 있다.

③ 감사는 이사장 및 이사가 이 법, 이 법에 따른 명령, 정관·규약·규정 또는 총회의 의결에 반하여 업무를 집행한 때에는 이사회에 그 시정을 요구하여야 한다.

④ 감사는 총회 또는 이사회에 출석하여 의견을 진술할 수 있다.
제43조(감사의 대표권) 협동조합이 이사장을 포함한 이사와 소송을 하는 때에는 감사가 협동조합을 대표한다.
제44조(임직원의 겸직금지) ① 이사장은 다른 협동조합의 이사장을 겸직할 수 없다.
② 이사장을 포함한 이사와 직원은 감사를 겸직할 수 없다.
③ 임원은 해당 협동조합의 직원을 겸직할 수 없다. 다만, 사업의 성격, 조합원 구성 등을 감안하여 대통령령으로 정하는 바에 따라 임원과 직원을 겸직할 수 있다.

제4절 사업

제45조(사업) ① 협동조합은 설립 목적을 달성하기 위하여 필요한 사업을 자율적으로 정관으로 정하되, 다음 각 호의 사업은 포함하여야 한다.
  1. 조합원과 직원에 대한 상담, 교육·훈련 및 정보 제공 사업
  2. 협동조합 간 협력을 위한 사업
  3. 협동조합의 홍보 및 지역사회를 위한 사업
② 협동조합의 사업은 관계 법령에서 정하는 목적·요건·절차·방법 등에 따라 적법하고 타당하게 시행되어야 한다.
③ 협동조합은 제1항과 제2항에도 불구하고 「통계법」 제22조 제1항에 따라 통계청장이 고시하는 한국표준산업분류에 의한 금융 및 보험업을 영위할 수 없다.
제46조(사업의 이용) ① 협동조합은 조합원이 아닌 자에게 협동조합의 사업을 이용하게 하여서는 아니 된다.
② 협동조합은 제1항에도 불구하고, 조합원이 이용하는 데에 지장이 없는 범위에서 대통령령으로 정하는 바에 따라 조합원이 아닌 자에게 그 사업을 이용하게 할 수 있다.

제5절 회계

제47조(회계연도 등) ① 협동조합의 회계연도는 정관으로 정한다.
② 협동조합의 회계는 일반회계와 특별회계로 구분하되, 각 회계별 사업부문은 정관으로 정한다.
제48조(사업계획서와 수지예산서) 협동조합은 매 회계연도의 사업계획서와 수지예산서를 작성하여 총회의 의결을 받아야 한다.
제49조(운영의 공개) ① 협동조합은 결산결과의 공고 등 운영사항을 적극 공개하여야 한다.
② 협동조합은 정관·규약·규정, 총회·이사회 의사록, 회계장부 및 조합원 명부를 주된 사무소에 비치하여야 한다.
③ 협동조합의 채권자 및 조합원은 제2항의 서류를 열람하거나 그 사본을 청구할 수 있다.
④ 대통령령으로 정하는 일정 규모 이상의 협동조합은 설립신고를 한 특별시·광역시·특별자치시·도·특별자치도 또는 협동조합연합회의 홈페이지에 주요 경영공시자료를 게재하여야 한다.
제50조(법정적립금 및 임의적립금) ① 협동조합은 매 회계연도 결산의 결과 잉여금이 있는 때에는 자기자본의 3배가 될 때까지 잉여금의 100분의 10 이상을 적립(이하 "법정적립금"이라 한다)하여야 한다.
② 협동조합은 정관으로 정하는 바에 따라 사업준비금 등을 적립(이하 "임의적립금"이라 한다)할 수 있다.
③ 협동조합은 손실의 보전에 충당하거나 해산하는 경우 외에는 법정적립금을 사용하여서는 아니 된다.
제51조(손실금의 보전과 잉여금의 배당) ① 협동조합은 매 회계연도의 결산 결과 손실금(당기손실금을 말한다)이 발생하면 미처분이월금, 임의적립금, 법정적립금의 순으로 이를 보전하고, 보전 후에도 부족이 있을 때에는 이를 다음 회계연도에 이월한다.

② 협동조합이 제1항에 따른 손실금을 보전하고 제50조에 따른 법정적립금 및 임의적립금 등을 적립한 이후에는 정관으로 정하는 바에 따라 조합원에게 잉여금을 배당할 수 있다.
③ 제2항에 따른 잉여금 배당의 경우 협동조합사업 이용실적에 대한 배당은 전체 배당액의 100분의 50 이상이어야 하고, 납입출자액에 대한 배당은 납입출자금의 100분의 10을 초과하여서는 아니 된다.
제52조(결산보고서의 승인) ① 협동조합은 정기총회일 7일 전까지 결산보고서(사업보고서, 대차대조표, 손익계산서, 잉여금처분안 또는 손실금처리안 등을 말한다)를 감사에게 제출하여야 한다.
② 협동조합은 제1항에 따른 결산보고서와 감사의 의견서를 정기총회에 제출하여 승인을 받아야 한다.
제53조(출자감소의 의결) ① 협동조합은 출자 1좌 금액의 감소를 의결하면 의결한 날부터 14일 이내에 대차대조표를 작성하여야 한다.
② 협동조합은 제1항의 기간에 채권자에 대하여 이의가 있으면 일정한 기간에 신청하여야 할 것을 공고함과 동시에 이미 알고 있는 채권자에 대하여는 개별적으로 최고하여야 한다.
③ 제2항에 따른 이의신청 기간은 30일 이상으로 하여야 한다.
제54조(출자감소에 대한 채권자의 이의) ① 채권자가 제53조 제2항에 따른 이의신청 기간에 이의를 신청하지 아니하면 출자 1좌의 금액의 감소를 승인한 것으로 본다.
② 채권자가 이의를 신청하면 협동조합은 채무를 변제하거나 상당한 담보를 제공하여야 한다.
제55조(출자지분 취득금지 등) 협동조합은 조합원의 출자지분을 취득하거나 이를 질권의 목적으로 하여서는 아니 된다.

제6절 합병·분할·해산 및 청산

제56조(합병 및 분할) ① 협동조합은 합병계약서 또는 분할계획서를 작성한 후 총회의 의결을 받아 합병 또는 분할할 수 있다.
② 협동조합이 합병할 경우 합병 후 존속하는 협동조합은 합병신고를, 분할 후 새로 설립되는 협동조합은 설립신고를, 합병으로 소멸되는 협동조합은 해산신고를 각 사무소의 소재지에서 하여야 한다.
③ 합병 또는 분할로 인하여 존속하거나 설립되는 협동조합은 합병 또는 분할로 소멸되는 협동조합의 권리·의무를 승계한다.
④ 제1항에 따라 설립되는 협동조합에 대하여는 제15조부터 제17조까지의 규정을 준용한다.
⑤ 협동조합은 이 법에 따른 협동조합 이외의 법인, 단체 및 협동조합 등과 합병하거나 이 법에 따른 협동조합 이외의 법인, 단체 및 협동조합 등으로 분할할 수 없다.
⑥ 협동조합의 합병 및 분할에 관하여는 제53조 및 제54조를 준용한다.
제57조(해산) ① 협동조합은 다음 각 호의 어느 하나에 해당하는 사유로 해산한다.
  1. 정관으로 정한 해산 사유의 발생
  2. 총회의 의결
  3. 합병·분할 또는 파산
② 협동조합이 해산한 때에는 청산인은 파산의 경우를 제외하고는 그 취임 후 14일 이내에 설립신고를 한 시·도지사에게 신고하여야 한다.
제58조(청산인) ① 협동조합이 해산하면 파산으로 인한 경우 외에는 이사장이 청산인이 된다. 다만, 총회에서 다른 사람을 청산인으로 선임하였을 경우에는 그에 따른다.
② 청산인은 취임 후 지체 없이 협동조합의 재산상태를 조사하고 재산목록과 대차대조표를 작성한 다음 재산처분의 방법을 정하여 총회의 승인을 받아야 한다.
③ 청산사무가 종결된 때에는 청산인은 지체 없이 결산보고서를 작성하여 총회의 승인을 받아야 한다.

④ 제2항 및 제3항의 경우 총회를 2회 이상 소집하여도 총회가 구성되지 아니할 때에는 출석조합원 3분의 2 이상의 찬성이 있으면 총회의 승인이 있은 것으로 본다.
제59조(잔여재산의 처리) 협동조합이 해산할 경우 채무를 변제하고 잔여재산이 있을 때에는 정관으로 정하는 바에 따라 이를 처분한다.
제60조(「민법」 등의 준용) 협동조합의 해산과 청산에 관하여는 「민법」 제79조, 제81조, 제87조, 제88조 제1항·제2항, 제89조부터 제92조까지, 제93조 제1항·제2항 및 「비송사건절차법」 제121조를 준용한다.

제7절 등기

제61조(설립등기) ① 협동조합은 출자금의 납입이 끝난 날부터 14일 이내에 주된 사무소의 소재지에서 설립등기를 하여야 한다.
② 설립등기신청서에는 다음 각 호의 사항을 적어야 한다.
  1. 제16조 제1항 제1호와 제2호의 사항
  2. 출자 총좌수와 납입한 출자금의 총액
  3. 설립신고 연월일
  4. 임원의 성명·주민등록번호 및 주소
③ 설립등기를 할 때에는 이사장이 신청인이 된다.
④ 제2항의 설립등기신청서에는 설립신고서, 창립총회의사록 및 정관의 사본을 첨부하여야 한다.
⑤ 합병이나 분할로 인한 협동조합의 설립신고신청서에는 다음 각 호의 서류를 모두 첨부하여야 한다.
  1. 제4항에 따른 서류
  2. 제53조에 따라 공고하거나 최고한 사실을 증명하는 서류
  3. 제54조에 따라 이의를 신청한 채권자에게 변제나 담보를 제공한 사실을 증명하는 서류
제62조(지사무소의 설치등기) 협동조합이 지사무소를 설치하였으면 주된 사무소의 소재지에서는 21일 이내에, 지사무소의 소재지에서는 28일 이내에 등기하여야 한다.
제63조(이전등기) ① 협동조합이 사무소를 이전하였으면 전소재지와 현소재지에서 각각 21일 이내에 이전등기를 하여야 한다.
② 제1항에 따른 등기를 할 때에는 이사장이 신청인이 된다.
제64조(변경등기) ① 협동조합은 제61조 제2항 각 호의 사항이 변경되면 주된 사무소 및 해당 지사무소의 소재지에서 각각 21일 이내에 변경등기를 하여야 한다.
② 제61조 제2항 제2호의 사항에 관한 변경등기는 제1항에도 불구하고 회계연도 말을 기준으로 그 회계연도가 끝난 후 1개월 이내에 등기하여야 한다.
③ 제1항과 제2항에 따른 변경등기를 할 때에는 이사장이 신청인이 된다.
④ 제3항에 따른 등기신청서에는 등기 사항의 변경을 증명하는 서류를 첨부하여야 한다.
⑤ 출자감소, 합병 또는 분할로 인한 변경등기신청서에는 다음 각 호의 서류를 모두 첨부하여야 한다.
  1. 제4항에 따른 서류
  2. 제53조에 따라 공고하거나 최고한 사실을 증명하는 서류
  3. 제54조에 따라 이의를 신청한 채권자에게 변제나 담보를 제공한 사실을 증명하는 서류
제65조(합병등기) ① 협동조합이 합병한 경우에는 합병신고를 한 날부터 14일 이내에 그 사무소의 소재지에서 합병 후 존속하는 협동조합은 변경등기를, 합병으로 소멸되는 협동조합은 해산등기를, 합병으로 설립되는 협동조합은 제61조에 따른 설립등기를 각 사무소의 소재지에서 하여야 한다.
② 제1항에 따른 해산등기를 할 때에는 합병으로 소멸되는 협동조합의 이사장이 신청인이 된다.

③ 제2항의 경우에는 해산 사유를 증명하는 서류를 첨부하여야 한다.
제66조(해산등기) ① 협동조합이 해산한 경우에는 합병과 파산의 경우 외에는 주된 사무소의 소재지에서는 14일 이내에, 지사무소의 소재지에서는 21일 이내에 해산등기를 하여야 한다.
② 제1항에 따른 해산등기를 할 때에는 청산인이 신청인이 된다.
③ 해산등기신청서에는 해산 사유를 증명하는 서류를 첨부하여야 한다.
제67조(청산인등기) ① 청산인은 그 취임일부터 14일 이내에 주된 사무소의 소재지에서 그 성명·주민등록번호 및 주소를 등기하여야 한다.
② 제1항에 따른 등기를 할 때 이사장이 청산인이 아닌 경우에는 신청인의 자격을 증명하는 서류를 첨부하여야 한다.
제68조(청산종결등기) ① 청산이 끝나면 청산인은 주된 사무소의 소재지에서는 14일 이내에, 지사무소의 소재지에서는 21일 이내에 청산종결의 등기를 하여야 한다.
② 제1항에 따른 등기신청서에는 제58조 제3항에 따른 결산보고서의 승인을 증명하는 서류를 첨부하여야 한다.
제69조(등기부) 등기소는 협동조합등기부를 갖추어 두어야 한다.
제70조("비송사건절차법" 등의 준용) 협동조합의 등기에 관하여 이 법에서 정한 사항 외에는 「비송사건절차법」 및 「상업등기법」 중 등기에 관한 규정을 준용한다.

제3장 협동조합연합회

제1절 설립

제71조(설립신고 등) ① 협동조합연합회(이하 "연합회"라 한다)를 설립하고자 하는 때에는 회원 자격을 가진 셋 이상의 협동조합이 발기인이 되어 정관을 작성하고 창립총회의 의결을 거친 후 기획재정부장관에게 신고하여야 한다.
② 창립총회의 의사는 창립총회 개의 전까지 발기인에게 설립동의서를 제출한 협동조합 과반수의 출석과 출석자 3분의 2 이상의 찬성으로 의결한다.
제72조(준용규정) 연합회의 설립에 관하여는 제16조부터 제19조까지의 규정을 준용한다. 이 경우 "협동조합"은 "연합회"로, "조합원"은 "회원"으로, "시·도지사"는 "기획재정부장관"으로 보고, 제16조 제1항 제3호 중 "조합원 및 대리인"은 "회원"으로 본다.

제2절 회원

제73조(회원의 자격) ① 연합회의 회원은 연합회의 설립 목적에 동의하고 회원으로서의 의무를 다하고자 하는 협동조합으로 한다.
② 연합회는 정관으로 정하는 바에 따라 회원의 자격을 제한할 수 있다.
제74조(탈퇴) ① 회원은 정관으로 정하는 바에 따라 연합회에 탈퇴 의사를 알리고 탈퇴할 수 있다.
② 회원은 다음 각 호의 어느 하나에 해당하면 당연히 탈퇴된다.
   1. 회원으로서의 자격을 상실한 경우

2. 해산 또는 파산한 경우
　　3. 그 밖에 정관으로 정하는 사유에 해당하는 경우
제75조(의결권 및 선거권) 연합회는 회원인 협동조합의 조합원 수, 연합회 사업참여량, 출자좌수 등 정관으로 정하는 바에 따라 회원의 의결권 및 선거권을 차등하여 부여할 수 있다.
제76조(준용규정) 연합회의 회원에 관하여는 제21조, 제22조 및 제25부터 제27조까지의 규정을 준용한다. 이 경우 "협동조합"은 "연합회"로, "조합원"은 "회원"으로 보고, 제22조 제2항 중 "조합원 1인"은 "한 회원"으로, "100분의 30"은 "100분의 40"으로 본다.

제3절 기관

제77조(총회) ① 연합회에 총회를 둔다.
② 총회는 회장과 회원으로 구성한다.
제78조(임원) 임원은 정관으로 정하는 바에 따라 총회에서 회원에 속한 조합원 중에서 선출한다.
제79조(준용규정) 연합회의 기관에 관하여는 제28조 제3항부터 제5항까지, 제29조부터 제44조까지의 규정을 준용한다. 이 경우 "협동조합"은 "연합회"로, "이사장"은 "회장"으로, "조합원"은 "회원"으로 보고, 제40조 제1항 중 "5분의 1"은 "3분의 1"로 보며, 제29조, 제30조 및 제40조 제1항 중 "조합원"은 "대의원"으로 보고, 제37조 중 "조합원"은 "대의원이나 회원에 속한 조합원"으로, "가입신청을 한 자"는 "가입신청을 한 협동조합에 속한 조합원"으로 본다.

제4절 사업

제80조(사업) ① 연합회는 설립 목적을 달성하기 위하여 필요한 사업을 정관으로 정하되, 다음 각 호의 사업은 포함하여야 한다.
　　1. 회원에 대한 지도·지원·연락 및 조정에 관한 사업
　　2. 회원에 속한 조합원 및 직원에 대한 상담, 교육·훈련 및 정보 제공 사업
　　3. 회원의 사업에 관한 조사·연구 및 홍보 사업
② 연합회의 사업은 관계 법령에서 정하는 목적·요건·절차·방법 등에 따라 적법하고 타당하게 시행되어야 한다.
③ 연합회는 제1항과 제2항에도 불구하고 「통계법」 제22조 제1항에 따라 통계청장이 고시하는 한국표준산업분류에 의한 금융 및 보험업을 영위할 수 없다.
제81조(사업의 이용) ① 연합회는 회원이 아닌 자에게 연합회의 사업을 이용하게 하여서는 아니 된다. 다만, 홍보 또는 재고물품의 처리 등 사업의 원활한 운영을 위하여 대통령령으로 정하는 경우에는 그러하지 아니하다.
② 회원인 조합의 조합원이 사업을 이용하는 경우에는 이를 회원이 이용한 것으로 본다.

제5절 회계

제82조(준용규정) 연합회의 회계에 관하여는 제47조부터 제55조까지의 규정을 준용한다. 이 경우 "협동조합"은 "연합회"로, "조합원"은 "회원"으로 본다.
제6절 합병·분할·해산 및 청산
제83조(준용규정) 연합회의 합병·분할·해산 및 청산에 관하여는 제56조부터 제60조까지의 규정을 준용한다. 이 경우 "협동조합"은 "연합회"로, "조합원"은 "회원"으로, "시·도지사"는 "기획재정부장관"으로 보고, 제56

조 제4항 중 "제15조부터 제17조까지의 규정"은 "제71조 및 제72조"로 보며, 제58조 제4항 중 "조합원"은 "대의원"으로 본다.

제7절 등기

제84조(준용규정) 연합회의 등기에 관하여는 제61조부터 제70조까지의 규정을 준용한다. 이 경우 "협동조합"은 "연합회"로, "이사장"은 "회장"으로 본다.

제4장 사회적협동조합

제1절 설립

제85조(설립인가 등) ① 사회적협동조합을 설립하고자 하는 때에는 5인 이상의 조합원 자격을 가진 자가 발기인이 되어 정관을 작성하고 창립총회의 의결을 거친 후 기획재정부장관에게 인가를 받아야 한다.
② 창립총회의 의사는 창립총회 개의 전까지 발기인에게 설립동의서를 제출한 자 과반수의 출석과 출석자 3분의 2 이상의 찬성으로 의결한다.
③ 기획재정부장관은 제1항에 따라 설립인가 신청을 받으면 다음 각 호의 경우 외에는 신청일부터 60일 이내에 인가하여야 한다. 다만, 부득이한 사유로 처리기간 내에 처리하기 곤란한 경우에는 60일 이내에서 1회에 한하여 그 기간을 연장할 수 있다.
  1. 설립인가 구비서류가 미비된 경우
  2. 설립의 절차, 정관 및 사업계획서의 내용이 법령을 위반한 경우
  3. 그 밖에 설립인가 기준에 미치지 못하는 경우
④ 제1항 및 제3항의 설립인가에 관한 신청 절차와 조합원 수, 출자금, 그 밖에 인가에 필요한 기준, 인가 방법에 관한 상세한 사항은 대통령령으로 정한다.
⑤ 제1항 및 제3항의 기획재정부장관의 권한은 사회적협동조합이 수행하는 구체적인 사업 내용, 성격 등을 고려하여 대통령령으로 정하는 바에 따라 관계 중앙행정기관의 장에게 위임할 수 있다.
제86조(정관) ① 사회적협동조합의 정관에는 다음 각 호의 사항이 포함되어야 한다.
  1. 목적
  2. 명칭 및 주된 사무소의 소재지
  3. 조합원 및 대리인의 자격
  4. 조합원의 가입, 탈퇴 및 제명에 관한 사항
  5. 출자 1좌의 금액과 납입 방법 및 시기, 조합원의 출자좌수 한도
  6. 조합원의 권리와 의무에 관한 사항
  7. 잉여금과 손실금의 처리에 관한 사항
  8. 적립금의 적립방법 및 사용에 관한 사항
  9. 사업의 범위 및 회계에 관한 사항
  10. 기관 및 임원에 관한 사항
  11. 공고의 방법에 관한 사항

12. 해산에 관한 사항
13. 출자금의 양도에 관한 사항
14. 그 밖에 총회·이사회의 운영 등에 관하여 필요한 사항
② 사회적협동조합의 정관의 변경은 기획재정부장관의 인가를 받아야 그 효력이 발생한다.
③ 제2항의 기획재정부장관의 권한은 대통령령으로 정하는 바에 따라 관계 중앙행정기관의 장에게 위임할 수 있다.
제87조(설립사무의 인계와 출자납입) ① 발기인은 제85조 제1항에 따라 설립인가를 받으면 지체 없이 그 사무를 이사장에게 인계하여야 한다.
② 제1항에 따라 이사장이 그 사무를 인수하면 기일을 정하여 조합원이 되려는 자에게 출자금을 납입하게 하여야 한다.
③ 현물출자자는 제2항에 따른 납입기일 안에 출자 목적인 재산을 인도하고 등기·등록, 그 밖의 권리의 이전에 필요한 서류를 구비하여 협동조합에 제출하여야 한다.
제88조(준용규정) 사회적협동조합의 설립에 관하여는 제17조 및 제19조를 준용한다. 이 경우 "협동조합"은 "사회적협동조합"으로 보고, 제19조 제1항 중 "제61조에 따른 설립등기"는 "제106조에 따른 설립등기"로 본다.

제2절 조합원

제89조(출자금환급청구권과 환급정지) ① 탈퇴 조합원(제명된 조합원을 포함한다. 이하 이 조와 제90조에서 같다)은 탈퇴(제명을 포함한다. 이하 이 조와 제90조에서 같다) 당시 회계연도의 다음 회계연도부터 정관으로 정하는 바에 따라 그 출자금의 환급을 청구할 수 있다.
② 제1항에 따른 청구권은 2년간 행사하지 아니하면 시효로 인하여 소멸된다.
③ 사회적협동조합은 탈퇴 조합원이 사회적협동조합에 대한 채무를 다 갚을 때까지는 제1항에 따른 출자금의 환급을 정지할 수 있다.
제90조(탈퇴 조합원의 손실액 부담) 사회적협동조합은 사회적협동조합의 재산으로 그 채무를 다 갚을 수 없는 경우에는 제89조에 따른 출자금의 환급분을 계산할 때 정관으로 정하는 바에 따라 탈퇴 조합원이 부담하여야 할 손실액의 납입을 청구할 수 있다. 이 경우 제89조 제2항을 준용한다.
제91조(준용규정) 사회적협동조합의 조합원에 관하여는 제20조부터 제25조까지의 규정을 준용한다. 이 경우 "협동조합"은 "사회적협동조합"으로 본다.

제3절 기관

제92조(준용규정) 사회적협동조합의 기관에 관하여는 제28조부터 제44조까지의 규정을 준용한다. 이 경우 "협동조합"은 "사회적협동조합"으로 본다.

제4절 사업

제93조(사업) ① 사회적협동조합은 다음 각 호의 사업 중 하나 이상을 주 사업으로 하여야 한다.
 1. 지역사회 재생, 지역경제 활성화, 지역 주민들의 권익·복리 증진 및 그 밖에 지역사회가 당면한 문제 해결에 기여하는 사업
 2. 취약계층에게 복지·의료·환경 등의 분야에서 사회서비스 또는 일자리를 제공하는 사업
 3. 국가·지방자치단체로부터 위탁받은 사업

4. 그 밖에 공익증진에 이바지 하는 사업

② 제1항의 "주 사업"이란 목적사업이 협동조합 전체 사업량의 100분의 40 이상인 경우를 의미한다.

제94조(조합원에 대한 소액대출 및 상호부조) ① 사회적협동조합은 제45조 제3항에도 불구하고 상호복리 증진을 위하여 주 사업 이외의 사업으로 정관으로 정하는 바에 따라 조합원을 대상으로 납입 출자금 총액의 한도에서 소액대출과 상호부조를 할 수 있다. 다만, 소액대출은 납입 출자금 총액의 3분의 2를 초과할 수 없다.

② 제1항의 사업에 따른 소액대출 이자율, 대출한도, 상호부조의 범위, 상호부조금, 상호부조계약 및 상호부조 회비 등 필요한 세부 사항은 대통령령으로 정한다.

제95조(사업의 이용) ① 사회적협동조합은 조합원이 아닌 자에게 사회적협동조합의 사업을 이용하게 하여서는 아니 된다.

② 사회적협동조합은 제1항에도 불구하고 조합원이 이용하는 데에 지장이 없는 범위에서 대통령령으로 정하는 바에 따라 조합원이 아닌 자에게 그 사업을 이용하게 할 수 있다. 다만, 제94조에 따른 사업의 경우에는 그러하지 아니하다.

③ 보건·의료 사업을 행하는 사회적협동조합은 제1항에도 불구하고 총공급고의 100분의 50의 범위에서 조합원이 아닌 자에 대하여 보건·의료 서비스를 제공할 수 있다. 이 경우 공급고의 산정기준, 보건·의료 서비스의 제공이 가능한 조합원이 아닌 자의 범위 등 구체적인 사항은 대통령령으로 정한다.

제5절 회계 등

제96조(운영의 공개) ① 사회적협동조합은 결산결과의 공고 등 운영사항을 적극 공개하여야 한다.

② 사회적협동조합은 정관·규약·규정, 총회·이사회 의사록, 회계장부 및 조합원 명부를 주된 사무소에 비치하여야 한다.

③ 협동조합의 채권자와 조합원은 제2항의 서류를 열람하거나 그 사본을 청구할 수 있다.

④ 사회적협동조합은 기획재정부 또는 사회적협동조합연합회의 홈페이지에 주요 경영공시자료를 게재하여야 한다.

제97조(법정적립금 및 임의적립금) ① 사회적협동조합은 매 회계연도 결산의 결과 잉여금이 있는 때에는 자기자본의 3배가 될 때까지 잉여금의 100분의 30 이상을 법정적립금으로 적립하여야 한다.

② 사회적협동조합은 정관으로 정하는 바에 따라 사업 준비금 등을 임의적립금으로 적립할 수 있다.

③ 사회적협동조합은 손실의 보전에 충당하거나 해산하는 경우 외에는 법정적립금을 사용하여서는 아니 된다.

제98조(손실금의 보전과 잉여금의 배당) ① 사회적협동조합은 매 회계연도의 결산 결과 손실금(당기손실금을 말한다)이 발생하면 미처분 이월금, 임의적립금, 법정적립금의 순으로 이를 보전하고, 보전 후에도 부족이 있을 때에는 이를 다음 회계연도에 이월한다.

② 사회적협동조합이 제1항에 따른 손실금을 보전하고 제97조에 따른 법정적립금 등을 적립한 이후에 발생하는 잉여금은 임의적립금으로 적립하여야 하고 이를 조합원에게 배당할 수 없다.

제99조(부과금의 면제) 사회적협동조합의 사업과 재산에 대하여는 국가와 지방자치단체의 조세 외의 부과금을 면제한다.

제100조(준용규정) 사회적협동조합의 회계에 관하여는 제47조, 제48조 및 제52조부터 제55조까지의 규정을 준용한다. 이 경우 "협동조합"은 "사회적협동조합"으로 본다.

제6절 합병·분할·해산 및 청산

제101조(합병 및 분할) ① 사회적협동조합은 합병계약서 또는 분할계획서를 작성한 후 총회의 의결을 받아 합병

또는 분할할 수 있다.
② 사회적협동조합이 합병 또는 분할할 경우 기획재정부장관의 인가를 받아야 한다.
③ 합병 또는 분할로 인하여 존속하거나 설립되는 사회적협동조합은 합병 또는 분할로 소멸되는 사회적협동조합의 권리·의무를 승계한다.
④ 제1항에 따라 설립되는 사회적협동조합에 대하여는 제85조, 제86조 및 제88조를 준용한다.
⑤ 제2항의 기획재정부장관의 권한은 사회적협동조합이 수행하는 구체적인 사업 내용, 성격 등을 고려하여 대통령령으로 정하는 바에 따라 관계 중앙행정기관의 장에게 위임할 수 있다.
⑥ 사회적협동조합은 이 법에 따른 사회적협동조합 이외의 법인, 단체 및 협동조합 등과 합병하거나 이 법에 따른 사회적협동조합 이외의 법인, 단체 및 협동조합 등으로 분할할 수 없다.
⑦ 사회적협동조합의 합병 및 분할에 관하여는 제53조 및 제54조를 준용한다.

제102조(해산) ① 사회적협동조합은 다음 각 호의 어느 하나에 해당하는 사유로 해산한다.
  1. 정관으로 정한 해산 사유의 발생
  2. 총회의 의결
  3. 합병·분할 또는 파산
  4. 설립인가의 취소
② 사회적협동조합이 제1항 제1호부터 제3호까지의 규정에 따라 해산한 때에는 청산인은 파산의 경우를 제외하고는 그 취임 후 14일 이내에 기획재정부장관에게 신고하여야 한다.

제103조(청산인) ① 사회적협동조합이 해산하면 파산으로 인한 경우 외에는 이사장이 청산인이 된다. 다만, 총회에서 다른 사람을 청산인으로 선임하였을 경우에는 그에 따른다.
② 청산인은 취임 후 지체 없이 사회적협동조합의 재산 상태를 조사하고 재산목록과 대차대조표를 작성한 다음 재산처분의 방법을 정하여 총회의 승인을 받아야 한다.
③ 청산사무가 종결된 때에는 청산인은 지체 없이 결산 보고서를 작성하여 총회의 승인을 받아야 한다.
④ 제2항 및 제3항의 경우 총회를 2회 이상 소집하여도 총회가 구성되지 아니할 때에는 출석조합원 3분의 2 이상의 찬성이 있으면 총회의 승인이 있은 것으로 본다.
⑤ 기획재정부장관은 사회적협동조합의 청산 사무를 감독한다.

제104조(잔여재산의 처리) 사회적협동조합이 해산할 경우 부채 및 출자금을 변제하고 잔여재산이 있을 때에는 정관으로 정하는 바에 따라 다음 각 호의 어느 하나에 귀속된다.
  1. 상급 사회적협동조합연합회
  2. 유사한 목적의 사회적협동조합
  3. 비영리법인·공익법인
  4. 국고

제105조(「민법」 등의 준용) 사회적협동조합의 해산과 청산에 관하여는 「민법」 제79조, 제81조, 제87조, 제88조 제1항·제2항, 제89조부터 제92조까지, 제93조 제1항·제2항 및 「비송사건절차법」 제121조를 준용한다.

제7절 등기

제106조(설립등기) ① 사회적협동조합은 설립인가를 받은 날부터 21일 이내에 주된 사무소의 소재지에서 설립등기를 하여야 하고, 그러하지 아니한 경우 그 인가의 효력은 상실된다.
② 설립등기신청서에는 다음 각 호의 사항을 적어야 한다.
  1. 제86조 제1항 제1호와 제2호의 사항
  2. 출자 총좌수와 납입한 출자금의 총액

3. 설립인가 연월일

　　4. 임원의 성명·주민등록번호 및 주소

③ 설립등기를 할 때에는 이사장이 신청인이 된다.

④ 제2항의 설립등기신청서에는 설립인가서, 창립총회의사록 및 정관의 사본을 첨부하여야 한다.

⑤ 합병이나 분할로 인한 사회적협동조합의 설립등기신청서에는 다음 각 호의 서류를 모두 첨부하여야 한다.

　　1. 제4항에 따른 서류

　　2. 제53조에 따라 공고하거나 최고한 사실을 증명하는 서류

　　3. 제54조에 따라 이의를 신청한 채권자에게 변제나 담보를 제공한 사실을 증명하는 서류

제107조(합병등기) ① 사회적협동조합이 합병한 경우에는 합병인가를 받은 날부터 14일 이내에 그 사무소의 소재지에서 합병 후 존속하는 사회적협동조합은 변경등기를, 합병으로 소멸되는 사회적협동조합은 해산등기를, 합병으로 설립되는 사회적협동조합은 제106조에 따른 설립등기를 각 사무소의 소재지에서 하여야 한다.

② 제1항에 따른 해산등기를 할 때에는 합병으로 소멸되는 사회적협동조합의 이사장이 신청인이 된다.

③ 제2항의 경우에는 해산 사유를 증명하는 서류를 첨부하여야 한다.

제108조(해산등기) ① 사회적협동조합이 해산한 경우에는 합병과 파산의 경우 외에는 주된 사무소의 소재지에서는 14일 이내에, 지사무소의 소재지에서는 21일 이내에 해산등기를 하여야 한다.

② 제1항에 따른 해산등기를 할 때에는 제4항의 경우 외에는 청산인이 신청인이 된다.

③ 해산등기신청서에는 해산 사유를 증명하는 서류를 첨부하여야 한다.

④ 기획재정부장관은 설립인가의 취소로 인한 해산등기를 촉탁하여야 한다.

제109조(등기일의 기산일) 등기 사항으로서 기획재정부장관의 인가 등이 필요한 것은 그 인가 등의 문서가 도달한 날부터 등기 기간을 계산한다.

제110조(준용규정) 사회적협동조합의 등기에 관하여는 제62조부터 제64조까지 및 제67조부터 제70조까지의 규정을 준용한다. 이 경우 "협동조합"은 "사회적협동조합"으로 본다.

제8절 감독

제111조(감독) ① 기획재정부장관은 사회적협동조합의 자율성을 존중하여야 하며, 이 법에서 정하는 바에 따라 그 업무를 감독하고 감독상 필요한 명령을 할 수 있다.

② 기획재정부장관은 다음 각 호의 어느 하나에 해당하는 경우 사회적협동조합(설립 중인 경우를 포함한다. 이하 이 조에서 같다)에 대하여 그 업무 및 재산에 관한 사항을 보고하게 하거나 소속 공무원으로 하여금 해당 사회적협동조합의 업무상황·장부·서류, 그 밖에 필요한 사항을 검사하게 할 수 있다.

　　1. 제85조에 따른 설립인가 및 절차에 적합한지 확인할 필요가 있는 경우

　　2. 이 법, 이 법에 따른 명령 또는 정관을 위반하였는지 확인할 필요가 있는 경우

　　3. 사회적협동조합의 사업이 관계 법령을 위반하였는지 확인할 필요가 있는 경우

③ 제2항에 따른 검사를 하는 공무원은 그 권한을 표시하는 증표를 지니고 이를 관계인에게 내보여야 한다.

④ 기획재정부장관은 제1항에 따른 감독의 결과 사회적협동조합이 이 법, 이 법에 따른 명령 또는 정관을 위반한 사실이 발견된 때에는 해당 사회적협동조합에 대하여 시정에 필요한 조치를 명할 수 있다.

⑤ 기획재정부장관은 이 법의 효율적인 시행과 사회적협동조합에 대한 정책을 수립하기 위하여 필요한 경우 관계 중앙행정기관의 장에게 사회적협동조합에 대한 조사·검사·확인 또는 자료의 제출을 요구하게 하거나 시정에 필요한 조치를 명하게 할 수 있다.

⑥ 제1항부터 제5항까지의 기획재정부장관의 권한은 사회적협동조합이 수행하는 구체적인 사업 내용, 성격

등을 고려하여 대통령령으로 정하는 바에 따라 관계 중앙행정기관의 장 또는 시·도지사에게 위임할 수 있다.

제112조(설립인가의 취소) ① 기획재정부장관은 사회적협동조합이 다음 각 호의 어느 하나에 해당하게 되면 설립인가를 취소할 수 있다.
  1. 정당한 사유 없이 설립인가를 받은 날부터 1년 이내에 사업을 개시하지 아니하거나 1년 이상 계속하여 사업을 실시하지 아니한 경우
  2. 2회 이상 제111조 제5항에 따른 처분을 받고도 시정하지 아니한 경우
  3. 제85조 제4항에 따라 대통령령으로 정한 설립인가 기준에 미달하게 된 경우
  4. 거짓이나 그 밖의 부정한 방법으로 설립인가를 받은 경우
② 기획재정부장관은 제1항에 따라 사회적협동조합의 설립인가를 취소하면, 즉시 그 사실을 공고하여야 한다.

제113조(청문) 기획재정부장관은 제112조에 따라 설립인가를 취소하고자 하는 경우에는 청문을 실시하여야 한다.

제5장 사회적협동조합연합회

제114조(설립인가 등) ① 사회적협동조합연합회를 설립하고자 하는 때에는 회원 자격을 가진 셋 이상의 사회적협동조합이 발기인이 되어 정관을 작성하고 창립총회의 의결을 거친 후 기획재정부장관의 인가를 받아야 한다.
② 창립총회의 의사는 창립총회 개의 전까지 발기인에게 설립동의서를 제출한 사회적협동조합 과반수의 출석과 출석자 3분의 2 이상의 찬성으로 의결한다.

제115조(준용규정) ① 사회적협동조합연합회에 관하여는 제2장 중 제17조, 제19조, 제21조, 제22조, 제25조, 제28조 제3항부터 제5항까지, 제29조부터 제44조까지, 제47조, 제48조, 제52조부터 제55조까지, 제62조부터 제64조까지 및 제67조부터 제70조까지의 규정을 준용한다. 이 경우 "협동조합"은 "사회적협동조합연합회"로, "이사장"은 "회장"으로, "조합원"은 "회원"으로 보고, 제19조 제1항 중 "제61조에 따른 설립등기"는 "제106조에 따른 설립등기"로 보며, 제22조 제2항 중 "조합원 1인"은 "한 회원"으로, "100분의 30"은 "100분의 40"으로 보고, 제29조, 제30조 및 제40조 제1항 중 "조합원"은 "대의원"으로 보며, 제40조 제1항 중 "5분의 1"은 "3분의 1"로 보고, 제37조 중 "조합원"은 "대의원이나 회원에 속한 조합원"으로, "가입신청을 한 자"는 "가입신청을 한 협동조합에 속한 조합원"으로 본다.
② 사회적협동조합연합회에 관하여는 제3장 중 제73조부터 제75조, 제77조, 제78조, 제80조, 제81조를 준용한다. 이 경우 "연합회"는 "사회적협동조합연합회"로 본다.
③ 사회적협동조합연합회에 관하여는 제4장 중 제86조, 제87조, 제89조, 제90조, 제96조부터 제99조까지, 제101조부터 제109조까지 및 제111조부터 제113조까지의 규정을 준용한다. 이 경우 "사회적협동조합"은 "사회적협동조합연합회"로, "조합원"은 "회원"으로 보고, 제86조 제1항 제3호 중 "조합원 및 대리인"은 "회원"으로 보며, 제101조 제4항 중 "제85조, 제86조 및 제88조"는 "제114조 및 제115조"로 보고, 제103조 제4항 중 "조합원"은 "대의원"으로 본다.

제6장 보칙

제116조(권한의 위임) 제11조, 제71조, 제96조, 제102조, 제103조, 제108조, 제112조, 제114조, 제119조 등 이 법에 따른 기획재정부장관의 권한은 그 일부를 대통령령으로 정하는 바에 따라 관계 중앙행정기관의 장 또는 시·도지사에게 위임할 수 있다.

제7장 벌칙

제117조(벌칙) ① 협동조합 등 및 사회적협동조합 등의 임직원 또는 청산인이 다음 각 호의 어느 하나에 해당하는 행위로 협동조합 등 및 사회적협동조합 등에 손해를 끼친 때에는 10년 이하의 징역 또는 3천만 원 이하의 벌금에 처한다. 이 경우 징역형과 벌금형은 병과할 수 있다.
  1. 협동조합 등 및 사회적협동조합 등의 사업목적 이외의 다른 용도로 자금을 사용한 경우
  2. 투기를 목적으로 협동조합 등 및 사회적협동조합 등의 재산을 처분하거나 이용한 경우
② 협동조합 등 및 사회적협동조합 등의 임직원 또는 청산인이 다음 각 호의 어느 하나에 해당하는 행위를 한 때에는 3년 이하의 징역 또는 2천만 원 이하의 벌금에 처한다.
  1. 제45조 제3항, 제50조 제1항·제3항, 제51조부터 제53조까지, 제55조, 제58조, 제80조 제3항, 제97조 제1항·제3항, 제98조, 제103조 및 제104조(제82조·제83조·제100조 또는 제115조에 따라 준용되는 경우를 포함한다)를 위반한 경우
  2. 거짓 또는 부정한 방법으로 등기를 한 경우
  3. 총회의 의결을 받아야 하는 사항에 대하여 의결을 받지 아니하고 집행한 경우
③ 다음 각 호의 어느 하나에 해당하는 자는 2년 이하의 징역 또는 1천만 원 이하의 벌금에 처한다.
  1. 제9조 제2항을 위반하여 공직선거에 관여한 자
  2. 제37조(제79조·제92조 및 제115조에 따라 준용되는 경우를 포함한다)를 위반한 자

제118조(양벌규정) 협동조합 등 및 사회적협동조합 등의 임직원 또는 청산인이 그 협동조합 등 및 사회적협동조합 등의 업무에 관하여 제117조 제1항 및 제2항의 위반행위를 하면 그 행위자를 벌하는 외에 그 협동조합 등 및 사회적협동조합 등에도 해당 조문의 벌금형을 과(科)한다. 다만, 협동조합 등 및 사회적협동조합 등이 그 위반행위를 방지하기 위하여 해당 업무에 관하여 상당한 주의와 감독을 게을리하지 아니한 경우에는 그러하지 아니하다.

제119조(과태료) ① 제3조 제3항을 위반한 자에게는 200만 원 이하의 과태료를 부과한다.
② 협동조합 등 및 사회적협동조합 등이 다음 각 호의 어느 하나에 해당하는 경우에는 200만 원 이하의 과태료를 부과한다.
  1. 제22조 제2항(제76조·제91조 및 제115조 제1항에 따라 준용되는 경우를 포함한다)을 위반하여 조합원등 1인의 출자좌수 제한을 초과하게 한 경우
  2. 제23조 제1항(제91조에 따라 준용되는 경우를 포함한다)을 위반하여 조합원의 의결권·선거권에 차등을 둔 경우
  3. 제46조, 제81조 및 제95조(제115조 제2항에 따라 준용되는 경우를 포함한다)를 위반하여 조합원등이 아닌 자에게 협동조합등의 사업을 이용하게 한 경우
  4. 제94조를 위반하여 소액대출 및 상호부조의 총사업한도, 이자율, 대출한도, 상호부조의 범위, 상호부조금,

상호부조계약 및 상호부조회비 등을 초과하게 한 경우
③ 협동조합 등 및 사회적협동조합 등의 임직원 또는 청산인이 다음 각 호의 어느 하나에 해당하는 때에는 100만 원 이하의 과태료를 부과한다.
1. 신고·등기를 게을리한 때
2. 제49조 제2항(제82조에 따라 준용되는 경우를 포함한다) 및 제96조 제2항(제115조 제3항에 따라 준용되는 경우를 포함한다)에 따른 서류비치를 게을리한 때
3. 제49조 제3항 및 제4항(제82조에 따라 준용되는 경우를 포함한다), 제96조 제3항 및 제4항(제115조 제3항에 따라 준용되는 경우를 포함한다)에 따른 운영의 공개를 게을리한 때
4. 감독기관 또는 총회에 대하여 거짓의 진술 또는 보고를 하거나 사실을 은폐한 때
5. 감독기관의 검사를 거부·방해 또는 기피한 때
④ 제1항부터 제3항까지의 규정에 따른 과태료는 대통령령으로 정하는 바에 따라 기획재정부장관 또는 시·도지사가 부과·징수한다.

부칙 〈제11211호, 2012. 1. 26.〉
제1조(시행일) 이 법은 2012년 12월 1일부터 시행한다.
제2조(협동조합 등에 대한 경과조치) ① 이 법 시행 당시 협동조합과 유사한 목적을 위하여 이미 설립된 사업자 또는 법인이 이 법에 따른 협동조합이 되려면 이 법 시행일부터 2년 이내에 제15조에서 정하는 설립 최소기준을 갖추어 구성원 과반수의 출석과 출석자 3분의 2 이상의 찬성으로 총회의 의결을 거친 후 제15조부터 제19조까지의 설립절차를 거쳐 제61조에 따른 설립등기를 하여야 한다. 이 경우 설립등기 전 사업자 또는 법인과 설립등기 후 협동조합은 동일한 법인으로 본다.
② 이 법 시행 당시 협동조합연합회와 유사한 목적을 위하여 이미 설립된 사단법인이 이 법에 따른 협동조합연합회가 되려면 이 법 시행일부터 1년 이내에 제71조에서 정하는 협동조합연합회 설립에 필요한 사항을 갖추어 구성원 과반수의 출석과 출석자 3분의 2 이상의 찬성으로 총회의 의결을 거친 후 제71조 및 제72조의 설립절차를 거쳐 제84조에 따른 설립등기를 하여야 한다. 이 경우 설립등기 전 사단법인과 설립등기 후 협동조합연합회는 동일한 법인으로 본다.
③ 이 법 시행 당시 사회적협동조합과 유사한 목적을 위하여 이미 설립된 사업자 또는 비영리법인이 이 법에 따른 사회적협동조합이 되려면 이 법 시행일부터 2년 이내에 제85조에서 정하는 설립 최소기준을 갖추어 구성원 과반수의 출석과 출석자 3분의 2 이상의 찬성으로 총회의 의결을 거친 후 제85조부터 제88조까지의 설립절차를 거쳐 제106조에 따른 설립등기를 하여야 한다. 이 경우 설립등기 전 사업자 또는 법인과 설립등기 후 사회적협동조합은 동일한 비영리법인으로 본다.
④ 이 법 시행 당시 사회적협동조합연합회와 유사한 목적을 위하여 이미 설립된 사단법인이 이 법에 따른 사회적협동조합연합회가 되려면 이 법 시행일부터 1년 이내에 제114조에서 정하는 사회적협동조합연합회 설립에 필요한 사항을 갖추어 구성원 과반수의 출석과 출석자 3분의 2 이상의 찬성으로 총회의 의결을 거친 후 제114조, 제115조 제1항 및 제3항의 설립절차를 거쳐 제115조 제3항에 따른 설립등기를 하여야 한다. 이 경우 설립등기 전 사단법인과 설립등기 후 사회적협동조합연합회는 동일한 비영리법인으로 본다.
제3조(명칭에 관한 경과조치) 이 법 시행 당시 이 법에 따라 설립되지는 아니하였으나 협동조합과 동일한 기능을 수행하는 단체에 대하여는 이 법 시행일부터 2년까지는 제3조를 적용하지 아니한다.

4. 협동조합기본법 시행령

[시행 2012.12.1] [대통령령 제24164호, 2012.11.12, 제정]

제1장 총칙

제1조(목적) 이 영은 「협동조합기본법」에서 위임된 사항과 그 시행에 필요한 사항을 규정함을 목적으로 한다.
제2조(명칭) ① 「협동조합기본법」(이하 "법"이라 한다)에 따라 설립되는 협동조합 및 협동조합연합회(이하 "협동조합 등"이라 한다)와 사회적협동조합 및 사회적협동조합연합회(이하 "사회적협동조합 등"이라 한다)는 법 제3조 제2항에 따라 사업 분야 및 내용, 사업구역, 조합원의 구성 등을 고려하여 다른 협동조합 등 및 사회적협동조합 등과 구별되는 명칭을 사용하여야 한다.
② 협동조합 등 및 사회적협동조합 등은 동일한 특별시·광역시·특별자치시·특별자치도·시·군에서 다른 협동조합등 및 다른 사회적협동조합 등이 등기한 명칭을 사용하지 못한다.
제3조(협동조합 정책에 관한 기본계획) ① 기획재정부장관은 법 제11조에 따라 협동조합 등 및 사회적협동조합 등의 자주·자립·자치적인 활동을 촉진하기 위하여 3년마다 협동조합 정책에 관한 기본계획(이하 "기본계획"이라 한다)을 수립하여야 한다.
② 기본계획에는 다음 각 호의 사항이 포함되어야 한다.
1. 협동조합 등 및 사회적협동조합 등의 활성화를 위한 기본방향
2. 협동조합 등 및 사회적협동조합 등의 활성화를 위한 관련 법령과 제도의 개선
3. 협동조합 등 및 사회적협동조합 등의 발전전략 및 기반조성에 관한 사항
4. 협동조합 등 및 사회적협동조합 등의 상호협력 및 협동조합 정책 관련 관계 기관 간 협력에 관한 사항
5. 법 제11조 제4항에 따른 협동조합 실태조사의 결과 및 협동조합 정책 개선에 관한 사항
6. 그 밖에 협동조합의 활성화를 위한 여건 조성에 관한 사항
제4조(협동조합정책심의위원회) ① 협동조합의 정책에 관한 주요 사항을 심의하기 위하여 기획재정부장관 소속으로 협동조합정책심의위원회(이하 "심의회"라 한다)를 둔다.
② 심의회는 다음 각 호의 사항을 심의한다.
1. 기본계획의 수립·변경에 관한 사항
2. 협동조합 등 및 사회적협동조합 등의 설립·합병·분할의 신고 또는 인가에 관련된 사항
3. 협동조합 등 및 사회적협동조합 등의 관리·감독에 관련된 사항
4. 협동조합 정책과 관련된 관계 행정기관과의 협의·조정 등에 관련된 사항
5. 그 밖에 협동조합과 관련된 법·제도의 개선 등 협동조합 등 및 사회적협동조합 등의 활성화를 위하여 기획재정부장관이 정하는 사항
③ 심의회의 위원장은 기획재정부 제2차관이 되며, 위원은 기획재정부령으로 정하는 관계 중앙행정기관의 고위공무원단에 속하는 공무원과 협동조합에 관한 학식과 경험이 풍부한 사람 중에서 기획재정부장관이 위촉하는 사람이 된다.

④ 제1항부터 제3항까지에서 규정한 사항 외에 심의회의 구성 및 운영 등에 필요한 사항은 기획재정부령으로 정한다.

제5조(다른 법률과의 관계) 법 제13조 제3항에서 "대통령령으로 정하는 요건에 해당하는 협동조합 등 및 사회적협동조합 등"이란 다음 각 호의 요건을 모두 갖춘 협동조합 등 및 사회적협동조합 등을 말한다.
1. 소규모 사업자 또는 소비자의 상부상조를 목적으로 할 것
2. 임의로 설립되고, 조합원 또는 회원(이하 이 조에서 "조합원 등"이라 한다)이 임의로 가입하거나 탈퇴할 수 있을 것
3. 각 조합원 등이 평등한 의결권을 가질 것
4. 조합원 등에게 이익을 배분하는 경우에는 그 한도가 정관에 정해져 있을 것

제2장 협동조합 등

제6조(협동조합 등의 설립신고 등) ① 법 제15조 제1항에 따라 협동조합의 설립신고를 하려는 자는 기획재정부령으로 정하는 협동조합 설립신고서에 다음 각 호의 서류를 첨부하여 특별시장·광역시장·특별자치시장·도지사·특별자치도지사(이하 "시·도지사"라 한다)에게 제출하여야 한다.
1. 정관
2. 창립총회 의사록
3. 사업계획서
4. 임원 명부
5. 법 제15조 제2항에 따라 창립총회가 열리기 전까지 발기인에게 설립동의서를 제출한 자의 명부
6. 합병 또는 분할을 의결한 총회의사록(법 제56조에 따라 합병 또는 분할로 인하여 설립되는 경우만 해당하며, 합병 또는 분할로 인하여 존속하거나 설립되는 협동조합이 승계하여야 할 권리·의무의 범위가 의결사항으로 적혀 있어야 한다)
7. 그 밖에 기획재정부령으로 정하는 서류

② 시·도지사는 제1항에 따른 협동조합 설립신고서를 접수하였을 때에는 특별한 사유가 없으면 30일 이내에 신고필증을 발급하여야 한다.
③ 법 제71조 제1항의 협동조합연합회의 설립신고에 관하여는 제1항 및 제2항을 준용한다. 이 경우 "협동조합"은 "협동조합연합회"로, "시·도지사"는 "기획재정부장관"으로 본다.

제7조(대의원 총회) 법 제31조제1항에서 "대통령령으로 정하는 수"란 200인을 말한다.

제8조(협동조합 등 임직원의 겸직) 법 제44조 제3항 단서(법 제79조에 따라 준용되는 경우를 포함하며, 이 경우 제1호 및 제2호의 "조합원"은 "전체 회원 조합에 속하는 총조합원"으로 본다)에 따라 협동조합 등이 다음 각 호의 어느 하나에 해당하는 경우에는 해당 협동조합 등의 임원이 직원을 겸직할 수 있다.
1. 조합원의 3분의 2 이상이 직원이고, 조합원인 직원이 전체 직원의 3분의 2 이상인 경우(임원이 직원을 겸직하기 전의 시점을 기준으로 한다)
2. 조합원 수가 10인 이하인 경우
3. 그 밖에 협동조합 등의 규모·자산·사업 등을 고려하여 임원이 직원을 겸직할 필요가 있는 경우로서 기획재정부장관이 정하여 고시하는 경우

제9조(협동조합 등의 조합원 등이 아닌 자의 사업 이용) ① 법 제46조 제2항에 따라 협동조합이 조합원이 아닌 자에게 그 사업을 이용하게 할 수 있는 경우는 다음 각 호의 어느 하나에 해당하는 경우로 한다.

1. 협동조합이 재고로 보유하고 있는 물품으로서 부패 또는 변질의 우려가 있어 즉시 유통되지 아니하면 제품의 품질을 유지하기 어려운 물품을 처리하기 위한 경우
2. 조합원으로 가입하도록 홍보하기 위하여 견본품을 유상 또는 무상으로 공급하는 경우. 다만, 협동조합이 「사회서비스 이용 및 이용권 관리에 관한 법률」 제2조 제4호에 따른 사회서비스 제공자인 경우는 제외한다.
3. 공공기관·사회단체 등이 공익을 목적으로 주최하는 행사에 참여하는 경우
4. 협동조합이 정부, 지방자치단체 및 「공공기관의 운영에 관한 법률」 제4조에 따른 공공기관과 공동으로 추진하는 사업에서 일반 국민이 해당 사업의 목적에 따라 사업을 이용하는 경우
5. 다른 법령에서 조합원이 아닌 자에게 의무적으로 물품을 공급하게 하거나 용역을 제공하도록 규정하는 경우
6. 천재지변이나 그 밖에 이와 유사한 긴급한 상황일 때 공중(公衆)에게 생활필수품 또는 용역을 공급하는 경우
7. 학교를 사업구역으로 하는 협동조합이 그 사업구역에 속하는 학생·교직원 및 학교 방문자를 대상으로 물품을 공급하거나 용역을 제공하는 경우
8. 협동조합(「사회서비스 이용 및 이용권 관리에 관한 법률」 제2조 제4호에 따른 사회서비스 제공자에 해당하는 협동조합은 제외한다)이 가입을 홍보하기 위하여 시·도지사에게 신고하는 기간(이하 이 호에서 "홍보기간"이라 하며, 그 기간은 1년에 3개월을 넘지 못한다) 동안 전년도 총공급고(總供給高)의 100분의 5 범위에서 물품을 유상 또는 무상으로 공급하는 경우. 다만, 협동조합이 설립신고필증을 받은 날부터 1년(단위매장의 경우에는 매장 개장일부터 1년) 동안은 홍보기간이 6개월을 넘지 아니하는 범위에서 총공급고에 대한 제한 없이 물품을 유상 또는 무상으로 공급할 수 있다.
9. 조합원과 같은 가구에 속하는 자가 협동조합의 사업을 이용하는 경우
10. 조합원의 3분의 2 이상이 직원이고 조합원인 직원이 전체 직원의 3분의 2 이상인 협동조합이 전체 직원의 3분의 1을 넘지 아니하는 범위에서 비조합원을 고용하는 형태로 조합의 사업을 이용하게 하는 경우
11. 그 밖에 협동소합의 사업 성격·유형 등을 고려하여 기획재정부장관이 정하여 고시하는 경우

② 법 제81조 제1항 단서에 따른 협동조합연합회의 회원이 아닌 자의 사업의 이용에 관하여는 제1항을 준용한다. 이 경우 제1항 중 "협동조합"은 "협동조합연합회"로, 제1항 각 호 외의 부분 및 제2호·제5호의 "조합원"은 "회원"으로, 제8호 본문의 "시·도지사"는 "기획재정부장관"으로, 제9호 및 제10호의 "조합원"은 "전체 회원 조합에 속하는 총조합원"으로 본다.

제10조(협동조합등의 운영의 공개) ① 법 제49조제4항(법 제82조에 따라 준용되는 경우를 포함하며, 이 경우 제1호의 "조합원"은 "전체 회원 조합에 속하는 총조합원"으로 본다)에서 "대통령령으로 정하는 일정 규모 이상의 협동조합"이란 다음 각 호의 어느 하나에 해당하는 협동조합을 말한다.
1. 조합원 수가 200인 이상인 협동조합
2. 직전 사업연도의 결산보고서(법 제52조제2항에 따라 정기총회의 승인을 받은 것을 말한다)에 적힌 자기자본이 30억 원 이상인 협동조합

② 제1항에 따른 협동조합등은 매 회계연도의 결산일부터 3개월 이내에 사업결과보고서 등 기획재정부령으로 정하는 주요 경영공시자료를 특별시·광역시·특별자치시·도·특별자치도(이하 "시·도"라 한다)의 홈페이지 등에 게재하여야 한다.

제3장 사회적협동조합 등

제11조(사회적협동조합 등의 설립인가 신청) ① 법 제85조 제1항에 따라 사회적협동조합의 설립인가를 신청하려는 자는 기획재정부령으로 정하는 설립인가신청서에 다음 각 호의 서류를 첨부하여 기획재정부장관에게 제출하여야 한다.
  1. 정관
  2. 창립총회 의사록
  3. 사업계획서(추정재무제표를 포함한다)
  4. 임원 명부
  5. 법 제85조 제2항에 따라 창립총회가 열리기 전까지 발기인에게 설립동의서를 제출한 자(이하 이 조 및 제12조에서 "설립동의자"라 한다)의 명부
  6. 합병 또는 분할을 의결한 총회의사록(법 제101조에 따라 합병 또는 분할로 인하여 설립되는 경우만 해당하며, 합병 또는 분할로 인하여 존속하거나 설립되는 사회적협동조합이 승계하여야 할 권리·의무의 범위가 의결사항으로 적혀 있어야 한다)
  7. 그 밖에 기획재정부령으로 정하는 서류
② 법 제114조 제1항에 따른 사회적협동조합연합회의 설립인가 신청에 관하여는 제1항을 준용한다. 이 경우 "사회적협동조합"은 "사회적협동조합연합회"로, "설립동의자"는 "설립동의 회원"으로 본다.

제12조(사회적협동조합의 설립인가 기준) ① 법 제85조 제1항에 따른 사회적협동조합 설립인가의 기준은 다음 각 호와 같다.
  1. 설립동의자가 5인 이상일 것. 이 경우 설립동의자는 법 제93조 제1항의 사업을 원활히 수행할 수 있도록 생산자, 소비자, 직원, 자원봉사자 및 후원자 등 다양한 이해관계자로 구성되어야 한다.
  2. 설립동의자의 출자금 납입총액이 정관에 정해져 있을 것
② 제1항에도 불구하고 사회적협동조합이 의료기관을 개설하는 경우 사회적협동조합 설립인가의 기준은 다음 각 호와 같다.
  1. 개설되는 의료기관 1개소(個所)당 설립동의자가 500인 이상일 것
  2. 설립동의자 1인당 최저출자금이 5만 원 이상일 것. 다만, 제18조 제1항 제2호부터 제6호까지 및 같은 항 제8호에 해당하는 자는 그러하지 아니하다.
  3. 1인당 최고출자금이 출자금 납입총액의 10퍼센트 이내일 것. 다만, 2인 이상의 설립동의자가 기획재정부령으로 정하는 특수한 관계가 있는 자에 해당하는 경우에는 그 2인 이상의 설립동의자의 출자금 총액을 출자금 납입총액의 10퍼센트 이내로 하여야 한다.
  4. 출자금 납입총액이 1억 원 이상이면서 총자산의 100분의 50 이상일 것. 다만, 기획재정부장관의 승인을 받아 총자산 중 출자금 납입총액의 비율을 100분의 50 미만으로 할 수 있다.
  5. 그 밖에 기획재정부장관이 관계 중앙행정기관의 장과 협의하여 정하여 고시하는 기준을 충족할 것
③ 법 제85조 제1항에 따른 인가를 받아 의료기관을 개설한 사회적협동조합이 의료기관을 추가로 개설하려는 경우에는 개설하려는 해당 시·군·구(자치구를 말한다. 이하 이 항에서 같다)마다 제2항 각 호의 요건(이 경우 제2항 각 호 중 "설립동의자"는 "조합원"으로 본다)을 모두 갖추어야 한다. 다만, 사회적협동조합이 주사무소의 소재지를 관할하는 시·군·구 및 인접 시·군·구에 추가로 의료기관을 개설하는 경우에는 그러하지 아니하다.

제13조(사회적협동조합 등의 임직원의 겸직) ① 법 제92조 및 제115조 제1항에서 준용되는 법 제44조에 따라 사회적협동조합 등은 직원을 겸직하는 임원 수가 임원 총수의 3분의 1을 초과하지 아니하는 범위에서 임원이 직원을 겸직할 수 있다. 다만, 사회적협동조합 등이 제8조 각 호의 어느 하나에 해당하는 경우에는 임원 총수의 3분의 1을 초과하여 임원이 직원을 겸직할 수 있다.

② 제1항 단서에 따라 사회적협동조합연합회에 대하여 제8조 각 호를 적용함에 있어서 "조합원"은 "전체 회원 조합에 속하는 총조합원"으로, "협동조합 등"은 "사회적협동조합연합회"로 본다.

제14조(주 사업의 판단 기준 및 방법) ① 법 제93조 제1항에 따른 사회적협동조합의 주 사업의 판단 기준은 다음 각 호의 구분에 따른다.

1. 법 제93조 제1항 제1호의 사업: 다음 각 목의 어느 하나에 해당할 것
   가. 지역특산품·자연자원 활용사업 등 지역의 인적·물적 자원을 활용하여 지역사회의 재생 및 지역경제의 활성화에 기여하는 사업
   나. 지역주민의 생활환경 개선사업 등 지역주민의 권익과 복리를 증진시키는 사업
   다. 그 밖에 지역사회가 당면한 문제 해결에 기여하는 사업
2. 법 제93조 제1항 제2호의 사업: 「사회적기업 육성법」 제2조 제2호의 취약계층 및 그 밖에 기획재정부장관이 정하는 취약계층에게 사회서비스 또는 일자리를 제공하는 사업으로서 다음 각 목의 어느 하나에 해당하는 사업일 것
   가. 교육, 보건·의료, 사회복지, 환경 및 문화 분야의 관련 사업
   나. 보육, 간병 및 가사 지원 서비스를 제공하는 사업
   다. 「직업안정법」 제2조의 2 제9호에 따른 고용서비스를 제공하는 사업
   라. 그 밖에 기획재정부령으로 정하는 사업

② 제1항에서 규정한 사항 외에 주 사업의 판단 기준 및 방법 등에 관하여 필요한 사항은 기획재정부령으로 정한다.

제15조(조합원에 대한 소액대출) ① 법 제94조 제2항에 따른 소액대출 이자율은 기획재정부장관이 고시하는 최고 한도 내에서 각 사회적협동조합의 정관으로 정한다. 이 경우 소액대출 이자율의 최고 한도는 한국은행이 발표하는 신규취급액 기준 예금은행 가계대출 가중평균금리를 고려하여 정한다.

② 법 제94조 제1항에 따른 소액대출의 연체이자율은 해당 대출에 적용된 이자율의 1.5배를 최고 한도로 하여 각 사회적협동조합의 정관으로 정한다. 이 경우 연체이자율의 최고한도는 「이자제한법」 제2조 제1항에 따른 최고이자율을 넘을 수 없다.

③ 법 제94조 제1항에 따른 소액대출의 한도는 조합원의 수 및 출자금 규모, 소액대출의 종류 등을 고려하여 기획재정부장관이 정하여 고시하는 기준에 따라 각 사회적협동조합의 정관으로 정한다.

④ 법 제94조에 따른 소액대출 사업은 법 제93조의 주 사업 및 그 밖의 사업과 구분하여 따로 회계처리되어야 한다.

제16조(조합원에 대한 상호부조) ① 법 제94조 제1항에 따른 상호부조는 조합원 간 상부상조를 목적으로 조합원들이 각자 나눠낸 상호부조회비를 기금으로 적립하여 그 기금으로 상호부조비를 낸 조합원에게 혼례, 사망, 질병 등의 사유가 생긴 경우 일정 금액의 상호부조금을 지급하는 사업으로 한다.

② 제1항에 따른 상호부조금의 지급 사유 및 사유별로 지급되는 상호부조금의 한도 등 상호부조금의 지급에 필요한 사항은 각 사회적협동조합의 정관으로 정한다.

③ 법 제94조 제2항에 따른 상호부조회비와 상호부조계약에 관하여 필요한 사항은 각 사회적협동조합의 정관으로 정한다.

④ 제1항에 따른 상호부조 기금은 법 제93조의 주 사업 및 그 밖의 사업과 구분하여 따로 회계처리되어야 한다.

제17조(사회적협동조합 등의 조합원 등이 아닌 자의 사업 이용) ① 법 제95조 제2항 본문에 따라 사회적협동조합이 조합원이 아닌 자에게 그 사업을 이용하게 할 수 있는 경우는 다음 각 호의 어느 하나에 해당하는 경우로 한다.

1. 제9조 제1항 제1호, 제3호부터 제7호까지, 제9호 및 제10호에 해당하는 경우

2. 조합원으로 가입하도록 홍보하기 위하여 견본품을 유상 또는 무상으로 공급하는 경우. 다만, 다음 각 목의 어느 하나에 해당하는 경우는 제외한다.
   가. 사회적협동조합이 「사회서비스 이용 및 이용권 관리에 관한 법률」 제2조 제4호에 따른 사회서비스 제공자인 경우
   나. 사회적협동조합이 의료기관을 개설한 경우
3. 사회적협동조합이 법령에 따라 국가나 공공단체로부터 위탁받은 사회서비스를 제공하거나 취약계층의 일자리 창출을 위한 사업을 하는 경우
4. 다음 각 목의 경우를 제외한 사회적협동조합이 가입을 홍보하기 위하여 기획재정부장관에게 신고하는 기간(이하 이 호에서 "홍보기간"이라 하며, 그 기간은 1년에 3개월을 넘지 못한다) 동안 전년도 총공급고의 100분의 5 범위에서 물품을 유상 또는 무상으로 공급하는 경우. 다만, 사회적협동조합이 설립인가를 받은 날부터 1년(단위매장의 경우에는 매장 개장일부터 1년) 동안은 홍보기간이 6개월을 넘지 아니하는 범위에서 총공급고에 대한 제한 없이 물품을 유상 또는 무상으로 공급할 수 있다.
   가. 사회적협동조합이 「사회서비스 이용 및 이용권 관리에 관한 법률」 제2조 제4호에 따른 사회서비스 제공자인 경우
   나. 사회적협동조합이 의료기관을 개설한 경우
5. 그 밖에 사회적협동조합의 사업 성격·유형 등을 고려하여 기획재정부장관이 정하여 고시하는 경우
② 사회적협동조합연합회의 회원이 아닌 자의 사업의 이용에 관하여는 제1항을 준용한다. 이 경우 제1항 중 "사회적협동조합"은 "사회적협동조합연합회"로, 제1항 각 호 외의 부분, 제1호(제9조제1항제5호의 경우만 해당한다) 및 제2호의 "조합원"은 각각 "회원"으로, 제1호(제9조제1항제9호 및 제10호의 경우만 해당한다)의 "조합원"은 "전체 회원 조합에 속하는 총조합원"으로 본다.

제18조(보건·의료사업을 하는 사회적협동조합의 조합원이 아닌 자의 사업 이용) ① 법 제95조 제3항에 따라 사회적협동조합이 보건·의료 서비스를 제공할 수 있는 조합원이 아닌 자의 범위는 다음 각 호와 같다.
1. 「응급의료에 관한 법률」 제2조 제1호에 따른 응급환자
2. 「의료급여법」 제3조에 따른 수급권자
3. 「장애인고용촉진 및 직업재활법」 제2조 제1호에 따른 장애인
4. 「한부모가족지원법」 제5조 및 제5조의 2에 따른 보호대상자
5. 「재한외국인 처우 기본법」 제2조 제3호에 따른 결혼이민자
6. 보건복지부장관이 정하여 고시하는 희귀난치성 질환을 가진 자
7. 해당 조합(「사회적기업 육성법」 제7조에 따른 사회적기업의 인증을 받은 사회적협동조합만 해당한다)이 개설한 의료기관이 소재하는 시·도의 관할 구역에 주소·거소·사업장 또는 근무지가 있는 자
8. 조합원과 같은 가구에 속하는 자
9. 그 밖에 기획재정부장관이 관계 중앙행정기관의 장과 협의하여 보건·의료 서비스를 제공할 필요가 있다고 인정하는 자

② 법 제95조 제3항에 따른 공급고의 산정기준은 직전 연도 매출액 또는 서비스 이용인원 중 사회적협동조합이 선택하는 기준을 적용하되, 제1항 제8호에 해당하는 자에게 보건·의료 서비스를 제공하는 경우 해당 조합원이 이사회의 승인을 받으면 그 조합원이 이용한 것으로 보아 공급고를 산정한다.

제19조(사회적협동조합 등의 운영의 공개) 법 제96조 제4항(법 제115조 제3항에 따라 준용되는 경우를 포함한다)에 따라 사회적협동조합등은 매 회계연도의 결산일부터 3개월 이내에 사업결과보고서 등 기획재정부령으로 정하는 주요 경영공시자료를 기획재정부의 홈페이지 등에 게재하여야 한다.

제20조(사회적협동조합 등의 인가 취소의 공고) 기획재정부장관은 법 제112조제2항(법 제115조 제3항에 따라 준용되는 경우를 포함한다)에 따라 사회적협동조합 등의 설립인가의 취소를 공고할 때에는 「신문 등의 진흥에 관한 법

률」 제9조 제1항에 따라 전국을 보급지역으로 등록한 일간신문, 관보 또는 인터넷 홈페이지에 하여야 한다.

제4장 보칙

제21조(권한의 위탁) ① 기획재정부장관은 법 제116조에 따라 다음 각 호의 권한을 법 제93조에 따른 사회적협동조합의 주 사업 소관 중앙행정기관(「정부조직법」 제2조에 따른 부·처·청과 감사원, 방송통신위원회, 국가과학기술위원회, 원자력안전위원회, 공정거래위원회, 금융위원회 및 국민권익위원회를 말한다. 이하 같다)의 장에게 위탁한다.
  1. 법 제85조에 따른 사회적협동조합의 설립인가
  2. 법 제86조에 따른 사회적협동조합의 정관변경 인가
  3. 법 제101조에 따른 사회적협동조합의 합병·분할 인가
  4. 법 제102조에 따른 사회적협동조합의 해산 신고
  5. 법 제103조에 따른 사회적협동조합의 청산사무의 감독
  6. 법 제108조에 따른 사회적협동조합의 해산등기 촉탁
  7. 법 제111조에 따른 사회적협동조합의 감독
  8. 법 제112조에 따른 사회적협동조합의 설립인가 취소
  9. 법 제113조에 따른 청문
  10. 법 제119조에 따른 사회적협동조합에 대한 과태료 부과
② 제1항에 따라 권한을 위탁하는 경우 사회적협동조합의 주 사업이 둘 이상인 경우 등 그 소관 중앙행정기관이 분명하지 아니한 경우에는 기획재정부장관이 소관 중앙행정기관의 장을 정하여 위탁한다.

제22조(고유식별정보의 처리) ① 기획재정부장관(법 제116조 및 이 영 제21조에 따라 기획재정부장관의 권한을 위탁받은 자를 포함한다)은 다음 각 호의 사무를 수행하기 위하여 불가피한 경우 「개인정보 보호법 시행령」 제19조 제1호 또는 제4호에 따른 주민등록번호 또는 외국인등록번호가 포함된 자료를 처리할 수 있다.
  1. 법 제85조 제1항 및 법 제114조 제1항에 따른 사회적협동조합 등의 설립인가에 관한 사무
  2. 법 제86조 제2항(법 제115조 제3항에 따라 준용되는 경우를 포함한다)에 따른 사회적협동조합 등의 정관변경 인가에 관한 사무
  3. 법 제101조 제2항(법 제115조 제3항에 따라 준용되는 경우를 포함한다)에 따른 사회적협동조합 등의 합병 및 분할 인가에 관한 사무
  4. 법 제102조 제2항(법 제115조 제3항에 따라 준용되는 경우를 포함한다)에 따른 사회적협동조합 등의 해산 신고에 관한 사무
  5. 법 제103조 제5항(법 제115조 제3항에 따라 준용되는 경우를 포함한다)에 따른 사회적협동조합 등의 청산사무 감독에 관한 사무
  6. 법 제111조(법 제115조 제3항에 따라 준용되는 경우를 포함한다)에 따른 사회적협동조합 등의 감독에 관한 사무
  7. 법 제112조 제1항(법 제115조 제3항에 따라 준용되는 경우를 포함한다)에 따른 사회적협동조합 등의 설립인가 취소에 관한 사무
② 시·도지사(해당 권한이 위임·위탁된 경우에는 그 권한을 위임·위탁받은 자를 포함한다)는 다음 각 호의 사무를 수행하기 위하여 불가피한 경우 제1항에 따른 자료를 처리할 수 있다.
  1. 법 제15조 제1항 및 제71조 제1항에 따른 협동조합 등의 설립신고에 관한 사무
  2. 법 제16조 제2항(법 제72조에 따라 준용되는 경우를 포함한다)에 따른 협동조합등의 정관변경 신고에 관한 사무

3. 법 제56조 제2항(법 제83조에 따라 준용되는 경우를 포함한다)에 따른 협동조합 등의 합병·설립 및 해산 신고에 관한 사무
  4. 법 제57조 제2항(법 제83조에 따라 준용되는 경우를 포함한다)에 따른 협동조합 등의 해산 신고에 관한 사무

제23조(과태료의 부과기준) 법 제119조 제1항부터 제3항까지의 규정에 따른 과태료의 부과기준은 별표와 같다.

부칙 〈제24164호, 2012.11.12〉
제1조(시행일) 이 영은 2012년 12월 1일부터 시행한다.
제2조(협동조합정책심의위원회의 존속기한) 협동조합정책심의위원회에 관한 제4조의 규정은 2017년 11월 30일까지 효력이 있다.

5. 협동조합기본법 시행규칙

[시행 2012.12.1] [기획재정부령 제303호, 2012.11.27, 제정]

제1조(목적) 이 규칙은 「협동조합기본법」 및 같은 법 시행령에서 위임된 사항과 그 시행에 필요한 사항을 규정함을 목적으로 한다.

제2조(협동조합정책심의위원회의 구성 등) ① 「협동조합기본법 시행령」(이하 "영"이라 한다) 제4조 제3항에서 "기획재정부령으로 정하는 관계 중앙행정기관"이란 다음 각 호의 기관을 말한다.
   1. 행정안전부, 농림수산식품부, 보건복지부, 고용노동부, 공정거래위원회, 금융위원회, 중소기업청, 산림청
   2. 그 밖에 협동조합정책심의위원회(이하 "심의회"라 한다)의 위원장이 안건 심의를 위하여 필요하다고 인정하는 관계 중앙행정기관

② 심의회는 위원장 1명을 포함한 20명 이내의 위원으로 구성한다.
③ 공무원인 위원의 임기는 그 직(職)에 재직하는 기간으로 하며, 위촉위원의 임기는 1년으로 한다.

제3조(협동조합정책심의위원회의 운영) ① 심의회는 매월 1회 개최하는 것을 원칙으로 하되, 효율적인 심의를 위하여 필요하면 심의 일정을 조정할 수 있다.
② 심의회의 회의는 재적위원 과반수의 출석과 출석위원 과반수의 찬성으로 의결한다.
③ 위원장은 필요한 경우 위원회의 구성원이 아닌 사람을 회의에 출석하여 발언하게 할 수 있다.
④ 심의회에 부칠 안건을 검토·조정하고 그 밖에 심의회의 운영을 지원하기 위하여 실무위원회를 둘 수 있다. 이 경우 실무위원회의 구성 및 운영 등에 필요한 사항은 위원회의 심의를 거쳐 기획재정부장관이 정한다.

제4조(협동조합 등의 설립신고 등) ① 영 제6조 제1항(같은 조 제3항에서 준용하는 경우를 포함한다. 이하 이 조에서 같다)에 따른 협동조합 및 협동조합연합회(이하 "협동조합 등"이라 한다)의 설립신고서는 별지 제1호서식에 따른다.
② 영 제6조 제1항 제7호에서 "기획재정부령으로 정하는 서류"는 다음 각 호와 같다.
   1. 수입·지출 예산서
   2. 출자 1좌(座)당 금액과 조합원 또는 회원별로 인수하려는 출자 좌수를 적은 서류
   3. 창립총회 개최 공고문
③ 영 제6조 제2항(같은 조 제3항에서 준용하는 경우를 포함한다)에 따른 협동조합 등의 설립신고필증은 별지 제2호서식에 따른다.

제5조(협동조합 등의 정관 변경) 법 제16조 제2항(법 제72조에서 준용하는 경우를 포함한다)에 따라 협동조합 등의 정관을 변경하려는 자는 별지 제3호 서식의 정관변경 신고서에 다음 각 호의 서류를 첨부하여 기획재정부장관 또는 특별시장·광역시장·특별자치시장·도지사·특별자치도지사(이하 "시·도지사"라 한다)에게 제출하여야 한다.
   1. 정관 중 변경하려는 사항을 적은 서류
   2. 정관 변경을 의결한 총회 의사록
   3. 정관 변경 후의 사업계획서와 수입·지출 예산서(사업계획이 변경되어 정관을 변경하는 경우만 해당한다)
   4. 대차대조표와 출자감소의 의결, 채권자 공고 및 이의신청의 처리 등의 사실관계를 증명할 수 있는 서류(출좌 1좌당 금액 감소에 따라 정관을 변경하는 경우만 해당한다)

제6조(협동조합 등의 운영의 공개) 영 제10조 제2항에서 "사업결과보고서 등 기획재정부령으로 정하는 주요 경영

공시자료"는 다음 각 호와 같다.
1. 정관(정관이 변경된 경우를 포함한다)
2. 별지 제4호서식의 사업계획서
3. 별지 제5호서식의 사업결산 보고서
4. 별지 제6호서식의 총회, 대의원 총회, 이사회 활동 상황
5. 사업결과 보고서

제7조(협동조합 등의 해산신고) ① 법 제57조 제2항(법 제83조에서 준용하는 경우를 포함한다)에 따라 협동조합 등의 해산을 신고하려는 자는 별지 제7호서식의 해산신고서(전자문서로 된 신고서를 포함한다)에 해산을 결의한 총회 의사록을 첨부하여 기획재정부장관 또는 시·도지사에게 제출하여야 한다.

② 기획재정부장관 또는 시·도지사는 제1항에 따른 신고서를 받으면 「전자정부법」 제36조 제1항에 따른 행정 정보의 공동이용을 통하여 법인 등기사항증명서를 확인하여야 한다.

제8조(사회적협동조합 등의 설립인가 신청서류) ① 영 제11조제1항(같은 조 제2항에서 준용하는 경우를 포함한다. 이하 이 조에서 같다)에 따른 사회적협동조합 및 사회적협동조합연합회(이하 "사회적협동조합 등"이라 한다)의 설립인가 신청서는 별지 제8호서식에 따른다.

② 영 제11조 제1항 제7호에서 "기획재정부령으로 정하는 서류"는 다음 각 호와 같다.
1. 별지 제9호서식의 수입·지출 예산서
2. 출자 1좌(座)당 금액과 조합원 또는 회원별로 인수하려는 출자 좌수를 적은 서류
3. 창립총회 개최 공고문
4. 주 사업의 내용이 설립인가 기준을 충족함을 증명하는 서류

③ 법 제85조 제1항 및 법 제114조 제1항에 따른 사회적협동조합등의 설립인가증은 별지 제10호 서식에 따른다.

제9조(사회적협동조합의 설립인가 기준) 영 제12조제2항제3호에서 "기획재정부령으로 정하는 특수한 관계에 있는 자"란 다음 각 호의 어느 하나에 해당하는 자를 말한다.
1. 6촌 이내의 혈족
2. 4촌 이내의 인척
3. 배우자(사실상 혼인관계에 있는 사람을 포함한다)
4. 그 밖에 기획재정부장관이 정하여 고시하는 자

제10조(사회적협동조합 등의 정관 변경) 법 제86조제2항(법 제115조 제3항에 따라 준용되는 경우를 포함한다)에 따른 사회적협동조합등의 정관 변경인가 신청을 하려는 자는 별지 제11호서식의 정관 변경인가 신청서에 다음 각 호의 서류를 첨부하여 기획재정부장관 또는 관계 중앙행정기관의 장에게 제출하여야 한다.
1. 정관 중 변경하려는 사항을 적은 서류
2. 정관의 변경을 의결한 총회 의사록
3. 정관 변경 후의 사업계획서와 수입·지출 예산서(사업계획이 변경되어 정관을 변경하는 경우만 해당한다)
4. 대차대조표와 출자감소의 의결, 채권자 공고 및 이의신청의 처리 등의 사실관계를 증명할 수 있는 서류(출자 1좌당 금액 감소에 따라 정관을 변경하는 경우만 해당한다)

제11조(사회적협동조합의 주 사업의 판단 기준) ① 영 제14조 제1항 제1호 가목에 따른 주 사업은 다음 각 호의 사업으로 한다.
1. 지역특산품·자연자원 활용사업
2. 전통시장·상가 활성화 사업
3. 농산물·임산물·축산물·수산물의 생산 및 유통에 관한 사업
4. 그 밖에 지역의 인적·물적 자원을 활용하여 지역사회를 재생하고 지역경제를 활성화하여 지역사회에 공헌

하려는 사업으로서 기획재정부장관이 정하여 고시하는 사업
② 영 제14조 제1항 제1호나목에 따른 주 사업은 다음 각 호의 사업으로 한다.
1. 지역주민의 생활환경 개선사업
2. 지역의 공중접객업소 위생 개선 사업
3. 지역의 감염병 또는 질병 예방에 관한 사업
4. 지역의 재해, 화재 또는 안전사고의 예방에 관한 사업
5. 지역주민들의 고충 상담을 위한 사업
6. 지역주민에게 사회서비스를 제공하는 사업
7. 그 밖에 지역주민들의 권익과 복리를 증진시키려는 사업으로서 기획재정부장관이 정하여 고시하는 사업
③ 영 제14조 제1항 제2호 가목에서 "그 밖에 기획재정부령으로 정하는 사업"이란 다음 각 호의 어느 하나에 해당하는 사업을 말한다.
1. 예술·관광 및 운동 분야의 사업
2. 산림 보전 및 관리 서비스를 제공하는 사업
3. 문화재 보존 또는 활용과 관련된 사업
4. 청소 등 사업시설 관리 사업
5. 범죄 예방 및 상담치료 관련 사업
6. 그 밖에 기획재정부장관이 정하여 고시하는 사업
④ 기획재정부장관이나 관계 중앙행정기관의 장은 사회적협동조합의 목적사업이 제1항 및 제2항의 주 사업에 해당하는지를 판단할 때에 필요하면 시·도지사에게 의견을 요청할 수 있다.
⑤ 제1항부터 제4항까지에서 규정한 사항 외에 주 사업의 판단 기준에 관하여 필요한 사항은 기획재정부장관이 정하여 고시한다.

제12조(사회적협동조합의 주 사업 판단 방법) ① 사회적협동조합의 목적사업이 법 제93조 제1항 각 호의 주 사업에 해당하는지를 판단하는 경우에는 다음 각 호의 구분에 따른 기준을 적용한다.
1. 목적사업이 법 제93조 제1항 제1호 또는 제4호에 해당하는 경우: 다음 각 목의 어느 하나의 기준
 가. 수입·지출 예산서 상 전체 사업비의 100분의 40 이상을 주 사업 목적으로 지출할 것
 나. 사업계획서 상 주 사업에 해당하는 서비스 대상인원, 시간, 횟수 등이 전체 서비스의 100분의 40 이상일 것
2. 목적사업이 법 제93조 제1항 제2호에 따라 취약계층에게 사회서비스를 제공하는 경우: 사업계획서 상 취약계층에게 제공된 사회서비스 대상인원, 시간, 횟수 등이 전체 사회서비스의 100분의 40 이상일 것
3. 목적사업이 법 제93조 제1항 제2호에 따라 취약계층에게 일자리를 제공하는 경우: 다음 각 목의 어느 하나의 기준
 가. 수입·지출 예산서 상 전체 인건비 총액 중 취약계층인 직원에게 지급한 인건비 총액이 차지하는 비율이 100분의 40 이상일 것
 나. 사업계획서 상 전체 직원 중 취약계층인 직원이 차지하는 비율이 100분의 40 이상일 것
4. 목적사업이 법 제93조 제1항 제3호에 해당하는 경우: 수입·지출 예산서 상 전체 사업비의 100분의 40 이상이 국가 및 지방자치단체로부터 위탁받은 사업의 예산일 것
5. 목적사업이 법 제93조 제1호부터 제4호까지의 사업에 중복하여 해당하는 경우: 목적사업이 법 제93조 제1호부터 제4호까지의 사업에 해당하는 비율의 합이 100분의 40 이상일 것
② 기획재정부장관은 제1항에서 정한 사항 외에 사회적협동조합의 주 사업의 판단 방법에 관하여 필요한 사항을 정하여 고시할 수 있다.

제13조(사회적협동조합 등의 운영의 공개) 법 제19조에서 "사업결과보고서 등 기획재정부령으로 정하는 주요 경영공시자료"란 다음 각 호와 같다.

1. 정관(정관이 변경된 경우를 포함한다)
2. 별지 제6호 서식의 총회, 대의원 총회, 이사회 활동 상황
3. 별지 제9호 서식의 수입·지출 예산서
4. 별지 제12호 서식의 사업계획서
5. 별지 제13호 서식의 사업결산 보고서
6. 별지 제14호 서식의 사업결과 보고서
7. 별지 제15호 서식의 소액대출 및 상호부조 사업결과 보고서(사회적협동조합만 해당한다)

제14조(사회적협동조합 등의 해산신고) ① 법 제102조 제2항(법 제115조 제3항에서 준용하는 경우를 포함한다)에 따른 사회적협동조합 등의 해산을 신고하려는 자는 별지 제16호서식의 해산신고서(전자문서로 된 신고서를 포함한다)에 다음 각 호의 서류를 첨부하여 기획재정부장관이나 관계 중앙행정기관의 장에게 제출하여야 한다.
1. 해산 당시의 재산목록
2. 잔여재산 처분방법의 개요를 적은 서류
3. 해산 당시의 정관
4. 해산을 결의한 총회 의사록

② 기획재정부장관이나 관계 중앙행정기관의 장은 제1항에 따른 신고서를 받으면 「전자정부법」 제36조 제1항에 따른 행정정보의 공동이용을 통하여 법인 등기사항증명서를 확인하여야 한다.

부칙 〈제303호, 2012.11.27〉
이 규칙은 2012년 12월 1일부터 시행한다.

협동조합 설립과 운영실무

초판 1쇄 인쇄 2013년 03월 04일

지은이	김용한, 하재은
발행인	김재홍
기획편집	이은주, 이현주
디자인	권다원
마케팅	이연실

발행처	도서출판 지식공감
등록번호	제396-2012-000018호
주소	경기도 고양시 일산동구 견달산로225번길 112
전화	031-901-9300
팩스	031-902-0089
홈페이지	www.bookdaum.com
전자우편	book@bookdaum.com

가격	17,000원
ISBN	978-89-97955-48-0 13320

ⓒ 김용한·하재은, 2013, Printed in Korea.

- 이 책은 저작권법에 따라 보호받는 저작물이므로 무단전재와 무단복제를 금지하며, 이 책 내용의 전부 또는 일부를 이용하려면 반드시 저작권자와 도서출판 지식공감의 서면 동의를 받아야 합니다.
- 파본이나 잘못된 책은 구입처에서 교환해 드립니다.
- '지식공감 지식기부실천' 도서출판 지식공감은 창립일로부터 모든 발행 도서의 2%를 '지식기부실천'으로 조성하여 전국 중·고등학교 도서관에 기부를 실천합니다. 도서출판 지식공감의 모든 발행 도서는 2%의 기부실천을 계속할 것입니다.